陕西省教育厅人文社科专项（23JK0124）
陕西省社会科学基金项目（2023R036）

会计剩余控制权视角下控股股东股权质押、管理防御对会计信息披露质量的影响

李 蒙 著

西安交通大學出版社
XI'AN JIAOTONG UNIVERSITY PRESS

图书在版编目(CIP)数据

会计剩余控制权视角下控股股东股权质押、管理防御对会计信息披露质量的影响 / 李蒙著. -- 西安 : 西安交通大学出版社，2024.10. -- ISBN 978-7-5605-9001-1

Ⅰ. F279.246

中国国家版本馆 CIP 数据核字第 2024HZ3875 号

书　　名　会计剩余控制权视角下控股股东股权质押、管理防御对会计信息披露质量的影响
KUAIJI SHENGYU KONGZHIQUAN SHIJIAO XIA KONGGU GUDONG GUQUAN ZHIYA GUANLI FANGYU DUI KUAIJI XINXI PILU ZHILIANG DE YINGXIANG

著　　者　李　蒙
责任编辑　王建洪　袁　娟
责任校对　赵化冰
封面设计　任加盟

出版发行　西安交通大学出版社
（西安市兴庆南路 1 号　邮政编码 710048）
网　　址　http://www.xjtupress.com
电　　话　(029)82668357　82667874(市场营销中心)
(029)82668315(总编办)
传　　真　(029)82668280
印　　刷　陕西奇彩印务有限责任公司

开　　本　700mm×1000mm　1/16　**印张**　13.5　**字数**　227 千字
版次印次　2024 年 10 月第 1 版　2025 年 1 月第 1 次印刷
书　　号　ISBN 978-7-5605-9001-1
定　　价　98.00 元

如发现印装质量问题，请与本社市场营销中心联系。
订购热线：(029)82665248　(029)82667874
投稿热线：(029)82665379　QQ：793619240
读者信箱：xj_rwjg@126.com

前言

随着我国股票发行注册制改革步伐的加快，完善信息披露制度是资本市场健康发展的基础。企业股权质押融资极易引发企业财务风险和系统性风险，这已引起监管层和理论界的密切关注和广泛讨论。因此，本书试图以我国资本市场为背景，从公司会计剩余控制权的视角，系统地探究控股股东股权质押对经理层管理防御和公司会计信息披露质量的影响作用和具体传导路径。首先，从不完全契约理论出发，分析了股权质押的控股股东和经理层利用契约的不完全性进行互动博弈的过程，双方权衡风险与收益的局部均衡就是对企业(会计)剩余控制权配置的制度安排，而会计剩余控制权配置产出的经济利益就是公司会计信息披露质量。其次，在深化公司会计信息披露质量特征的基础上，阐述了控股股东股权质押加剧了经理层管理防御行为与动机，经理层通过实际所掌控的会计剩余控制权过度使用来影响公司会计信息披露质量，降低了公司股价的信息含量，最终实现合谋互惠。最后，以我国2000—2020年A股上市公司为样本，运用多元回归方法检验了控股股东股权质押对会计信息披露质量的影响机制及其传导路径，结果显示，控股股东股权质押会显著降低公司会计信息披露质量；股权质押的控股股东通过降低经理层薪酬业绩敏感性和操纵高管非正常变更来促使合谋，加大了经理管理防御行为，导致会计信息披露质量下降。同时，为了减弱变量间内生性影响，增强研究结论的稳健性，本书还采用更换代理变量，改变样本时间区间、工具变量，以及利用多时点PSM-DID等方法进行回归，结论依然成立。

与已有研究文献相比，本书创新性工作主要体现在以下方面：

第一，基于不完全契约理论揭示了公司会计剩余控制权的内涵、来源、配置对象，以及新准则下会计规则和会计政策所产生的"公共领域"，揭示了会计剩余控制权在以控股股东为代表的股东与经理层之间的初始配置及其互动过程对公司会计信息披露质量的影响机制。已有文献侧重于研究会计政策选择或变更的经济后果，鲜见有关会计剩余控制权在公司内部配置过程及相关检验的成果。本书从会计契约的不完全性出发，阐述了会计规则与政策形成的“公共领域”和会计剩余控制权之间的关系，以及控股股东和经理层拥有会计剩余控制权对会计信息披露质量的影响。同时，本书在 Rubin-Stein 轮流出价还价模型中引入不完全信息情景下的三种类型，分析了控股股东与经理就企业会计剩余控制权争夺的均衡过程并得出，随着经理人力资本价值的提升，经理分享企业会计剩余控制权份额逐步增大，且在一般情况下两者能够就企业会计剩余控制权配置达成合作。

第二，探明了股权质押的控股股东与经理层互动关系对公司会计信息披露质量的影响作用。通常控股股东开展股权质押融资被市场认为是“负面”消息，会引发市场关注和外部治理的加强，控股股东为减轻外部压力缓解自身财务约束，凭借控制权优势对经理层绩效考核与薪酬、监管、聘任等的主导权与经理层拥有实际会计剩余控制权进行博弈以实现合谋互惠，通过经理层操控会计信息披露来稳定或提振股价，并利用关联方交易、真实盈余管理等方式侵占公司利益，缓解资金约束；对于不配合的经理，则采取解聘或加强考核或监督等措施。控股股东机会主义行为减损企业业绩，必然会对经理层提供额外薪酬来进行“赎买”，双方互动合谋降低了经理薪酬业绩敏感性和会计信息披露质量。然而，已有成果缺乏控股股东股权质押对经理财务决策的影响与互动研究。实证检验也表明，控股股东股权质押后，经理层管理防御程度会显著上升且薪酬业绩敏感性会下降；经理非正常更换频率上升，控股股东掏空行为明显加大。

第三，重新界定了基于会计剩余控制权的公司会计信息披露质量内涵、特征，阐明了经理层管理防御、会计剩余控制权与会计信息披露质量之间的关系。以往对经理管理防御的成果较少关注前置因素、传导机制、影响方式等，本研究基于质量内涵的本质，从会计信息披露的“工艺流程”出发，将会计信息披露质量划分为信息生成阶段和披露阶段的质量特征，并指出经理层有动机和能力过度使用会计剩余控制权来实施自身的机会主义行为，影响会计数字信息质量和操纵会计文本语调。实证结果发现，随着经理层管理防御程度增强，使用会计剩余控制权程度增大，公司会计信息披露质量会显著下降，而且会优先采用真实盈余管理来操控会计盈余。同时，运用 Python 分析发现，随着经理层防御程度增大，年度财务报告中的文本异常语调操纵程度加大，文本可读性下降。

第四，系统诠释了控股股东股权质押对经理管理防御和会计信息披露质量的影响机制与路径。现有研究侧重对大股东股权质押动机和经济后果及治理的研究，而依靠这种"行为-结果"的研究模式是无法找到科学治理对策的。本研究以我国资本市场为背景，讨论了我国会计准则的弹性空间和会计剩余控制权使用程度的测度，实证检验发现，控股股东股权质押引发经理层使用会计剩余控制权增加，导致公司会计信息披露质量下降；且在年度报告披露时间上倾向于延后和非交易日披露，降低了信息披露引发的市场风险；通过对控股股东股权质押与公司经营绩效交乘项的调节作用检验，结果表明控股股东股权质押会降低经理层薪酬业绩敏感性，从而降低对经理层监管而引致其防御程度上升；同时也发现控股股东股权质押后高管非正常变更频次增大，加剧了控股股东掏空的程度。

本研究的结论揭示了基于会计剩余控制权视角下控股股东股权质押对公司会计信息披露质量的影响机制与具体路径，探明了股权质押后控股股东与经理管理防御的互动关系，为提高上市公司会计信息披露质量提供了新的途径。

限于作者水平，书中难免存在不足之处，敬请各位读者批评指正。

李　蒙

2024 **年** 8 **月**

目 录

第1章　绪　论

本章作为本书开篇和引导性章节，首先，介绍了本研究的现实背景和理论背景，以及在此背景下研究的主要问题与研究意义；其次，界定了与本书研究对象密切相关的主要概念，在此基础上提出研究的主要内容以及采用的研究方法；最后，介绍了本书框架安排，以便读者更好地阅读与理解。

1.1　选题背景

1.1.1　现实背景

在世界百年未有之大变局加速演进背景下，我国既要面对来自国际上狂风暴雨、惊涛骇浪的复杂环境，又要统筹国内经济社会可持续发展，促进国内国际双循环，立足国内大循环，发挥比较优势，协同推进国内经济高质量发展。但这一局面的形成是与一个健康稳定高效的资本市场密切相关的，更与形成资本市场基石的成千上万家企业的高质量发展息息相关。我国资本市场特别是证券市场伴随着中国经济发展逐步成熟起来，资本市场的融资功能与资源配置功能逐步得到了充分发挥，融资渠道和融资工具越来越丰富。自 1995 年 10 月 1 日实施的《中华人民共和国担保法》第七十五条规定，依法可以转让的股份、股票可以进行质押，使得我国的股票质押融资有了法律依据①。2000 年 2 月颁布的《证券公司股票质押贷款管理办法》对股权质押制度做了较为详细的规范，但适用范围相对较窄。为应对 2008 年国际金融危机冲击，中国推出了“四万亿”的经济刺激计划，引发宏观杠杆率的快速攀升。尤其是在上海证券交易所、深圳证券交易所与中国证券登记结算有限责任公司三家机构于 2013 年 5 月联合发布《股票质押式回购交易及登记结算业务办法(试行)》以后，证券公司积极参与使得股东通过股权质押“加杠杆”的融资方

① 《中华人民共和国担保法》于 2020 年 12 月 31 日正式废止。

式深受青睐，股权质押业务在我国资本市场上呈上升趋势（见图1-1、图1-2），已成为我国主要融资渠道之一。2013年底我国地方国有企业和中央国有企业的平均资产负债率分别达到峰值的60.5%、66.1%。但在2015年以后，我国实施了“降杠杆—去杠杆—国有企业去杠杆—结构性去杠杆”等一系列调控政策，到2020年12月底，国有企业资产负债率已有所下降。随着我国经济发展面临的内外部风险上升，处于高度不确定环境下的企业高杠杆不仅影响企业创新能力和资源配置效率，而且风险累积极易引发系统性金融风险和经济危机（朱光伟 等，2022），这从2021年初开始出现的“方正重组”“海航困局”“恒大暴雷”等案例可窥一斑。

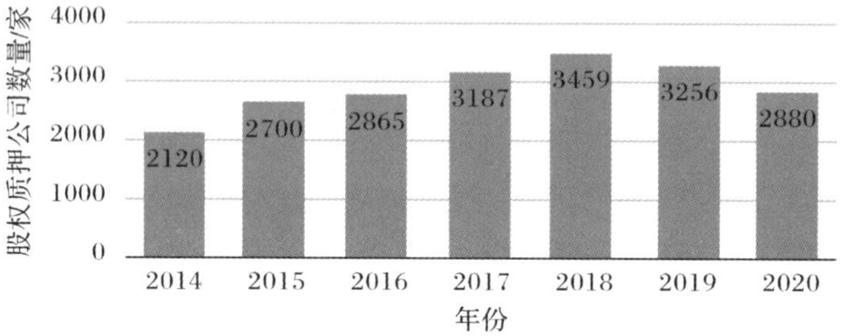

图1-1 我国A股市场股权质押公司数量趋势

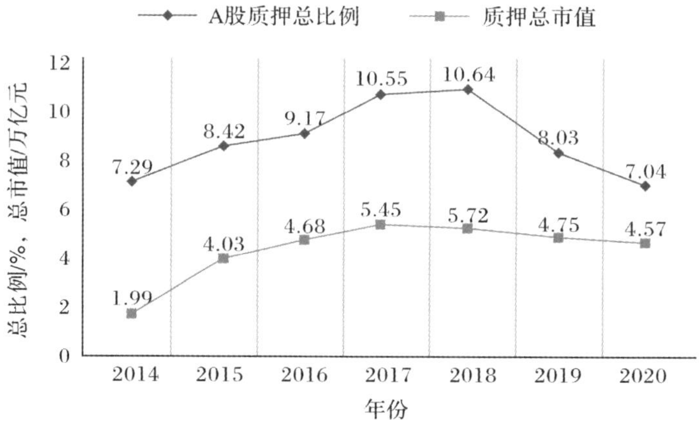

图1-2 我国A股市场股权质押总比例、总市值趋势

由图1-1可知，2014—2020年，我国A股市场中进行股权质押的公司数量呈上升趋势；由图1-2可以看出，参与股权质押业务的上市公司股票数量占A股市场的比例与质押股票的总市值均呈现增长趋势，呈现出“无股不押”的景象。到2020年12月底，股权质押的上市公司有2880家，质押总股数高达5012亿股，涉及质押的总市值达4.57万亿元。其中，有1041家上市公司控股股东质押股份占

其持股总量的比例超50%，有1138家控股股东质押股份超过了上市公司总股本的10%以上。这主要源于股权质押融资有着天然的优势，如融资业务办理速度快，不必征得上市公司中其余股东的同意，也没有烦琐的监管部门审批手续；所得资金的用途不受限制；质押标的定价清晰；更为重要的是，大股东在办理股权质押业务后，由股票所带来的上市公司控制权几乎不受影响。这些特点使股权质押融资越来越受到众多上市公司股东的欢迎。从表面上来看，股权质押是上市公司股东自身融资行为，与标的公司没有直接关系，但由于控股股东的特殊地位，一旦遇到资本市场大幅下跌，股东所质押的股票就存在被机构强制平仓的风险，继而导致大股东面临因失去控制权或股权被稀释的风险，进而会对公司战略、经理层、信息披露质量和资本市场等产生直接影响。在我国证券市场上曾出现过两次系统性的下跌，最终导致A股市场上千余只股票跌停，其主要原因之一就是股权质押业务"暴雷"而导致的多米诺骨牌效应。在这之后，股权质押业务背后隐藏的风险才真正引起了实务界、学术界以及监管层的广泛关注和重视。因此，股权质押制度从产生之日起，就面临道德风险与市场效率问题。

2020年10月，《国务院关于进一步提高上市公司质量的意见》发布，继续提高对股权质押风险的警惕，将其列为上市公司急需解决的重点问题。截至2021年12月31日，我国有关规范股权质押的法律制度与管理办法见表1-1。

表1-1　股权质押相关法律和管理办法

实施时间	法规名称	内容摘要
1995年10月1日	《中华人民共和国担保法》	股权质押行为正式在我国资本市场得到运用
2000年2月2日	《证券公司股票质押贷款管理办法》	规定质押双方、质押期限、警戒线和平仓线
2013年5月24日	《股票质押式回购交易及登记结算业务办法(试行)》	场内质押业务拉开序幕
2013年11月14日	《中国银监会关于加强商业银行股权质押管理的通知》	将股权质押纳入风险管理和公司治理范畴内
2015年12月30日	《上市公司股东股份被质押(冻结、拍卖或设定信托)的公告格式》	完善股权质押信息披露
2018年3月12日	《股票质押式回购交易及登记结算业务办法(2018年修订)》	对限售条件、股权质押比例和股权平仓出售方面进行约束

续表

实施时间	法规名称	内容摘要
2019 年 1 月 18 日	《关于股票质押式回购交易相关事项的通知》	规定了质押比例上限，取消了质押率 60%的上限规定
2020 年 4 月 3 日	《证券质押登记业务实施细则(2020 年修订版)》	进一步优化了质押相关业务规则衔接，提高了证券质押登记要素采集质量
2021 年 1 月 1 日	《中华人民共和国民法典》	《中华人民共和国担保法》《中华人民共和国物权法》等废止，质权设立不需要经过半数股东同意，但质权实现时不可避免会涉及股权转让，须遵循《中华人民共和国公司法》

由于我国资本市场的注册制改革正在逐步推开，上市资格仍然受到国家政策的诸多管制，导致上市公司仍然具有较高的“壳资源价值”(王雄元 等，2018)；加之控股股东依靠公司控制权可以获得相应的控制权收益(廖珂 等，2018)，使得控股股东将上市公司控制权仍视为一种稀缺资源。

控股股东股权质押会对上市公司治理结构产生重要影响。已有研究证据表明，大股东股权质押后，上市公司的收购、资产重组、会计政策变更、审计师事务所更换等事项发生频次上升，而这些事项的贯彻与实施都需要公司管理层的支持才能完成。与此同时，控股股东股权质押期间，上市公司会计信息披露通常呈现出“好”消息多、“坏”信息少的特点，这些现象是否预示着控股股东股权质押行为会对上市公司经理层和会计信息披露产生重要影响，这就亟须获取更加令人信服的证据支持。

1.1.2 理论背景

不完全契约理论的思想最早由美国经济学家科斯(Coase)提出，随后经过格罗斯曼(Grossman)、哈特(Hart)与莫尔(Moore)等改进发展成为 GHM 模型，也称为不完全合约理论。该理论认为在签订不完全合约时，除事前能够约定的资源分配与使用权外，剩余未提及的资源使用权(即剩余控制权)才是至关重要的；在签订不完全合约后，拥有资产所有权也就掌握了资产剩余控制权，有效率的投资方式是将剩余控制权分配给投资决策重要一方。随后，GHM 模型进一步发展，形成了产权理论学派和交易费用学派。前者认为应该加强合约签订前的激励作用，通过有效的激励机制来预防不完全合约的缺陷；后者则关注合约签订后的适用性，通过优化产权结构和交易后的成本来减少事前和事后交易费用。

会计准则是一种不完全公共属性合约，由于经济市场环境的复杂多变，适合交易主体的情形不能被准则完全覆盖，其制定、修改与执行均需要高昂的交易成本费用，因此各方利益相关者只对交易市场的一般性会计规范进行约定，而各公司面临特殊交易情形的会计规范只能自行决断处理，所以这一部分无事前约定的会计处理决策就属于公司会计剩余控制权，这也是公司剩余控制权的重要组成之一。公司会计剩余控制权包括适用会计规则的剩余控制权和选择适用会计政策的权利。在讨论准则制定过程中，不仅由于会计准则制定者也会因环境的不确定性、有限的交易成本以及有限理性等会使得最终的准则存在巴泽尔（1997）提到的“公共领域”，而且会计准则作为一种一般性的指导规范，需要考虑对不同行业的公司具有普适性，以及在使用过程中公司外部环境变化的复杂性，所以在准则中预留出了公司使用的弹性空间。即使公司现在的某一会计事项，也会随着公司的发展在未来变得具有不确定性。根据以上分析可以发现，会计准则是一种不完全合约，它是在环境不确定、有限理性以及存在交易成本约束的条件下，对不确定交易事项和确定交易事项会计处理选择的“公共领域”。其中，不确定的交易事项是因为交易成本约束和有限理性引起的事前会计准则的不完备性；确定的交易事项是因为环境的不确定性导致会计准则事前完全而事后的不确定。

目前在我国资本市场逐步推行注册制的背景下，提升上市公司会计信息披露质量成为改革配套服务重中之重的工作。在理论层面上，对影响会计信息披露质量的研究可分为内部因素和外部环境两方面，内部因素主要有公司治理、信息披露成本和会计人员素质等，外部环境则受资本市场功能、会计准则及相关法律制度、监管力度等因素影响。研究某一方面或单一因素对会计信息披露质量影响的文献较为丰富，但鲜见从公司会计剩余控制权的视角，将公司外部会计准则及相关规制与公司内部治理、管理层行为有机契合在一起来研究公司会计信息披露质量的问题。由于公司大股东、经理层、审计师等都可能利用会计规制的弹性空间来开展寻租，因此，从理论上厘清会计准则弹性空间大小对会计信息质量的影响，以及会计剩余控制权在公司治理中不同配置对公司会计信息披露质量影响的路径、作用、有何差异等问题，都需要从理论上加以系统研究，进而为我国注册制改革配套服务提供理论基础。

1.2 研究问题和研究意义

1.2.1 研究问题描述

不困在于早虑，不穷在于早豫。当前我国正处于实现中华民族伟大复兴关键期与世界正经历百年未有之大变局的交汇期，我国经济发展面临的内外部风险空前上升，处于高度不确定性环境下的企业股权质押极易引发系统性金融风险和经济危机，那么如何在效率与安全之间达到一种平衡，即如何既能发挥大股东股权质押融资的效率优势，又能缓解控股股东股权质押后的控制权转移风险，抑制经理层管理防御动机行为，提高上市公司会计信息披露质量，保护中小投资者利益与知情权呢？因此，亟须从理论上系统地厘清公司控股股东进行股权质押、经理层的管理防御两者对公司会计信息披露质量的影响及其作用路径，且在实践中迫切需要完善与规范公司大股东特别是控股股东股权质押行为，优化控股股东与管理层之间良性互动环境，提高上市公司会计信息的披露质量。本书试图提出如下研究问题。

(1)以英美为代表的西方成熟资本市场，机构投资者所占比例较高，上市公司股权高度分散，不存在能够对上市公司产生重大影响的大股东，股东股权质押不会给公司决策带来较大影响。所以，在西方国家中，对大股东股权质押影响上市公司经济后果的文献比较鲜见。相反，东南亚及新兴经济体则普遍存在大股东和管理层高度持股的现象，此时大股东自身经营与财务行为将有可能对上市公司发展产生重要影响。以我国台湾资本市场为对象的研究成果表明，公司的控股股东实施股权质押会强化控股股东的盈余管理、利益输送等机会主义行为，从而给企业价值和中小股东利益带来负面后果。根据 2020 年 12 月 31 日 Wind 数据库统计数据，沪市上市公司第一大股东持股平均值为 35.6%，前两大股东合计占公司股本的 46.4%；深市上市公司第一大股东持股平均值为 29.6%，前两大股东合计占公司股本的 39.5%；同期美国上市公司第一大股东持股平均值小于 10%。因此，我国上市公司的股权集中度较高，且第一大股东持股占比高的现象更加突出。加之，我国资本市场最初定位于为国有企业融资解困服务，筹集资金作为股票市场的基本功能，就不难理解上市公司股权集中度高和求钱若渴的天然属性，为我们根植中国特色制度环境研究控股股东股权质押、经理管理防御影响公司会计信息披露质量提供了天然的试验场。根据我国现有的信息披露制度，股东办理股权质押业务属于股东个人融资行为，上市公司按照规定，当股东持股超过5%时，股权质押需要披露以下信息，包括股权质押的时间、质押方、质押数量、质押股数与持股比例等，而关于股权质押的动机、质押标的定价、质押取得资金的去向等并无强制披露要求。这些未披露的股东信息为研究大股东进行股权质押的动机埋下伏笔，且仅能从导致的结果来推测动机。有文献认为，股权质押后的控股股东为了避免控制权转移风险，利用其控股地位会操控公司相关政策，来尽可能降低上市公司控制权转移风险，被视为上市公司控股股东受到财务约束而陷入财务困境；也有研究成果认为，控股股东进行股权质押融资可以视为其财富的提前变现（郑国坚 等，2014），如若控股股东对公司前景不看好而打算提前变现，则在进行质押后加大了公司控制权与现金流权的两权分离度，激发了其“掏空”上市公司的动机。特别是在控股股东质押前要求管理层采用改变会计政策或构造“真实”交易活动进行正向盈余管理来拉抬公司股价，则形成“管理层盈余预测增大→股价上升→控股股东股权质押”的操作后，使得质押融资额度增加，甚至超过控股股东持股的内在价值，则更加激发了控股股东“套现”的动机，而在“爆仓”后正好“甩锅”给质权人。那么，在我国制度环境背景下，上市公司控股股东股权质押融资有哪些动机？股权质押会诱发控股股东产生哪些机会主义行为？具体内容包括盈余管理、“掏空”行为、市场择时等机会主义行为的哪些表现更为频繁？

(2)控股股东通常处于公司治理的核心地位，凭借其控制权优势直接担任或任命管理层、操控管理层的薪酬水平，使得管理层会采取一些有助于控股股东利益最大化的机会主义行为；但经理层不会甘做控股股东的附庸，也会运用所掌握的企业经营决策权来展开管理防御。首先，从控股股东利益最大化角度来看，其名义上掌握了公司的控制权，但公司大多数日常经营活动并不直接参与，股权质押之后控股股东既要稳定上市公司的股价避免控制权转移旁落，又企图侵占中小股东的利益缓解自身融资约束，亟须公司高管的配合支持。要么通过加强企业内部控制练好内功提高企业经营绩效，要么通过盈余管理来改变“短期”财务业绩。控股股东即使不需要高管的配合，但也不希望公司管理层干预或抵制。其次，从经理层角度来看，经理薪酬水平是经理人激励机制的重要组成部分，通常与经理人业绩和努力程度有关。当经理层发现股权质押的控股股东出现机会主义行为时，基于契约精神会采取与控股股东博弈方式追求自身效用最大化，其中弱化经理层薪酬业绩敏感性来维护自己利益是其优先采取的方式之一。因此，只有当控股股东与管理层之间的互动博弈达到“纳什均衡”状态时才会停止，那么，双方在什么条件下会形成“互惠共赢”？控股股东股权质押期间机会主义行为的作用途径有哪些？控股股东通过何种途径与管理层进行合谋，来实施机会主义行为？

(3)信息是资本市场生存和发展的基础，而会计信息是企业信息的核心组成部分，其作为价格生成依据而引导着资本市场的资源配置，决定着资源配置的效率。会计信息是企业管理层通过会计系统的收集、整理、加工、汇总和披露等流程对外提供的产品，公司管理层拥有企业实际会计剩余控制权，对于会计信息具有盈余管理的动机。从公司融资角度来看，当公司采取债务融资时，一旦经营业绩下滑，或预计不能达到债务融资条款所设定的要求，公司将面临债务违约风险，此时债权人有权要求公司追加担保，不仅会增加公司债务融资成本，还会影响后续债务融资的信用评估；当公司采用股权再融资时，经营业绩下滑会影响投资者信心而降低公司估值，导致公司股价短期下跌。这不仅会影响公司声誉，而且会减少公司通过增发融资的额度，或浪费公司更多股份额度导致大股东控制权的稀释。总之，公司管理层通过向上盈余管理既能防止债务违约的发生，又能提振公司股价而降低老股东控制权流失风险(王克敏 等，2014)。从管理层自利的角度看，经营业绩直接或间接影响管理层的薪酬水平，因此管理层具有开展盈余管理的动机。此外，当公司出现年度超常利润时，管理层也会为平滑利润而进行反向盈余管理。因此，控股股东股权质押后会引致市场的广泛关注，不论是公司面临的外部压力还是内部治理机制都会发生微妙变化，依据公司治理层和经营层对企业会计信息影响的内容、结构层次不同，需要探究他们是如何影响上市公司信息披露质量的。同时，控制股东一般不直接参与经营管理，控股股东股权质押后对管理层在影响会计信息披露质量过程中发挥怎样的作用？具体的作用的路径有哪些呢？

(4)会计信息作为一种特殊产品，既具有私人物品特性，又具有公共物品的属性。由于资本市场有效性假设，会计信息披露会对证券市场价格产生影响，是资本市场生存和发展的基石；且会计信息披露质量作为一个重要概念范畴，被理论界与实务界所广泛关注。但到目前为止，对会计信息披露质量的要求与评判莫衷一是，不同研究目标选择的切入点不同，关注会计信息披露质量的维度也不相同，所选取的评价指标相差较大。相比较而言，多数学者将可靠性和稳健性作为规范或实证研究会计信息披露质量的通用指标；而对于信息使用者而言，投资者(包含做多、做空等类型)、债权人、市场分析师、政府税务部门、供应商、客户等对公司会计信息披露质量特征的分析也具有很大的差异性。因此，本书拟从用户角度把会计信息披露看作特殊商品，从质量本质内涵出发，探索以下问题：什么是会计信息披露质量？会计信息披露质量特征体现在哪些方面？控股股东和管理层如何影响公司会计信息披露质量的变化？同时，结合目前我国经济社会环境，探索如何提高上市公司会计信息披露质量。

1.2.2 研究意义

随着我国资本市场的逐步成熟，资本市场功能不断得到发挥和扩展，为控股股东股权质押对公司管理层行为和会计信息披露质量的影响提供了试验场景。本书结合中国制度背景和监管特征，考察控股股权质押期间，控股股东为规避股价下跌或崩盘所带来的损失或控制权转移风险，如何影响企业经理管理防御动机行为，以及通过何种机制路径影响公司会计信息披露质量，以期揭示控股股东的机会主义行为，这对于提高公司治理效率、优化会计剩余控制权配置，改善会计信息披露质量，推动监管创新等都具有重要的理论与现实意义。

1. 理论意义

在我国现有制度背景与委托代理框架下，分析控股股东股权质押对公司会计信息披露决策的影响机制，为丰富我国上市公司控股股东行为研究成果，深刻理解控股股东机会主义行为提供了一个重要研究视角。由于我国早期上市的公司主要由国有企业改制而成，普遍存在国有股或法人股一股独大的现象；而随着中小板、创业板和科创板的相继推出，民营企业和家族企业的上市公司所占比例逐渐上升，家族或自然人及一致行动人控制的企业越来越多，相较于西方国家上市公司股权而言股权结构相对集中，使得控股股东在上市公司中扮演着极其重要的角色。在经典委托代理框架中，公司大股东普遍存在着激励效应和壕沟效应。激励效应表明，随着大股东在公司中持股比例增加，对管理层会产生较强的监督效应，避免了公司股权分散情景下的内部人控制现象，从而使大股东有动力来为提升公司价值而努力。壕沟效应则反映了随着大股东持股比例不断上升，达到控制上市公司的状态，就会使代理冲突的重点由第一类代理问题转化为第二类代理问题。在公司缺乏有效监督的情况下，大股东会凭借控制权优势来侵占中小股东利益，损害企业价值。尽管目前对大股东的“两种效应”都有丰富的研究成果，但这些研究结论都是在控股股东不存在控制权转移风险的前提下，选取的度量指标或者样本不同而得到的结果。那么，在我国目前企业股权相对集中背景下，当面临失去控制权威胁时，控股股东的机会主义行为究竟表现为激励效应还是壕沟效应？因此，利用控股股东股权质押提供的场景，将为研究上市公司控股股东的机会主义行为提供直接的经验证据，从而推动相关理论的发展，这对于贯彻落实国家“十四五”金融安全战略具有重要的学术价值。

公司控股股东开展股权质押会对公司治理机制产生深刻影响，尤其是对公司经理层管理防御行为动机产生直接影响和经济后果，这对探讨质押风险威胁冲击下，控股股东与经理层互动行为影响上市公司会计信息披露质量具有重要理论价值。已有关于大股东股权质押的文献主要从股权质押的动机、影响因素、企业价值、盈余管理、崩盘风险等方面展开探讨，其假设前提是大股东股权是稳态的，即大股东不存在失去公司控制权的威胁。这种假设缺乏外部冲击，大多基于“控股股东-经济后果”的研究框架，很难观测到控股股东对公司治理机制产生的实质影响。本书将控股股东自身融资行为纳入其中，从而将研究框架拓展为“自身行为-作用途径-经济后果”，分析控股股东股权质押对经理层管理防御行为动机以及如何传导影响公司信息披露质量的路径，对于深化控股股东质押经济后果，从公司会计信息生成的源头上提高信息披露质量具有深刻的理论价值。

2. 实践意义

对控股股东股权质押期间机会主义行为的研究成果将为完善相关监管政策提供决策支持。我国证券业协会于 2015 年 3 月 16 日发布《证券公司股票质押式回购交易业务风险管理指引(试行)》，试图对控股股东股权质押行为进行约束。但 2015 年 6 月以来，中国 A 股市场的几次恐慌性下跌不仅暴露了控股股东股权质押的风险，个别公司控股股东股权质押的典型机会主义行为甚至成为 A 股市场波动的“加速器”。本书预期的研究结论对加强公司内控制度建设，规范控股股东股权质押融资行为起到了参考作用。加强企业内部控制，强化股权质押相关信息的披露规制，提高信息披露的透明度，对公司控股股东和管理层的机会主义行为都会产生威慑效应。从金融机构的角度来看，本书从理论和实证两个方面厘清了控股股东股权质押期间机会主义行为的作用途径，对于证券公司、商业银行、信托机构评价控股股东股权质押所引致的风险，及时调整标的证券筛选标准或准入条件、质押率上限，以及设置差异化的履约保障比例和违约处置方式都具有重要的参考价值，在此基础上监管机构还可通过不断完善市场监管措施来降低股权质押融资风险。

探究控股股东股权质押对上市公司会计信息披露质量影响的机理和路径,对企业和监管部门提高会计信息披露质量具有重要的现实意义。如何提高上市公司信息披露质量一直是实务界始终关注的焦点问题,特别是在高质量发展背景下,伴随我国注册制的逐步开展,我国外部证券监管制度的低效率以及公司内部治理机制的不完善,使得实际拥有会计剩余控制权的企业高管人员具有较大的操纵信息披露的空间。现有成果大多侧重于研究会计信息披露质量的影响因素,主要从高管行为动机、薪酬激励、内部控制等方面来探讨。鲜有文献考察控股股东质押行为对公司治理机制的影响,特别是控股股东与经理层互动博弈过程对会计信息披露质量的影响作用。本书还在对公司会计信息披露质量特征进行分解的基础上,揭示了控股股东股权质押通过影响管理层防御动机行为而影响公司会计信息披露质量的机制与路径,为规范控股股东股权质押行为、营造大股东与管理层良性互动氛围、提升公司会计信息披露质量提供了选择路径与政策建议,对系统性改善公司信息披露质量提供了增量证据。

1.2.3 核心概念界定

为明晰本书核心概念,便于读者理解,现对控股股东、股权质押、经理管理防御、会计剩余控制权和会计信息披露质量等概念进行界定。

1. 控股股东

La Porta 等(1999)最先提出了控股股东的概念,并认为控股股东是持有最大投票权的法律实体。但理论与实务界对于控股股东的界定,由于公司发展历史及法律制度的不同,在不同国家中亦存在差异。美国法律协会界定控股股东的标准为,拥有公司 50%以上有表决权的流通股份,且对公司日常经营具备支配性影响的股东。在欧盟公司法中,满足以下三个条件中两项的股东才可以被界定为控股股东:①拥有公司的大多数表决权;②有任免公司的主要经营管理人员或监管成员的权力;③有权对自己或附属公司行使控制性影响。2023 年 12 月 29 日第二次修订的《中华人民共和国公司法》中关于公司的控股股东定义:控股股东,是指其出资额占有限责任公司资本总额超过百分之五十或者其持有的股份占股份有限公司股本总额超过百分之五十的股东;出资额或者持有股份的比例虽然低于百分之五十,但依其出资额或者持有的股份所享有的表决权已足以对股东会的决议产生重大影响的股东。在学术研究中,一些学者从控制权视角对控股股东进行界定。例如,

La Porta 等(1998)、Faccio 等(2000)认为,控股股东的界定标准应该以是否掌握公司最终控制权为判断依据,并设定了 10%或 20%的最终控制权的临界"阈值",但此种划分标准在理论界尚存争议。在实践上,关于控股股东的认定,无外乎包含两方面的参考要素,即"控制"(实质)与"直接持股"(形式)。控制的本质是能够对上市公司的决策、经营管理等产生实质性影响,即实际上掌握着公司的控制权。形式则意味着对股东持股比例的最低要求。除此以外,对于中小股东的界定,深交所在《上市公司规范运作指引(2020 年修订)》中也做出了明确规定,"中小投资者是指除公司董事、监事、高级管理人员以及单独或者合计持有公司 5%以上股份的股东以外的其他股东"。

因此,综合以上分析,在借鉴已有研究基础上,依据"实质重于形式"原则,本书将公司中的控股股东界定为其出资额度占到公司总资本的一半以上,或所持公司股份超过一半以上,以及出资额度与持股不足但拥有的公司表决权可以对股东大会产生重大影响的股东。

2. 股权质押

股权质押是一种债务融资方式。持有公司股票的股东可以将股权作为标的物质押给金融机构或第三方公司而获得贷款。如果当出质人的贷款到期时不能还款,质押方就可以按照质押合约处置出质人的股票。股权相比其他动产、不动产等质押品,登记、设定担保等相关手续的办理更加简便、迅速;并且其作为质押标的物,在保证股东控制权的同时,也具有较强的流通性,因此逐渐被公司股东和市场投资者所接受。民法典规定"质权人有权收取质押财产的孳息",这表明了股东股权质押后仅仅丧失了收取红利、孳息的现金流权利,而并不以转移股份为必须要件,在质押后控股股东仍享有参与上市公司经营活动的决策权、参与公司事务管理的话语权。显然,股权质押是伴随着现代公司及金融制度的进一步发展而产生的一种权利质押,是股权持有人在继续占有股权的前提下,对该股权交换价值的进一步挖掘和变相利用。股权质押融资具有如下特性:一是权力性。如果股东通过出售公司股票获得资金,则会降低对公司的控制权,还有可能会对公司价值造成负面影响。通过股权质押方式可以将股东所持产权盘活,而且还继续拥有公司的财产性权力等。二是保障性。遵循股权质押的规章制度,当持有公司股票 5%以上的股东进行质押时,公司必须对其相关质押信息进行披露。这样既使出质方与质押方的交易受到公众监督与制度制约,减少可能出现的股东道德风险问题,也能在公司股价出现下跌时触及警戒线，保证质押方要求出质方追加担保物的权力与未追加后处置质押物的求偿权。三是风险性。公司股票作为质押物，导致股权质押与公司股价紧密相连。在股东开始股权质押前，质押方根据公司的经营盈亏情况、出质方的信用情况以及公司股票在市场上的表现情况综合评估，以此来确定当前股权质押比例、警戒线与平仓线。因此，股东进行股权质押获得的融资额是与股价密切相关的。对于股东而言，当公司股价在市场中波动幅度较大时，不仅无法及时出售获得收益，而且在股价下跌时有触发警戒线和平仓线导致质押方强制卖出丢失自身对公司控制权的风险。对于质押机构而言，一旦公司股价发生大幅下跌，而出质人无力追加担保物品时，质押方大量卖出质押股票也会加剧股票崩盘式下跌，存在无法及时在止损价售出回收足额款项的风险。

在股权质押过程中，并不涉及任何实物发生转移，股权质押具有如下优势：第一，相比发行股票融资而言，股权质押融资原有股东的经营决策权不会被稀释。第二，相比债务融资而言，省去了烦琐的申请手续和报批流程，也无须定期支付利息和本金，没有较大的还款压力，仅仅在企业盈利的时候将现金流权转移给质权人。第三，相比其他不动产或动产抵押贷款，获取资金时间快，中间费用开支少，贷款成本较低。

综上，股权质押是指出质人以依法转让股权作为质押标的物向质权人（出资方）获得贷款资金的一种质押式债务融资。质押率是指质押融资时所质押资产的折价率，也就是股权质押融资金额和质押股权市值的比值。质押率根据融资时间长短、股票流通性等因素来确定。在我国众多的股权质押业务中，主板市场股票的质押率一般为40%～55%，创业板市场股票的质押率一般为30%～35%。由于公司的股价波动不仅与公司经营业绩相关，也受外部环境的影响，因此，质押机构通常为了保证贷款的安全性，会在质押合约中规定警戒线和平仓线。一般来说，警戒线为股票市值与融资金额之比的140%～160%，平仓线为120%～140%。如果两者之比低于合约的警戒线时，机构将立即告知出质方必须追加担保物品或者补充保证金。一旦质押公司股票市值与融资金额之比低于设置的平仓线时，机构将要求出质方在隔日股市收盘前补足等额的担保物品或保证金，使得两者之比上升至警戒线以上，否则将对质押股票进行平仓出售。

3. 会计剩余控制权

所谓会计剩余控制权，是指因为契约的不完备性特点，使得无法在会计契约中事前明确的事项，其中包含没有进入会计规则的事项和公司在会计规则范围内可以自行决策的事项，也就是所谓的公司会计准则剩余控制权和会计政策选择权。会计剩余控制权是公司剩余控制权中的核心组成部分，它是在公司的财务状况记录和财务策略选择中剩余控制权的体现。目前我国仍处在会计准则与国际会计准则趋同的进程之中，正在渐变为原则导向型会计准则，给相关利害人留下了越来越大的会计剩余控制权，来处理这些没有做出明确规定的“公共领域”，使得公司的诸如大股东、经理层、审计师等都可能借助这些“公共领域”使用会计剩余控制权来寻租。这就天然存在着公司控股股东、管理层的机会主义行为对企业会计信息的操作空间。

4. 经理管理防御

所谓经理管理防御，是指公司经理人在内外部的控制机制下，在自身职业生涯中可能受到来自雇主解聘、公司倒闭、实控人更替等的威胁压力，迫于这些压力将会选择有利于维护自己职位安全并追求自身效用最大化的策略（袁春生 等，2006）。狭义的经理管理防御是管理者为阻止企业被并购或接管所采取的各种措施，目的是减少离职带来的转换工作成本和利益损失。

管理防御假说最早是莫克（Morck）、施莱弗（Shleifer）以及维斯尼（Vishny）（1988）在研究公司内部人所有权和经营绩效两者关系时发现的，他们以美国的371家公司为实证样本检验公司内部人持股比例与公司绩效（托宾Q）之间是否存在相关关系时，发现公司内部人持股比例与托宾Q值之间存在倒U形关系。关于此现象的分析结论如下：当经理人持股比例上升到一定程度，内外部的市场监督对经理层的约束作用将下降，此时公司经理人对公司的掌控能力逐渐增强，稳固的职位优势会导致经理人开始不以公司价值最大化为追求目标，必然会损害公司价值。它与委托代理理论有所不同，区别在于委托代理理论强调如何设计一个有效的机制，使代理人的行为更符合委托人利益最大化的目标，即如何通过提高经理人福利待遇、强化薪酬和股权激励、平衡公司负债等手段，来实现公司控制成本和代理成本的下降，最终达到公司价值最大化或是股东财富最大化的目标。在这其中忽略的一点是经理人处于信息不对称的环境时，一旦其拥有公司财务决策的主导权，则公司负债和股利政策抉择本身就是一个代理问题。这和学者Novaes等（1995）的观点一致，公司的股东将负债当作一种提高公司经营效率的杠杆策略，与经理人当作一种管理防御策略是不太一样的。在之前的大多数已有研究成果中，公司财务策略的抉择是以股东财富最大化为目的，但是基于经理管理防御视角下公司财务策略选择将受到管理者偏好和目标的影响作用，两者动机的不一致导致之前许多理论假设发生偏差，这就需要对某些研究结论进行重新思考。

5. 会计信息披露质量

所谓会计信息，是指通过会计核算实际记录或科学预测，反映会计主体过去、现在、将来有关资金运动状况的各种可为信息使用者接受和理解的信息、数据、资料等的总称。会计信息拥有私人和公共物品的双重属性。一方面，它具有私人物品属性是因为会计信息的提供需要成本，它凝聚着会计人员等提供者的劳动，是会计主体微观经济决策的基础，既要提供给公司内部强化管理，也要提供给各方利益相关者如投资人、债权人、供应链上下游等，使其充分了解公司内部的财务情况和经营成果。会计信息是国家宏观经济管理部门制定经济政策和开展宏观调控的依据。根据理性经济人假设，会计信息供求遵循普遍的市场规律，会计信息的提供和使用应满足成本效益原则，并满足一般商品市场供求特征。另一方面，会计信息又具有公共物品的属性。从理论上分析会计信息的成本，应该由使用信息的全部受益者来承担。但实际上公司的会计信息一经披露，无法阻止未分担成本费用的信息使用者获取，这就会产生“搭便车”和“外部性”问题，这些问题解决不当就会导致会计信息提供动力不足或会计信息失真。会计信息披露是指上市公司采取公开报告的形式向利益相关者提供影响决策的重要会计信息，其关键在于对内或对外公告的会计信息要求可靠、明晰、重要和及时。整个过程就是公司遵循会计准则要求，编制反映公司财务状况、经营成果和现金流的财务报表，以及其他诸如企业社会责任、股权质押明细等非货币性信息的公告书，并根据披露准则将此类会计信息反馈给投资者。随着现代公司所有权和经营权的分离，股东和管理层的委托关系使得会计信息披露制度应运而生。良好的信息披露可以缓解信息不对称、减缓代理冲突，促进证券市场的健康运作，调节资源的合理配置。

1.3　研究内容、方法与框架安排

本书从不完全契约理论出发，研究了控股股东股权质押对公司经理层管理防御动机行为、公司会计信息披露质量的影响机制与传导路径。首先，探讨了控股股东股权质押行为来自外部资本市场的压力和对公司治理机制产生的影响，在此基础上控股股东和管理层之间的互动博弈过程，通过互惠合作达到纳什均衡，以及控股股东股权质押期间机会主义行为对经理层管理防御行为动机产生的影响。其次，研究了双方之间互惠合谋对上市公司会计信息披露质量变化的主要传导路径和影响因素，以及在此背景下经理层利用实际所拥有的会计剩余控制权对会计信息披露质量的影响路径。最后，利用我国A股上市公司样本进行实证检验，证实了控股股东股权质押对公司管理层管理防御与会计信息披露质量的影响机制与具体路径，进而在实践中督促监管部门规范大股东股权质押行为与信息披露制度，优化上市公司治理环境，不断提高资本市场信息披露质量和资源配置效率。

1.3.1 研究内容

依据所提出的主要问题和研究目标，本书通过以下内容来加以实现。

第1章绪论，主要阐述本研究的实践背景和理论背景，通过分析关于公司控股股东进行股权质押对经理层和会计信息披露质量之间关系的已有研究成果，指出本研究的核心问题，阐述研究的理论价值和现实意义。同时，在界定相关核心概念的基础上，介绍本研究的主要内容与所采用的研究方法和框架体系安排。

第2章文献回顾与评述，首先系统梳理和归纳了国内外有关控股股东股权质押的动机与影响因素、质押后产生的机会主义行为，经理管理防御的动机与表现形式以及对公司财务决策的影响，会计剩余控制权作为企业剩余控制权在股东与管理者之间分配的研究现状，然后指出了目前研究的不足与留白空间，提出了本研究的切入点和方向。

第3章公司控股股东、经理管理防御对会计信息披露质量的影响机理，是本研究的理论基础。首先从不完全信息理论入手分析控股股东和管理层对公司会计剩余控制权的博弈与配置过程，然后基于会计剩余控制权对公司会计信息披露质量特征进行分析，提出了控股股东股权质押、经理层管理防御对公司会计信息披露质量的影响机制与传导路径，为后续开展实证研究建立了理论基础和递进检验路径。

第4章探讨了公司控股股东股权质押对会计信息披露质量的影响作用，将公司的会计信息披露质量进一步细化，按照信息披露中的特征将其分为会计信息生成过程质量和会计信息披露过程质量。由于生成过程中存在数字和文本信息的区别，又将会计信息生成质量分为会计数字信息质量和会计文本信息质量，同时选取了具有代表性的公司会计年报信息披露的择机策略作为会计信息披露过程质量开展研究，考察了公司控股股东依据所拥有的公司控制权对公司会计数字信息质量、会计文本信息质量的影响作用。

第 5 章探索了控股股东股权质押对经理管理防御行为动机的影响，首先分析了控股股东股权质押对公司治理机制带来的主要变化，特别是对经理层管理防御动机行为产生的重要影响，并通过实证研究发现股权质押的控股股东会放松对经理层的监督，降低了经理薪酬业绩敏感性，以实现互惠合作，而对于不配合的经理人则通过控股股东在董事会的机制下进行更换。

第 6 章研究了经理管理防御对公司会计信息披露质量的影响作用。具有防御动机的经理层会利用所拥有的会计剩余控制权，通过盈余管理等手段影响会计盈余来促使自身收益的最大化。以总经理的个人背景特征、工作转换成本来衡量经理层管理防御水平，以会计剩余控制权高于同行业平均水平的差额部分来代替公司过度使用会计剩余控制权的程度，同时以年报披露时间与是否交易日披露作为择时策略，对经理管理防御与公司会计信息披露质量之间的关系进行检验，并进一步验证了公司会计剩余控制权在两者之间发挥中介效应。

第 7 章研究了公司控股股东股权质押、经理管理防御、会计信息披露质量三者之间的影响关系，重点探究了在公司控股股东股权质押对会计信息披露质量的影响作用中，经理管理防御是否存在中介作用。实证研究不仅证实了经理管理防御存在中介作用，而且进一步验证了经理管理防御在控股股东股权质押时对会计数字信息质量、文本信息质量、披露时间以及综合信息披露质量的具体影响路径；并且在更换被解释变量、解释变量与中介变量的度量方式，更换中介效应检验模型，使用多时点 PSM-DID 模型等一系列稳健性检验后，论证了研究结论的可靠性。

第 8 章为本研究的主要结论，以及提出的一些政策建议。本章在对本研究内容进行归纳总结的基础上，提出相关改进的政策建议，同时指出了本研究可能存在的创新点，以及研究存在的不足和进一步可拓展的方向。

1.3.2 研究方法

本研究采用了定性分析与定量分析相结合，规范研究与实证检验并重的研究方法，综合运用经典经济理论、管理统计方法和会计学的相关理论基础，依据不完全契约理论、公司治理以及信息披露的相关理论成果，探讨了公司控股股东的股权质押对经理管理防御、会计信息披露质量影响的机制与路径。

通过规范研究和定性分析方法，系统梳理和归纳了国内外有关控股股东股权质押动机、机会主义行为表现形式及其经济后果，经理管理防御的研究现状，以及会计剩余控制权在股东与管理者之间配置的博弈过程及其均衡结果。在此基础上，综合提出控股股东股权质押对经理管理防御行为动机、会计信息披露质量影响的机制与传导路径，构建本书的理论分析框架并提出了相应假设。之后，通过对回归结果的分析归纳得到了本书的研究结论并进行了展望。

通过定量研究和 Python 的数据挖掘技术，对控股股东股权质押对经理管理防御、会计信息披露质量的影响等进行了多元回归分析并开展了机制检验与稳健性检验；同时，尝试将公司会计信息披露质量特征分为两阶段四要素的度量方式，进一步研究了控股股东股权质押和经理管理防御对会计数字信息和会计文本信息以及择时策略的影响作用。

通过博弈分析方法探讨了控股股东与企业经理之间对会计剩余控制权的互动博弈过程。在借鉴 Rubin-Stein（罗宾-斯泰英，1982）轮流出价还价模型的基础上，尝试引入不完全信息情况下的三种类型，分析了控股股东与经理就企业会计剩余控制权争夺的均衡结果，推导出随着经理人力资本积累和核心竞争能力的提升，双方达到均衡时，经理分享的企业会计剩余控制权份额逐步增大的结论。

1.3.3 研究框架安排

本书的技术路线：从我国控股股东股权质押的现实背景出发，提取凝练出本书研究的科学问题；通过对已有相关文献的梳理与分析，挖掘出本书的研究切入点，且在界定清楚核心概念的基础上分析控股股东股权质押对经理管理防御、会计信息披露质量的影响机理与研究假设；选取我国 A 股上市公司为样本数据进行实证检验与机制分析；在综合全面分析基础上得出本书的研究结论并提出政策建议。本书的技术路线具体如图 1－3 所示。

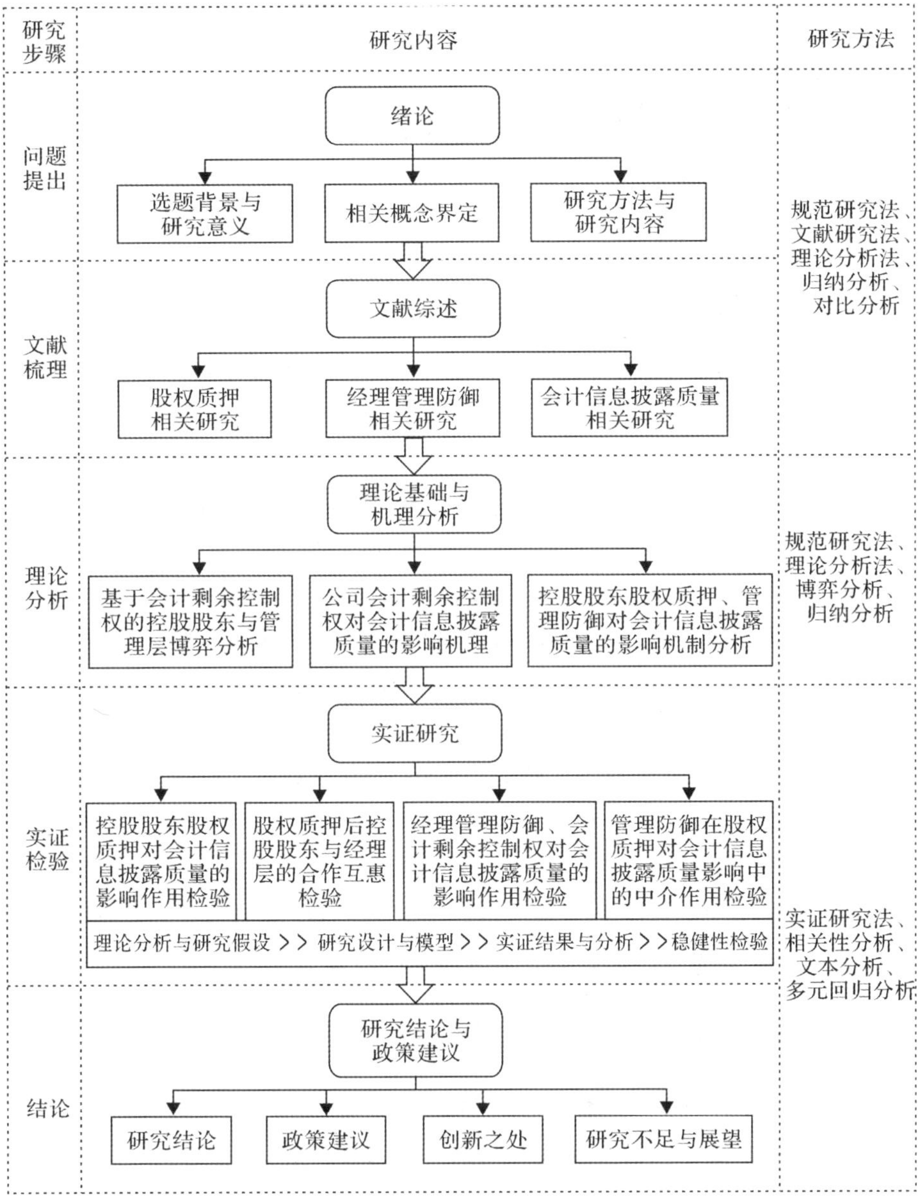
研究步骤
研究内容
研究方法
问题提出
绪论
选题背景与研究意义
相关概念界定
研究方法与研究内容
规范研究法、文献研究法、理论分析法、归纳分析、对比分析
文献梳理
文献综述
股权质押相关研究
经理管理防御相关研究
会计信息披露质量相关研究
理论分析
理论基础与机理分析
基于会计剩余控制权的控股股东与管理层博弈分析
公司会计剩余控制权对会计信息披露质量的影响机理
控股股东股权质押、管理防御对会计信息披露质量的影响机制分析
规范研究法、理论分析法、博弈分析、归纳分析
实证检验
实证研究
控股股东股权质押对会计信息披露质量的影响作用检验
股权质押后控股股东与经理层的合作互惠检验
经理管理防御、会计剩余控制权对会计信息披露质量的影响作用检验
管理防御在股权质押对会计信息披露质量影响中的中介作用检验
理论分析与研究假设 >> 研究设计与模型 >> 实证结果与分析 >> 稳健性检验
实证研究法、相关性分析、文本分析、多元回归分析
结论
研究结论与政策建议
研究结论
政策建议
创新之处
研究不足与展望

图 1－3　本书技术路线图

第 2 章　文献回顾与评述

依据本书研究内容，本章将从控股股东股权质押及其经济后果、经理管理防御动因与经济后果和公司会计信息披露质量三方面展开相关研究成果的梳理与评述工作，并总结已有研究的主要结论与存在的不足，以便为本书提供研究基础和新的切入点。

2.1　控股股东股权质押的相关研究

不同经济体中控股股东股权质押发展状况不同，导致学者的关注度也不同。英美经济体中机构投资者比例比较高，股权高度分散，控股股东股权质押融资的现象并不常见，学术界对此关注度不高（Larcker et al.，2010；Anderson et al.，2020）。而东亚及新兴经济体中由于存在较为普遍的大股东、管理层高度持股和股权质押融资的现象，学术界给予了较多的关注，尤其是对我国台湾地区资本市场的研究成果较多。近年来，随着有关股权质押的一些规范性政策文件的公布，控股股东办理股权质押业务已成为我国融资方式中的“常态”，而随着股东质押行为增多，相关研究文献也逐渐丰富起来。为了更好地展开研究，本书将从控股股东股权质押动机、机会主义行为与经济后果几个方面加以梳理。

2.1.1　控股股东股权质押行为的动机及其影响因素

1. 控股股东股权质押行为的动机

控股股东的类型不同造成质押行为的动机和目的不同。以艾大力等（2012）为代表，其将股权质押动机分为“主动质押”盘活存量资源动机和“被动质押”掏空上市公司动机。“主动质押”是指控股股东希望增强资产的流动性，将“静态”资产股权转换为“动态”可用资金，将“存量”变“流量”，使用财务杠杆的放大作用为股东获取更多财富，尤其适用于股东所持有的限售股；“被动质押”的意思是控股股东因投资、经营所需资金压力而不得不将股权进行“假变现”的一种掏空行为。通过“鸿仪系”（黎来芳，2005）、“阳光集团”（吕长江 等，2006）、“华通天香集团”（杨棉之，

2006)、“明星电力”(李永伟 等,2007)、“ST 巨力”(向群,2007)等这些公司的股权质押“暴雷”案例可以看出,一部分公司的控股股东是以掏空公司为目的进行股权质押的。而以谢德仁等(2016)为代表学者的研究认为,控股股东偏好股权质押主要受两方面动机驱动:一是为了维持在公司的控股地位,不愿意冒着控制权转移风险通过抛售股票减持的方式融资;二是为减少获取资金的交易成本,股权质押融资相比于银行贷款,没有严格的审批流程和烦琐耗时的手续,不仅监管层审批较快,而且在市场为“牛市”时可融得更多的资金量。

此外,针对控股股东巩固其地位,Yeh 等(2003)和 Kao 等(2004b)在研究台湾资本市场时发现,公司的控股股东由于公司利好消息预计公司股价将会上扬时,会以股权质押资金回购股票加强对公司的控制权。Chen 等(2007,2011)研究还发现,控股股东股权质押期间,如果遇到股价下跌,控股股东也会再次买入公司股票以稳定股价,结果也会导致其控制权扩大。可见,控股股东股权质押还具有增强其控股地位的动机。针对节省交易成本,Larcker 等(2010)指出,通过出售股份获得所需资金,不仅需要支付股份出售的交易费用,而且需缴纳出售股份所涉及的相关税收,采用股权质押的方式虽然同样面临交易费用,但无须缴纳出售股份所涉及的相关税收,因而从税收角度来说,节省了交易成本。从资金需求角度来看,上述动机都基于控股股东自身消费需求或为公司之外的第三方提供资金支持。吴静(2016)以我国 A 股市场的上市公司为研究样本,对 2003 年到 2012 年中进行股权质押的控股股东进行实证分析得出,有 22.4%的控股股东将质押后获得的资金又重新投入公司之中,为其补充营运资金。也就是说,控股股东股权质押还具有支持上市公司发展的动机,Chan 等(2015)和 Chan 等(2018)的研究也支持这一动机。

2. 控股股东股权质押行为的影响因素

控股股东的质押动机和目的不同,则其背后隐含着不同的影响因素。首先,控股股东特征因素对其股权质押行为的影响。股东性质是最为显著的影响因素,王斌等(2015)指出,中国资本市场的上市公司控股股东具有两种不同的属性,即国有和民营,相较于具有更多资金获取途径的国有属性控股股东,民营属性控股股东通常会面临更为严重的融资约束,从而更倾向于进行股权质押融资。王新红等(2016)进一步将民营属性的控股股东划分为“法人”与“自然人”两种属性,法人控股股东往往比自然人拥有更高的持股比例,以其团体属性更容易得到金融机构的认可,而且法人控股股东背后的公司为金融机构提供了更多的信用保障。因此,法人属性的控股股东能够轻易地办理股权质押业务。不仅股东性质会影响股权质押，控股股东对上市公司的持股比例也是影响其股权质押动机的重要因素。阮姗等(2021)的研究证实，控股股东持股比例越高，其股权质押率越低，也即控股股东持股比例与股权质押率之间呈负相关关系。这一负相关关系隐含两个作用机制：一方面，从控制权转移风险角度来看，控股股东持股比例越高，其质押后面临的控制权转移风险损失就越大，而控股股东股权质押率越高，其质押后面临的控制权转移风险发生概率就越大，为控制风险，控股股东往往在持股比例和股权质押率之间进行平衡，在较高持股比例时选择较低的股权质押率；另一方面，从控股股东掏空动机角度来看，控股股东持股比例越高而质押率越低时，其两权分离度也较低，掏空动机也随之减弱，以利益侵占为目的的股权质押就会减少。此外，王斌等(2013)的研究也证实了民营属性控股股东持股比例与股权质押率之间的负向关系，要比国有属性控股股东体现得更为突出。也即股东性质和持股比例对股权质押行为的影响存在叠加效应。

其次，企业所处的外部市场环境等宏观因素、行业竞争程度等中观因素，以及公司治理结构等微观因素，也都会对控股股东股权质押行为产生重要影响。从宏观因素角度来看，李永伟等(2007)指出资本市场制度环境、谭燕等(2013)指出地区金融发展水平、郑国坚等(2014)指出资本市场监管能力都会对控股股东股权质押行为产生重要影响，尤其是不完善的资本市场制度环境较低的地区金融发展水平和不充分的资本市场监管能力都会激发控股股东股权质押行为背后的套现和掏空等不良动机。此外，Yeh 等(2009)、Huang 等(2016)的研究验证了股权分置改革对控股股东股权质押行为的影响作用，Kao 等(2014)的研究还验证了国际财务报告准则对控股股东股权质押行为有影响。从中观因素角度来看，Kao 等(2004a，2013)验证了行业发展因素对控股股东股权质押行为的影响，还发现产品的市场竞争环境有利于减少控股股东股权质押后的利益侵占。从微观因素角度来看，Lee 等(2004)、王新红等(2016)都指出，公司其他大股东会对控股股东股权质押存在显著影响，尤其是对控股股东股权质押后的掏空行为会形成显著的制衡作用。Chen 等(2007)、谭燕等(2013)均指出，银行作为质权人会发挥很好的外部监督作用，从而对控股股东股权质押后的掏空行为形成显著的约束作用。Kao 等(2004a)还研究了企业集团化组织形式对控股股东股权质押行为的影响，并一直认为集团化组织形式更有利于控股股东股权质押后采取掏空行为。

2.1.2　控股股东股权质押的机会主义行为与经济后果

1. 控股股东股权质押后的机会主义行为

机会主义行为在经济学中比较常见，而在管理学中，机会主义行为研究主要围绕公司管理层而展开，尤其是管理层盈余管理的机会主义行为（Holthausen，1990；Chen et al.，2010）、大股东股份回购的机会主义行为（Kim et al.，2014）研究。对已有文献进行梳理发现，导致机会主义行为的诱导因素主要有信息不对称、合同不完备、依赖不对称等 3 个方面，判定机会主义行为的依据则主要包括人为主观的蓄意行为、有选择地利用时机、追求利润的损人利己等 3 个方面，以此来梳理控股股东机会主义表现形式则主要有市场择时、盈余管理、掏空行为和非效率投资等 4 个方面，如图 2 - 1 所示。

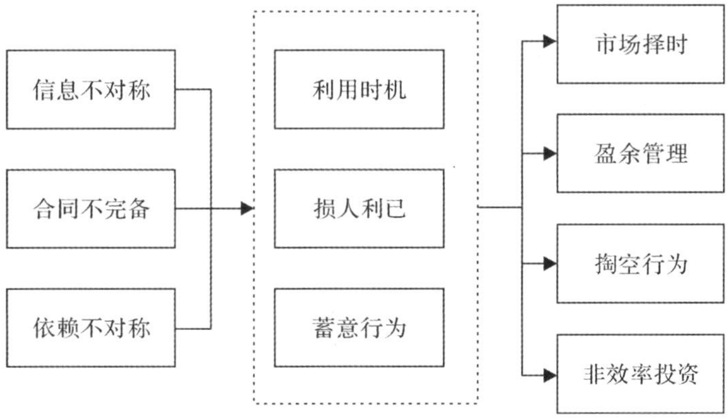

图 2 - 1　控股股东机会主义行为的诱导因素、判定依据和表现形式

1）控股股东的市场择时行为

市场择时是控股股东利用信息优势进行的一项典型机会主义行为。自 Stein（1996）对管理层利用非理性市场中投资者情绪导致公司股票被错误定价，在股价高估时发行股票而在股价低估时回购股票的行为展开研究后，公司股权融资的市场择时行为开始受到学术界关注。不仅一些针对公司首席财务官（CFO）的调查结果显示，股价高估或低估情况是公司股权融资决策需要考虑的重要因素（Graham et al.，2001；Brau et al.，2006），许多实证研究结论也都支持公司股权融资存在择时现象（Baker et al.，2002；Baker et al.，2003；Bakke et al.，2010；Alti et al.，2012；Campello et al.，2013）。从择时行为动机来看，控股股东市场择时行为可分为被

动和主动择时行为。其中，被动择时行为主要指控股股东被动利用市场大势时机的行为，而主动择时行为则是指控股股东主动创造市场时机的行为。

(1)控股股东被动择时行为。控股股东会利用其信息优势而进行择时行为。Larrain 等(2013)以 1990—2009 年智利上市公司为样本，对控股股东的市场择时行为进行研究发现，如果公司的股权被市场高估时，控股股东很可能通过股权再融资来谋取更多的控制权私利，继而在新股发行后出售减持，损害中小股东的利益。Esqueda(2017)以 1990—2010 年在美国交叉上市的公司为样本，研究发现存在控股股东的公司的股价在上市当年上升较大，而在随后年份下跌幅度较大。蔡宁(2012)以股改后解禁股份出售事件为研究对象，对大股东减持过程中的择时行为进行研究，结果发现大股东具有明显的择时行为，会在业绩预告披露坏消息之前、好消息之后出售股份，且交易规模随利空(利好)程度增加而增加。罗琦等(2015)以 2008—2012 沪深两市非金融类 A 股上市公司作为样本对控股股东投融资的择时行为进行研究，结果发现控股股东选择在市场气氛高涨时迎合投资者情绪进行过度投资，并在股票价格高估的情况下实施股权再投资。徐寿福(2017)也发现了类似的现象，上市公司股价被高估会加剧大股东的股权质押行为，且大股东会在信贷宽松时期更愿意进行大规模股权质押，即大股东股权质押存在股票市场和信贷市场双重择时行为。上述研究都是针对控股股东利用资本市场对公司股票错误定价而进行的择时行为，这些都是控股股东的被动择时行为。

(2)控股股东的主动择时行为。控股股东会通过操纵盈余来影响股价从而创造市场机会。Guthrie 等(2010)以美国 1996—2002 年 1479 个非金融企业为样本，对大股东与上市公司股权再融资时盈余管理行为的关系进行研究，结果表明外部大股东的存在会加剧公司在股权再融资过程中的盈余管理行为。雷光勇等(2006)研究上市公司配股行为时发现，控股股东的持股比例越高，对公司控制能力越强，则在配股时正向操纵盈余的程度越大。罗琦等(2014)以可操纵性应计利润作为市场时机的衡量指标，对我国 2008—2011 年 A 股上市公司股权再融资过程中的控股股东择时行为进行考察，研究发现控股股东有强烈动机操纵盈余影响股价，以创造股权再融资的市场机会，并进行择时融资。

2)控股股东的盈余管理行为

盈余管理作为上市公司调节利润、粉饰业绩的行为，长久以来成为资本市场的顽疾。它是公司使用会计方法调整财务报告数据，或使用事先安排好的真实交易来呈现虚假的财务数据，以此对公司的利益相关者进行误导性的盈余信息披露

(Healy et al.,1999)。这种利用信息不对称调节盈余的自利行为是对处于信息弱势投资者的一种隐瞒和欺骗,也是以牺牲企业长期利益为代价的机会主义行为。目前关于盈余管理的已有研究主要以盈余管理的动机和方式居多。

(1)盈余管理的动机。首先,学者在早期的研究中主要从管理层对盈余管理的目的或动机出发,认为公司管理层为了影响股票市场对公司的理解、规避出现亏损、提高管理层报酬、降低违背贷款合约的可能性以及避免监管部门的干预,往往会采取盈余管理给企业或自己谋取私利(龚启辉 等,2015)。许晓芳等(2021)、鲍睿等(2022)的实证结果也发现,我国上市公司明显存在控股股东通过盈余管理掩盖其掏空行为的事实。其次,控股股东进行盈余管理的动机主要体现在股权再融资过程,就是控股股东为了能够达到股权再融资要求中对盈余阈值的要求而进行盈余操纵现象(Cohen et al.,2010)。国内已有大量研究表明,控股股东为了达到证券监管部门对首次公开募股(IPO)、配股、增发新股的业绩要求以及避免亏损,其最为直接的动机是满足政策性的盈余指标要求,从而实现融资需求。最后,稳定股价也是管理层和控股股东进行盈余操纵的动机之一,尤其在控股股东股权质押背景下,为维护股价和防止暴跌而导致控制权转移风险,控股股东有动机进行盈余管理(王斌 等,2015)。

(2)盈余管理的方式。从已有研究成果来看,主要分为两类:一类是运用会计方法进行的应计盈余管理,主要是对企业利用应计资产和应计负债的不合理确认,以及对费用的不合理递延而进行的盈余管理;另一类是构造真实交易而进行的真实盈余管理,公司主要采取的方法有减少酌情性的费用、提高产品的销售额、扩大生产产量等。早期研究主要对使用应计项目的盈余管理方式进行研究(Jones,1991;Rangan,1998),一方面由于监管部门与审计师对于应计项目盈余管理方式已具备较强的识别能力,另一方面单独使用应计项目进行盈余管理的调整空间有限。尤其是美国安然事件发生之后,监管部门对于应计项目盈余管理方式的识别能力和管制水平大幅提升,导致企业不得不开始使用通过价格折扣或提供更宽松的信用政策来实现销售操控、削减或延迟研发费用与管理费用、过量生产操纵存货的生产和销售、关联交易、股票回购、处置与投资长期资产等其他具有实质经营特征的方式进行盈余管理(Roychowdhury,2006),使得近年来部分学者转向研究真实活动的盈余管理,尤其是应计盈余管理和真实盈余管理并存的情形。已有文献发现,这两类盈余管理不仅会经常同时出现,而且通常存在明显的替代关系(Cohen et al.,2010;Badertscher,2011;Zang,2012)。龚启辉等(2015)在研究应计盈余管理和真实盈余管理之间的关系时发现，我国上市公司在进行盈余管理活动时会同时使用两种方式，并且两种管理方式存在相互替代的关系。

3)控股股东的掏空行为

在 Berle 提出分散式股权结构范式下，Jensen 等(1976)提出管理层会为了私人利益而侵占投资者利益的第一类代理问题。而 La Porta 等(1999)之后的研究发现，大部分国家的公司代理问题已由股东与经理人之间冲突转移为控股股东对中小股东的利益侵占，即第二类代理问题逐渐突显。Johnson 等(2000)将之称为掏空行为。国内外学者分别从控股股东掏空动因和掏空方式等 2 个主要方面展开研究。

(1)关于控股股东的掏空动因。大量研究指出，发生控股股东掏空行为的根本原因在于控制权与现金流权的分离(Adams et al.，2008)。其中，现金流权以股东实际投入资本后取得的股份来衡量，而股东对公司的控制权力是由其掌握的投票权多少来计算的，不仅包括直接持股所带来的投票权，还有间接链式持股所拥有的投票权，两者相加才是股东对公司全部控制权的大小。当控制权大于现金流权时，控股股东将具有较大的动机去掏空上市公司和损害中小投资者利益，以获取私人利益。因为他们独占了控制权私人利益而由此带来公司价值损失由全体投资者来承担。这也反向激励控股股东利用金字塔结构、交叉持股、发行差别投票权股票等形式的增强机制来获得以相对较少的股份所带来杠杆式放大的控制权，最终实现对公司和管理层的掌控。已有部分学者的实证研究成果也发现，控股股东对公司采取掏空行为与现金流权和控制权分离度显著正相关(俞红海 等，2011)。除此之外，控股股东为获得并保持对公司控制权往往需要投入大量资金与维护成本，也由此需要相应的超额风险补偿，控股股东同样有动机采取“掏空”行为(罗进辉 等，2011)。

(2)关于控股股东的掏空方式。从 Almeida 等(2006)学者的研究结论来看，控股股东会在内部资本市场运行金字塔的持股方式，以融资手段来侵吞其他投资者的利益。Chen 等(2010)构建动态理论模型对上市公司的过度投资问题进行了分析，发现公司的控股股东通过过度投资的方式来实施利益侵占，并且两权分离度越大，过度投资的现象越严重。因此，我国低法律风险、监管约束不强、弱有效市场的特殊环境，有可能给控股股东掏空公司提供了更为合适的“温床”。早期研究主要关注控股股东经由公司内部路径所实现的直接侵占方式，主要包括控股股东直接占用公司资金(Jiang et al.，2010；郑国坚 等，2013)，以及通过股利政策(唐跃军等，2006）、定向增发（张鸣 等，2009）、并购重组等掏空方式（尹筑嘉 等，2013），来损害公司中小股东的利益。但随着现代公司治理手段的发展，金融市场交易方式逐渐多元化，公司控股股东的掏空方式也发生了改变，从过去公司内部的直接实施侵占转变为利用交叉持股或代理人方式实施外部关联交易的利益输送，控股股东获取私人收益的手段逐渐变得更加复杂与更加隐蔽。Cheung 等（2006）和吴先聪等（2016）的研究也支持这一论点。

4）控股股东的非效率投资行为

经典的公司金融理论认为，在一个完美的资本市场里，公司投资支出水平只与其投资需求水平有关，因此公司的投资行为并不会受到管理层和股东的影响。但在现实世界中，首先，管理层与股东之间代理问题的加剧会造成公司管理层"左倾"的投资偏好，投资风险上升；其次，公司控股股东会对管理层的投资进行监督，制约过度投资行为；再次，控股股东与其他股东之间也存在代理问题，且有可能再次激发企业过度投资行为；最后，控股股东还可能与管理层合谋，加剧企业的过度投资行为。相关文献主要沿着如下几个视角展开研究。

（1）从控股股东对管理层过度投资的抑制作用视角分析。Jensen（1986）研究显示，在股东和管理层的信息不对称环境下，公司管理层因为机会主义动机投资净现值（NPV）不达标的项目，造成公司过度投资问题。从背后隐藏的动机来看，一方面是管理层的显性报酬和隐性报酬都与企业规模正相关，另一方面是提高投资，扩大公司规模，有助于管理者建立"商业帝国"，提升更换现有管理层的成本，以达到稳固管理者现有职位的目的。由此可知，过度投资问题是第一类代理问题的重要表现形式。Bates 等（2009）的研究显示，管理层与投资者之间的代理问题造成了自由现金流过度投资问题。也有部分学者研究认为，控股股东的存在只对公司进行掏空或侵害中小股东利益。但在一定情况下，控股股东也会给公司带来积极的正面影响。如控股股东会主导公司治理，从而对管理层所主导的过度投资行为形成抑制作用（江伟 等，2005；罗进辉 等，2009）。

（2）从控股股东主导的过度投资行为视角分析。第一类代理问题中，管理层对于公司投资策略的影响作用大小依赖于管理层可以从中获取私人收益的多少。当管理层权衡公司投资项目所获得私人收益少于其付出的成本时，管理层可能会放弃一些 NPV 为正的投资，造成公司的投资不足；而当投资项目带给管理者的私人收益大于其私人成本时，管理层因为能从投入资源中获取更多私人收益，则会催生过度投资冲动。同理，控股股东对管理层的监督也存在成本收益的权衡。当控股股东对管理层的监督成本较高时，控股股东可能因成本大于收益而放松对管理层过度投资行为的监管力度，使得公司的过度投资仍然存在；但是当监督收益高于成本时，控股股东可能加强对公司的管理层过度投资的监督行为，进而引起公司的投资不足。因此，在我国上市公司普遍存在股权集中的情形下，股东与股东之间的第二类代理冲突成为公司治理的重要问题，而控股股东会利用其在公司的决策主导权在信息不对称和机会主义的驱使下采取过度投资行为来谋求私利。部分实证研究也支持此分析，Wei 等(2008)以东南亚国家的公司为样本研究得出，公司大股东两权分离度过大时，大股东与中小股东的代理冲突会增加公司的过度投资行为。随后 Albuquerque 等(2008)的研究得出，控股股东通过过度投资方式侵占公司利益在投资者保护环境差的国家表现得更加普遍。

(3)从股权质押的视角分析控股股东对过度投资的影响。股权质押属于控股股东自身的融资行为，会对其利益目标产生显著影响，并间接影响企业的投资行为。Chen 等(2007)的研究证实，控股股东股权质押的确会激发控股股东过度投资行为。李长青等(2017)研究发现，控股股东股权质押后可能会利用过度投资来寻求公司经营绩效新的增长方式，吸引投资者的注意力，为投资者提供未来良好发展愿景，以此来达到维持或提升股价的目的。但 Dou 等(2019)的研究则认为，控股股东股权质押会让控股股东担心控制权转移而规避过度投资。朱新蓉等(2020)以 2010—2018 年中国 A 股上市公司为样本，研究发现股权质押与过度投资之间关系不显著，但是股权质押会通过融资约束加剧和公司治理弱化两种机制导致企业投资不足，从而造成公司的非效率投资。控股股东与管理层也会对公司过度投资产生共同作用。一方面控股股东会权衡监督管理层过度投资的成本与收益，另一方面控股股东也有通过过度投资谋利的动机，但公司管理层主导着公司的日常经营活动，控股股东在追求控制权私利时绕不开公司的管理层。因此，针对过度投资问题，控股股东和管理层还会存在合谋行为，从而进一步恶化企业过度投资。

2. 控股股东股权质押的经济后果

控股股东股权质押融资属于“抵押性”借款行为，通常会面临两个方面潜在风险。一方面是股价波动所带来的风险，当股价下跌至信贷条款所规定的“预警线”时，股东首先面临“追加”抵押物或其他额外保险措施的风险；如果股价继续下跌至信贷条款所规定的“清仓线”时，质押人出于自身利益保护的目的，可能会对所质押股权进行强行处置或自留，最终使股东面临失去其对上市公司的控制权，进而使得股价下跌风险演变成"控制权转移风险"(Chan et al.,2015)。另一方面是控股股东自身加杠杆风险。控股股东股权质押融资将大幅提高其自身资产负债水平,从而加剧控股股东还本付息压力,甚至可能变成控股股东破产风险(艾大力 等,2012)。控股股东股权质押除了给自身带来风险,也会给质权人带来风险。如明星电力案例,其控股股东股权质押从银行贷款 3 亿元,最后控股股东无力清偿,银行拍卖其所质押股权仅回收 2.069 亿元本金,损失近三分之一。可见,当股权所对应的公司资产发生急剧贬值时,质权人将会面临本金损失风险。除此之外,一旦被质押股权股价跌近警戒线,将会放大投资者无法卖出的恐惧,为了能够在控股股东被强行平仓之前卖掉手中股份,市场可能会出现恐慌性抛售,进而引发股票抛售"踩踏"现象,并有可能最终引发被质押公司股价崩盘(谢德仁 等,2016)。在市场普遍存在股权质押的情况下,单只股票因股权质押而导致股价崩盘有可能形成风险传染效应,从而导致整个股市崩盘风险加剧。我国股票市场 2015 年 6 月和 2016 年 1 月发生的股灾,股权质押也是引起恐慌的重要因素。

控股股东所面临的潜在风险可能会直接影响其行为,进而会影响到上市公司价值和其他中小股东利益。一方面,从股权质押所产生的消极经济后果来看,首先,股权质押导致控股股东实际现金流下降,减弱了控股股东提高公司价值的动机。其次,股权质押也导致控股股东实际现金流权与控制权分离程度加大,从而强化了其侵占中小股东权益的动机。同时,控股股东过度杠杆化可能引发控股股东掏空动机与行为,并最终导致公司价值减损。针对我国台湾资本市场的研究结论,一致认为控股股东股权质押的确降低了公司价值和侵害了中小股东权益(Yeh et al.,2009;Wang et al.,2020;Chen et al.,2020)。国内大部分研究也得到了同样的结论(吴静 等,2020;王新红 等,2021;肖俊斌 等,2021;张原 等,2020)。另一方面,从控股股东股权质押所产生的积极经济后果来看,首先,保持对上市公司控股权地位并借助控制权实现"正当收益",是控股股东参与上市公司治理的基础,控股股东在质押股权后因担心控制权转移风险,往往会有更强动力来改善公司经营业绩。其次,股权质押主要以股价为基础对抵押物进行价值评估,股价出现下跌将会要求控股股东追加质押物,为了维持股价持续平稳增长,控股股东可能会自觉减少掏空行为甚至增加一些支持公司价值增长的行为。李旎等(2015)研究证实,控股股东股权质押融资情况下,市值管理能够制约控股股东对上市公司的利益侵占行为。同时,股权质押还具有迫使借款人如实向质押人报告借款意图、提高借款人还款意愿的作用,从而促使质权人利用质押品质量的"激励效应"控制信贷风险，以降低债务代理成本。谭燕等(2013)通过分析质押品质量在银行信贷决策中的治理效用，发现股权质押公司的盈余管理水平和掏空程度显著低于股权未质押公司。除此之外，Chen 等(2010)研究指出，在资本市场运行良好和股价上升期间，控股股东为了能够再融资，往往会在股权质押后给公司更多的发展支持，从而促进公司价值提升。吴静(2016)研究发现，控股股东股权质押所得资金有一定比例又投向上市公司，从而支持公司发展和提升公司价值。

2.1.3 文献述评

目前学者们关于控股股东股权质押的研究成果主要包含控股股东质押的动机和股权质押所造成的经济后果两个方面。一方面，学者对于股权质押动机的研究结论认为，第一，控股股东股权质押是因为存在掏空公司的意图，从代理理论分析，股权质押后两权分离度加大有可能导致控股股东的掏空动机增大，使得控股股东进行利益输送，损害公司价值。第二，控股股东为了缓解自身的融资约束进行股权质押，因为股权质押相比于其他贷款方式门槛较低，使得股东能够较快地获得资金支持。第三，股东为了加强对公司的控制权，通过股权质押所获的资金再次购买公司的股票，以增加自身持股比例。另一方面，关于股权质押后经济后果的已有研究成果，主要包括公司的市场择时、盈余管理、利益输送和非效率投资等几个问题。控股股东为了防止市场股价下跌至平仓线，从此采取各种稳定或提升股价的手段，会给企业造成的不同经济后果。目前关于控股股东进行股权质押对公司价值影响的研究结论学者们还未达成一致，有关股权质押行为对公司价值影响机理的研究不够深入，缺乏研究文献揭示其中的作用路径。且现有成果大多集中于股权质押行为对企业决策的直接影响，对其内在作用机制缺乏研究。而对内部作用机制的研究有助于更深刻地理解现有股权质押研究“黑箱”，推动股权质押研究进一步发展，因此后续研究中有待加强股权质押的作用机制。

2.2 经理管理防御的相关研究

有关经理管理防御行为的已有文献主要涵盖了产生管理防御行为的动机、有何种表现形式，以及与公司财务决策的关系这三个方面，在此对其做简要述评。

2.2.1 关于管理防御行为的动机及其表现形式

有关经理管理防御动机方面的研究成果较为丰富。公司的经理人具有的经济人、有限理性等个人属性在信息不对称环境下和机会主义倾向的驱使下,使其具有强烈的经理管理防御动机(吕易,2011)。根据经理管理防御产生动机的原因不同,可以将动机分为内部动机和外部动机两种。国内外学者对管理防御动机从以下几个方面进行了探讨,如经理人的自利性、人力资本的专用性、工作转换的成本,以及对经理人的非市场化选拔方式等。首先,自利性作为经济人的基本假设,公司经理人作为股东的委托代理人,为自身追求利益最大化是其必然目的,这也是经理管理防御行为产生的根本动机(李秉祥 等,2017b)。冯根福等学者(2004)研究高管人员时发现,因为上市公司高管的自利性,其对于公司负债水平会抱有目的性进行调节。公司经理人为了能够获得更多的报酬和资源,会利用职位优势产生更多的在职消费行为,并且为了保持一直在合适的职位上不会被取代,经理人还会进行非效率的投资(吴建祥 等,2014)。一旦当经理人所在公司面临破产、收购等风险时,公司经理人出于对自身被更换的潜在威胁,在公司经营管理中将会把如何保证自身利益放在首位而不是公司利益最大化(白建军,2013)。由于管理防御的自利性根本动机,经理人对公司财务政策的抉择会受到自身的影响,用来强化经理职位,以及带来更多的货币薪酬与非货币收入。其次,由于人力资源不仅具有稀缺性,而且具备资本专用性所衍生出的不可替代性,故公司经理人拥有管理技能、经营经验、社会网络等稀缺资源。陈英等学者(2015)研究发现,经理人会被解聘、公司倒闭、公司被收购等因素影响,导致自身的人力资本价值减损甚至消失。因此,经理人会通过一系列管理防御行为降低自身的“出局风险”(郝艳 等,2019)。如通过利用专属性投资(林钟高 等,2016)、积累经理社会资本(李秉祥 等,2019)、扩大对公司关键资源的控制(袁春生 等,2008)等方法实现自身人力资本专有化,提高与股东的谈判力,从而达到固守职位的目的。再次,转换工作成本和解雇风险成为“禁锢”经理人的重要因素之一。经理人在某一特定公司或环境中长时间工作具有一定的专用性人力资本。一旦被公司辞退,经理人会失去这部分专用性人力资本的价值,且重新求职也需要不少转换成本(Gilson,1989;Nagarajan et al.,1995)。最后,经理非市场化选拔机制也一定程度上激发了经理管理防御动机。虽然我国公司职业经理人的市场选拔机制正在逐步健全发展,但是目前整体上仍不够成熟,监管机制不完善。唐齐鸣等(2018)研究发现,我国上市公司管理层选拔一定程度上依赖于人际关系和政治背景，对经营者选择还有很强的行政色彩，尤其是在国有企业中，经理人多以政府委派、任命方式产生，而不是根据市场去选择，公开竞争、考试选拔等方式所占比重很低且流于形式。这种情况也使得经理人产生了更多职位固守的防御动机（李秉祥 等，2018b）。

经理管理防御行为的表现形式多种多样。在已有文献中，可以将其分成两类，一类是显性的管理防御行为，如贪污受贿、违规关联交易、职务侵占等情形；另一类是隐性的管理防御行为，如超额在职消费、获取超额薪酬、构建商业帝国等。从中可以发现，管理者违反明确规定的相关法律或监管规定谋求私利时的行为属于显性管理防御行为，而通过更加隐蔽的途径实现利益侵占时，则属于隐性管理防御行为。在有关显性管理防御行为的研究中，其主要表现为关联交易（Donoher，2004）、职务侵占（Kumara，2014）、违规资产交易（Zwiebel，1996）和贪污受贿（陈信元 等，2009）。具有代表性的文献有，Clement-Nyns 等（2010）研究表明，2005—2009 年，世界财富 100 强企业中发生 40 例高管违规案件。在隐性管理防御行为方面的研究主要有：①从在职消费方面考察企业的隐性管理防御行为（Rajan et al.，2006；Yermack，2006）。研究发现，高管权力越大，通过豪华专机、俱乐部会员资格等在职消费越严重。②超额薪酬。实施薪酬操纵、谋求与经营绩效并不匹配的超额薪酬是管理者实施隐性管理防御行为的又一个重要渠道（Cai et al.，2015）。③构筑商业帝国。经理利用非效率投资、接管与反接管等措施做大企业，扩大自己控制的资源（权小锋 等，2010）。显性和隐性管理防御行为都是公司经理人以获取私人收益为目的进行的，两者的主要差异为显性管理防御行为被发现会面临法律的制裁，而隐性管理防御行为则未触犯法律规定。

2.2.2 经理管理防御与公司财务政策选择

这方面相关文献主要集中在经理管理防御与融资决策、薪酬结构、公司会计政策选择等方面。

1. 经理管理防御与融资决策

在经理管理防御的影响下，经理人选择公司的融资策略总是会对自己有利（吴建祥 等，2019）。从融资的各种资金来源看，进行管理防御的经理人所想实现的目标是与股东目标相互矛盾的。杨志强等（2018）研究表明，股东一方面希望通过充分利用财务杠杆作用实现财富最大化，另一方面也希望通过提高杠杆水平加大企业破产成本，从而约束经理人的行为，降低代理成本。然而，经理人却将负债视为防御策略，为了降低自身被替换的可能性，尽量减少高杠杆带来的经营风险和财务困境，避免负债的融资方式而使用保守的资本结构。因此，即使使用负债对公司而言是更为合适的资金来源时，在管理防御动机的驱使下，经理人仍会倾向于使用权益融资。李秉祥等(2016)采用三元交互分析框架得出经理管理防御与企业负债融资存在负相关关系。股东可以从经理人的融资偏好来推测经理人的防御高低，高防御可能选择相对安全的股权融资，而低防御更有可能使用负债融资。李秉祥等(2017a)实证研究发现，经理人的不同特征与企业股权融资比例有一定的关系；年龄较大或权力较大的经理人表现出较为显著的股权融资偏好；而聘用高学历经理人以及适当提高经理人薪酬水平，则能有效降低股权融资水平。李蒙等(2023)研究结果表明，当企业股权结构处于过度集中或者过度分散的情况时，经理管理防御行为的存在均会对公司资本结构调整速度产生影响。

2. 经理管理防御与薪酬结构

白建军(2013)实证研究发现货币薪酬结构与经理管理防御存在较强的关联性，经理人的固定薪酬与管理防御程度成正相关关系，而浮动薪酬与管理防御程度呈 U 形关系。李秉祥等学者(2014)在研究经理管理防御对公司非效率投资的影响作用中，发现经理人的固定薪酬拥有正向调节作用而经理人持股比例起负向调节作用，故通过对经理人薪酬结构的适当改变可以降低经理人的管理防御程度。李秉祥等(2011)构建了满足经理人管理防御需求的薪酬结构模型，并指出能够减少管理防御行为的薪酬结构应包括基本薪酬、经理持股以及对每期基本薪酬的调整三部分。除此之外，陈霞等(2017)研究结果表明，在竞争类国有企业中，经理薪酬激励能够降低经理管理防御行为，显著提高公司的绩效，但是在其他类型的国企中，薪酬激励效应不显著。周蕾等(2020)实证研究发现，当董事会能够对高管实施有效监督时，对高管薪酬结构进行调整有助于提升激励效率，促进高管与股东的“利益趋同”，缓解代理问题；当高管权力逐渐膨胀失去控制时，薪酬结构调整则可能是高管谋取私利进行“堑壕防御”的体现，这不仅无助于解决代理问题，甚至还可能成为代理问题的一部分。张志红等(2021)研究指出，最佳薪酬结构不仅能够实现风险承担和激励强度的有效融合，充分发挥不同薪酬类型的优点，平衡经理人的短期激励和长期激励，而且能够降低企业经理人的短视行为和管理防御行为。

3. 经理管理防御与公司会计政策选择

崔益嘉等(2014)研究发现,在会计政策选择的过程中,企业经理人倾向于从自身利益和偏好出发选择有利于自己而不利于各利益相关者或企业的会计政策。正如王福胜等(2014)研究指出,管理防御程度越高,公司经理人越倾向于选择增加收益的会计政策,而减少资产减值计提准备。进一步研究经理人特征时,发现性别、年龄、学历等因素的差异会对管理防御产生不同的影响。同样地,陈英等(2015)也研究发现,出于固守职位和享受在职利益的防御动机,企业经理人希望通过提高经营业绩以获得股东们的认可,因此为了增加企业当期利润,会尽可能选择少提或不提资产减值准备;并指出经理人是否兼任、薪酬、持股比例和年龄这四个因素与长期资产减值会计政策的运用水平之间的相关性最为显著,而经理任期和学历的影响并不显著。除此之外,王华(2016)研究指出,当高管薪酬与业绩挂钩时,企业经理人存在利用适当的会计政策进行盈余管理,从而提高自身薪酬的行为。李秉祥等(2018b)实证研究发现,经理防御程度越高,更易采取保守性策略以减少风险,增强投资者对企业未来发展的信心并稳定股价。蒋勇等(2019)研究结果表明,企业经理人的职位固守动机将会促使经理利用销售操控、生产操控与费用操控等手段,在当前和未来期间平滑盈余。

2.2.3 文献述评

管理防御行为已成为公司治理不容忽视的客观事实,但目前大多成果集中在产生管理防御的动机、对管理防御的影响因素以及其行为所能造成的经济后果等三个方面。研究管理防御的动机与行为之间关系的已有文献主要从企业股权结构、董事会构成以及经理人自身特质等方面来分析与挖掘,存在同质化股权结构(董事会构成)的隐含假设,未能将经理人的动机与行为置于企业控制权配置(机制)之中来具体分析,也尚未见到关于不同类型经理人(如来自创业企业家、控制股东委派、大股东推荐、职业经理等)在中小企业的管理防御或代理问题方面的成果。

传统的委托代理理论从委托人的角度对经理人设计激励机制,解决股东与经理人之间的利益冲突问题,但是经理人本身由于存在自利性、人力资本专用性、转换成本等因素,并非是被动激励的接收者,使得其在拥有公司的部分剩余控制权后利用信息优势产生管理防御行为,以实现职位固守和自身利益最大。在当前我国经济市场转型发展的特殊时期,经理人本能固守职位的防御行为始终存在,一旦经理人掌握了公司经营和财务政策主导权,使得其在公司运营中选择对自己有利或是股东有利的策略本身就是代理问题，而关于控股股东在股权质押情形下对经理人代理问题的影响目前，尚未看到相关研究文献，因此从管理防御视角来探讨股权质押的控股股东与经理人之间的互动关系，是一个值得研究的切入点。

2.3　公司会计信息披露质量的相关研究

目前关于会计信息披露质量的研究成果大多围绕会计信息披露质量会对公司价值产生什么影响，哪些因素会对公司的会计信息披露质量造成影响来展开。

2.3.1　影响企业会计信息披露质量的内外部因素

企业会计信息披露行为是治理层和经营层一系列行为决策的结果，必然受公司股权结构、股权质押行为、董事会特征、高管特征和薪酬激励、管理防御等因素的影响。

1. 股权结构

在股权结构对会计信息披露质量影响的研究文献中，Johnson 等（2000）的研究结论认为公司的控股股东通过各种隐蔽的方式来掏空公司资源增加个人财富，侵害中小股东的利益。在股权性质方面，一部分学者研究发现公司控股股东为国有企业时，会计盈余质量更差，但增加公司股权制衡度，可以加强对控股股东的监督，提高会计信息盈余质量（王化成 等，2003）。另一部分学者持相反意见，认为在现行经济体制下，相比民营企业，国有企业的会计信息盈余质量更好（尹志宏 等，2010）。在股权集中度方面，陈国辉等学者（2015）研究认为，由于利益趋同效应和堑壕防御效应同时存在，股权集中度与公司信息披露质量并非线性关系而是呈现倒 U 形关系。在股权制衡方面，部分学者认为合理的公司治理结构必须使得大股东的股权得到制衡与监督，才能有效预防第二类代理冲突的扩大，防止损害中小股东权益，提高信息披露质量（Luo et al.，2014）。也有学者认为，在股权制衡度与会计信息披露质量关系上，国有控股公司与非国有控股公司呈现出明显的不同，前者显著正相关，后者显著负相关（马一宁 等，2016）。

2. 股权质押行为

已有研究成果大多从公司发布的业绩预告信息来判断公司信息披露的质量。钱爱民等（2018）用公司自愿性披露的业绩预告来衡量公司信息披露的质量，发现大股东在股权质押期间，更倾向于披露好消息而隐藏坏消息，而且在披露的时间上会及时发布好消息而推迟发布坏消息。文雯等(2020)学者使用 PSM-DID 模型实证检验也得到了相同的结论,并且进一步发现控股股东股权质押后业绩预告的发布频率、预测精度会降低。在扩大对公司披露信息的研究范围后,李常青等(2017)以公司发布的临时公告信息好坏来定义信息披露质量,实证研究发现控股股东股权质押后将披露更多利好的临时公告,且选择在交易日内进行披露,而利空消息则在非交易日公布。马宏等(2020)在使用中小板上市公司数据验证了之前的研究结论后,进而对控股股东信息披露策略的市场反应检验发现,经营性的好消息披露会对提升股价发挥积极作用,而在交易日和非交易日的披露策论对市场影响作用不明显。也有部分学者从市场监管层的角度去考察公司披露信息的质量好坏。张晨宇等(2020)以监管层对公司违规披露信息的处罚来衡量公司信息披露质量,研究得出,相比于未进行股权质押的公司,大股东股权质押后,因为存在市值管理行为而导致公司更可能发生信息披露违规事件。黎来芳等学者(2018)以深圳证券交易所对上市公司信息披露的评级作为信息披露质量进行实证研究,同样发现控股股东股权质押后加强了其市值管理的动机,继而降低了公司信息披露质量。此外,还有部分学者从公司信息披露的文本信息特征角度进行研究。王秀丽等(2020)通过对公司年报中文本信息抓取"未来""计划""预期""等披露""预示披露未来信息"等词语,研究得出控股股东股权质押后会更多披露未来的前瞻性消息,给予投资者对公司未来发展的美好愿景,以稳定公司股价。逯东等(2020)研究发现,控股股东股权质押后会导致公司发布的年报文本更加复杂,增加投资者的阅读难度,并且在公司业绩较差、股价崩盘风险较高等情况下尤为明显。

但也有部分学者与上述研究结论持不同观点,认为控股股东对公司业绩预告等信息披露的干预与扭曲,会导致后期公司真实经营状况与之前预期差距过大,而现实与期望差距过大会引起市场的剧烈反应,导致公司股价下跌甚至崩盘,由此可能反而会提高控股股东丢失控制权的风险。因此,控股股东出于稳定股价的目的,采取稳健的披露策略,要求管理层披露更多的业绩预告来降低外部环境的信息不对称,促使公司股价稳定在其真实水平上。田高良等(2021)通过对 A 股上市公司的季度数据实证检验发现,控股股东股权质押后会自愿披露更多业绩预告与提高预测精度,并且这一影响作用在股票流动性较低的公司中更加明显。根据此理论分析的逻辑,也有学者用稳健性和可比性作为公司会计信息披露质量,实证研究得出相似的研究结论,如蒋秋菊等(2019)在研究控股股东股权质押与会计稳健性之间的关系时得出,控股股东在股权质押期,公司的会计稳健性会高于股权质押前。

王雷(2020)对 2011—2017 年的 A 股上市公司进行研究得到了一致的结论，控股股东股权质押后促进会计稳健性的提高。田高良等(2020)从债权人角度分析，债权人出于降低信息不对称程度，对公司会计信息具有强烈需求，控股股东迫于其监督压力会迎合需求进而提高公司会计信息可比性。

3. 董事会特征

在现有文献中，关于董事会组成特征、董事会成员背景等对会计信息披露质量的研究成果较为丰富。

张敦力等学者(2016)研究发现，加大公司董事会规模、增加董事会会议次数、董事长兼任总经理、提高董事会中独立董事占比都会对公司的盈余质量产生正向影响，提高公司的会计信息披露质量。周军等(2019)在研究公司聘请的独立董事专业背景时，得出拥有会计专业背景的独立董事对财务信息有更专业的理解和解读，能够提升会计信息披露质量，减少公司的盈余操纵行为。刘丽珑等(2015)研究发现，董事性别也会对董事会治理造成影响，女性董事数量的增多可以使得公司的会计信息更加稳健，提高信息披露质量。曹雅倩(2019)在女性董事比例对会计信息披露质量有促进作用的基础上，发现聘用具有财务背景女性董事的公司，其会计信息披露质量相对较高。黄倩倩(2019)在研究董事会人数对会计信息披露质量的影响时，得出董事会人数为偶数可能造成投票决策的平局，降低决策效率，增大董事会被控股股东把持的概率，导致缺乏监督力度，造成对会计信息披露的不利影响。

4. 高管特征和薪酬激励

已有学者在研究高管的结构性权力与会计信息之间关系时，得出高管的结构性权力对公司会计信息透明度会产生负向影响(王俊秋 等，2007)，而公司的经理人兼任董事长会降低董事会独立性，使其更容易利用自身优势隐瞒不利消息造成会计信息披露质量降低，这一现象在国有性质的企业中尤为显著(Finkelstein，1992；王莹，2011)。卜君等学者(2018)研究得出，公司董事会秘书的特征属性会对信息披露质量产生影响，当公司经理层兼任董事会秘书时，会提高公司的信息披露质量，而且身兼多职的董事会秘书相比专职担任董事会秘书会显著提升信息披露质量。何平林等学者(2019)进一步研究高管的其他背景特征时，发现公司高管拥有留洋经历、财务金融专业等能够提高公司的会计信息披露质量。有关高管激励与公司信息披露之间的研究成果表明，如果对公司的经理人缺少足够的激励，则会计信息披露质量不会高(孙彤 等,2019)。对于国企高管来说,政治晋升激励与会计信息质量会受到公司业绩和政治地域环境的影响作用,公司业绩好或政治环境弱的政治晋升激励会导致会计信息质量下降(徐业坤 等,2021)。郜秀菊等学者(2017)研究发现,股权激励的两种结算方式都会对公司经营利润造成消极影响,而且经理人可能会为了获得更多的薪酬结算而操纵公司的会计信息披露。付强等学者(2019)的研究得到了不同的观点,在民营公司中对高管进行股权激励可以提高会计信息透明度,而在国企中却没有明显作用。

5. 经理管理防御

在经理管理防御与会计信息披露质量之间的国内外相关研究中,国外 Leuz 等学者(2003)研究发现,因为公司的所有权与经营权两权分离所产生的第一类代理问题,公司的经营者会提高管理防御程度,加大与公司所有者之间的信息不对称程度,从而方便获取更多私有收益和保护自身的管理地位,所以经营者会进行盈余管理等信息操纵行为,降低会计信息可比性。随后 Kale 等学者(2009)也通过实证发现了相似的结论,管理层为了满足公司所有者和外部监督者的考核要求和监督标准,会采取盈余管理等方式粉饰财务报表,加剧信息不对称,因此管理层的管理防御程度越高,公司的会计信息可比性越差,会计信息披露质量越低。但 Dyck 等学者(2008)通过对俄罗斯公司数据的研究得出了相反的观点,公司管理层管理防御程度越高,越会采取稳健的会计政策,而稳健的会计政策会使得会计信息披露质量提高,更会对投资采取谨慎态度,避免产生投资过度等问题。国内黎文靖等学者(2007)研究会计信息稳健性时发现,公司管理层权力越大,越有可能利用其优势通过会计政策选择和盈余管理等方式获取超额收益,从而降低会计信息披露质量。而张俊民等学者(2017)在研究经理管理防御与会计信息透明度之间的关系时得出,在国有企业中经理管理防御越高,则会计信息透明度越低,而在民营企业中则相反,并认为国有企业中管理层主要以职业晋升为目的,从而更倾向于操纵会计信息降低透明度。郝思宁学者(2020)在构建管理防御指数后,研究发现公司管理层因经营目标与股东存在差异,其自身的管理防御程度越高,则为了满足外部审计要求而实施盈余管理等行为降低会计信息质量的概率越高。

进一步区分管理层对公司披露数字信息与文本信息的影响后,在数字信息披露方面,Louis 等(2005)研究发现公司的管理层会通过操纵财务报表的应计盈余信息来影响公司股价,从而获取市场的超额收益。Mergenthaler 等(2012)随后发现公司的管理层会倾向于发布公司实际经营业绩低于投资者预期的盈余信息,以便于管理层购入公司股票，而在将要卖出变现时，会提高会计信息的披露质量。Froot 等(2017)研究美国零售业公司时发现，管理层在公司经营收入快速增长时愿意发布较为悲观的业绩预告信息，以便为后续的内部人交易获利埋下伏笔。在文本信息披露方面，Bloomfield(2002)研究得出，公司的管理层会操纵披露的文本信息，隐藏公司的坏消息而引导投资者做出有利于公司的选择。Graham 等(2005)发现，如果公司的管理层对公司的经营状况无法做出明确判断，会通过发布定性的业绩预告信息来降低投资者对公司经营的质疑。Brockman 等(2013)发现，管理层在电话会议中披露的语调信息会影响内部人交易，语调越积极则内部人卖出的可能就越大。Huang 等(2014)在研究公司业绩预告文本信息时发现，管理层通过业绩预告中的语调信息向投资者传递错误的盈余信息，预告中异常积极语调信息与公司之后的盈余呈负相关关系。曾庆生等学者(2018)在研究公司年报的文本语调时发现，公司的管理层存在内部交易的行为，当公布的年度报告语调越积极时，随后公司高管卖出本公司股票越多，买入本公司股票越少，管理层存在利用操纵公司年报语调获利的现象。之后张程等学者(2021)也发现，公司管理层会通过操纵在市场上发布的年报语调向投资者传递错误的信号，年报文本的积极语调信息与内部人减持规模呈负相关关系。

另外，国内外学者关于公司会计信息披露的择机行为也取得了不少的研究成果。公司向市场传递信息的时间不同，会影响对投资者的判断。张馨艺等学者(2012)研究高管持股对择时信息披露策略的影响以及市场对择时披露信息的反应，发现公司在业绩预告时存在择时披露的行为：在市场交易日进行利好消息的公布，而在休息日披露坏消息。高管持股比例越高的公司，进行择时披露的可能性也越高。从市场反应角度，在休息日和交易日公布利空消息无明显差异，但在交易市场休市的日期公布利好消息，会引起市场积极反应。同样，李思静等(2020)研究得出了相同的结论，公司经理层更倾向于在较早时期、交易日、公告较少的时间进行好消息披露，而在规定范围内的末期、非交易日、公告较多的时间披露坏消息。与此相反的结论是，唐小雯(2019)研究发现，在股权激励计划公告前提前发布坏消息，推迟发布好消息，主要原因是管理层为了得到最低的行权价格，通过向下的盈余管理、影响企业股价，为自己带来利润空间，这种策略性信息行为对股票价格造成不正常的影响，向市场传递了错误信息，影响了投资者的判断。黄俊荣等(2021)从再融资的角度研究再融资公司自愿性信息披露动机以及是否存在择期自愿性信息披露行为，发现为了顺利完成再融资以及获得更多的融资额，再融资公司会向外界自愿性披露更多信息，且在披露的时间选择上，再融资企业更倾向于在再融资前期和当期自愿性披露信息。

2.3.2 会计信息披露质量测度的研究

在关于会计信息披露质量测度的已有研究中，主要使用两种衡量的方式。第一种，部分学者在进行会计信息披露相关研究时，倾向于采用公司会计信息审计质量作为会计信息披露质量的代理变量，当审计师审计结论为标准无保留意见时，会计信息披露质量视为良好，而当审计结论为保留意见、否定意见、无法表示意见等非标准意见时，会计信息披露质量视为差，以二元变量来评价公司会计信息披露质量(程新生 等，2015；孙成刚 等，2017；杨丹 等，2018)；也有部分文献运用公司利润的盈余管理程度、会计信息透明度等指标作为会计信息披露质量的替代变量。第二种，学者们根据自身研究问题的侧重点来构建适合特定问题的评价体系和办法，如标准普尔公司的“透明度与信息披露评级”、普华永道对政府财政评价的不透明指数、我国深交所的信息披露评级办法等。国内文献大多采用深交所定期公布的评级结果作为上市公司会计信息披露质量的代理变量，它是以《深圳证券交易所上市公司信息披露工作考核办法》为规范进行公正公平的打分评比，按照不超过25％的比例评出信息披露的优秀(A)公司，其余公司评为良好(B)、及格(C)、不及格(D)，一共四个等级。部分学者以此序数变量作为会计信息披露质量的衡量指标展开相关研究(陈运森，2012；丁俊 等，2016；金龙，2017)。

2.3.3 文献述评

目前对会计信息披露影响因素的研究比较广泛，主要有公司治理特征因素，如公司股权结构特征、董事会特征、高管背景特征、薪酬激励、机构投资者等因素。首先进一步分析股东股权质押与会计信息披露的文献发现，股权质押会对公司的业绩预告、临时公告、违规事件、前瞻性披露、会计稳健性以及可比性等产生影响，但已有研究尚未形成关于控股股东开展股权质押行为影响会计信息质量的一致性结论。一种观点认为控股股东因两权分离会有更大的动机去侵害公司利益，造成对会计信息披露的操纵，另一种观点认为控股股东会因进行股权质押后引入债权人监督，被证监会关注并加强监管，因此会更加努力经营，而非采用短期的伪市值管理等方式，并且会因为担心信息披露的干预与扭曲引起公司后期实际状况差距过大，导致股价下跌或崩盘造成控制权转移的风险。其次是对经理管理防御与会计信息披露关系的研究结论中，经理层的管理防御程度会对公司的盈余管理、会计稳健性、会计透明度等产生不同影响，而且管理层也会对电话会议、业绩预告、临时公告、年度报告等信息的语调进行操纵，以此来进行内部人交易，但影响作用的研究结论仍不一致。最后在会计信息披露质量的测度上，大多数学者因研究目的不同会选取会计信息某一方面特征指标来加以反映，如选择应计盈余质量，审计报告意见，上市公司信息披露违规与处罚情况，会计信息的透明度、稳健性、可比性等指标，而综合系统地评价信息披露质量高低的指标体系与方法较少。部分学者在实证研究中，通常选用深交所对上市公司的年度信息披露评级来进行衡量。虽有评价所采用的评分标准，但尚未公开评价所采用方法细则等具体信息。

2.4　研究现状与本研究切入点

综上所述，国内外学者对控股股东质押动机行为、经理管理防御、信息披露质量的研究仍在不断拓展和深化，并取得了较为丰硕的研究成果，这为本研究进一步的探索提供了基础。通过对以上文献的回顾与梳理，笔者了解了目前相关研究的现状与不足，从而选择了本研究的切入点，具体如下：

第一，纵观有关控股股东质押行为经济后果的文献，发现国外成果更加关注股权质押对控股股东代理问题产生的治理效应，从而影响公司价值所带来的积极经济后果。这或许意味着控股股东质押期间存在多种机会主义行为和多条传导路径。国内学者则偏重于关注股权质押给控股股东带来的控制权转移和自身杠杆化风险，以及由此给公司价值带来的不利影响。因此，在我国资本市场股权相对集中的背景下，控股股东股权质押会使其面临控制权转移风险，使其有动机从事利己主义行为，这为观测控股股东机会主义行为的表现形式提供了研究机会，但已有文献缺乏正面回答面对不同压力环境下控股股东机会主义的具体表现形式有哪些，不同机会主义行为对公司治理的作用路径是什么。本书尝试以此为切入点来开展研究，克服已有文献采取“行为-结果”的研究模式而忽略具体作用路径的研究结论是缺乏说服力的弊端，以期为打开控股股东行为研究的“黑箱”奠定基础。

第二，学术界已经从不同视角对企业委托代理问题进行了深刻研究，并取得了非常丰富的成果。由于在信息不对称的环境下，经理层拥有公司财务决策权，会计信息披露本身就是一个代理问题，这是以往文献中被忽略的前提。因此，本书在融合代理理论与管理防御假设二者基础上，系统考察股权质押后的控股股东与经理层之间的互动关系，以及对公司会计信息披露质量产生的影响作用，进而回答以下问题：发挥中介作用的是否为企业会计剩余控制权？企业会计剩余控制权在股东和经理层之间是如何进行配置的？经理层拥有会计剩余控制权的大小对会计信息披露质量有何影响？传导的具体路径有哪些？这些研究对于完善控股股东质押相关制度建设，提升上市公司信息披露质量进而优化公司治理机制具有重要作用。

第三，随着我国资本市场发展壮大，注册制正在稳步推进，各项监管和审计规制不断完善与规范，而高质量的信息披露制度是注册制的生命线。目前有关企业会计信息质量的影响因素及将会计信息质量作为输出变量的研究成果比较丰富，但缺乏从会计剩余控制权及其配置的视角分析会计信息披露质量特征内涵及两者之间的关系，以及如何测度权力主体使用会计剩余控制权的程度等。针对这些不足的研究将为完善企业会计信息披露质量的评价指标体系奠定理论基础，同时全面考察会计信息披露过程质量特征来研究控股股东股权质押对经理管理防御和会计信息披露质量的影响作用，以期从多维度的信息披露视角来探讨三者之间的关系及传导路径，有助于完善监管制度。

第3章 公司控股股东、经理管理防御对会计信息披露质量的影响机理

本章从企业的本质出发，首先探讨企业是一系列不完全契约的有机组合，也是将各主体所投入异质性资源（资本）进行配置，开展价值创造与价值分享的集合体。不同控制权配置的会计主体会产出不同的公司会计信息披露结果。其次探讨了公司会计剩余控制权的来源以及初始配置与博弈过程，然后基于会计剩余控制权对公司会计信息披露质量特征进行分析。最后提出了控股股东股权质押、经理管理防御对公司会计信息披露质量的影响机制与传导路径，并梳理归纳出实证研究的路径和步骤。

3.1 控股股东与管理层对公司会计剩余控制权的博弈分析

3.1.1 控制权配置与公司会计信息披露

所谓控制权就是对资源或活动的支配资格，而控制权收益则是对权力运用的补偿。企业是权力主体（股东、董事会、经营层等）之间通过契约实现合作的团队，合作团队通过对所拥有的财务资本、人力资本、社会资本的优化配置，来取得核心竞争优势而获取收益。控制权收益是合作团队权力运用的目的。因此，实现控制权与控制权收益的匹配是公司治理机制设计的核心问题。企业控制权直接来源表现为通过先占、受赠、继承、投资、劳动等获得的物质资产（也称为财务资本）；其间接来源是附着在人类劳动与思维中的专业知识技能和知识产权、发现机遇能力、创意等非物质资产（也称人力资本），还包括为公司利益而投资建立、发展和维持的特殊社会关系或获取的数据资源等形成的关系资本（也称社会资本）。通常财务资本有货币和实物资产，主要来源于股东投入和金融债权资金；人力资本是对投入公司的人力、技术、信息资源的统称，主要来源于经营者、科研人员和员工；社会资本主要来源于客户、供应商和政府部门等。现代企业的本质就是价值创造与价值分享的社会建构，这种建构首先必须有利于企业获取异质性资源并通过有效整合这些资源来提高市场效率，从而获得市场竞争优势。这些竞争优势有可能来源于企业

所拥有的某些稀缺的异质性资源，有可能来源于难以被模仿的技术、能力和专利秘方等，而具有这些稀缺资源的所有者在企业控制权谈判中具有较强的谈判力，通常可以获得较多的控制权。同时，企业要想持续保持优势，还需具备培育与保护这一核心竞争优势的制度安排。由于市场上的独特资源分布在不同组织与行业之中，只有将这些异质性资源在运营过程中不断进行动态配置并优化，在合理激励机制和制度安排下实现价值共创与分享，企业才能获得持久的竞争能力（见图 3-1）。

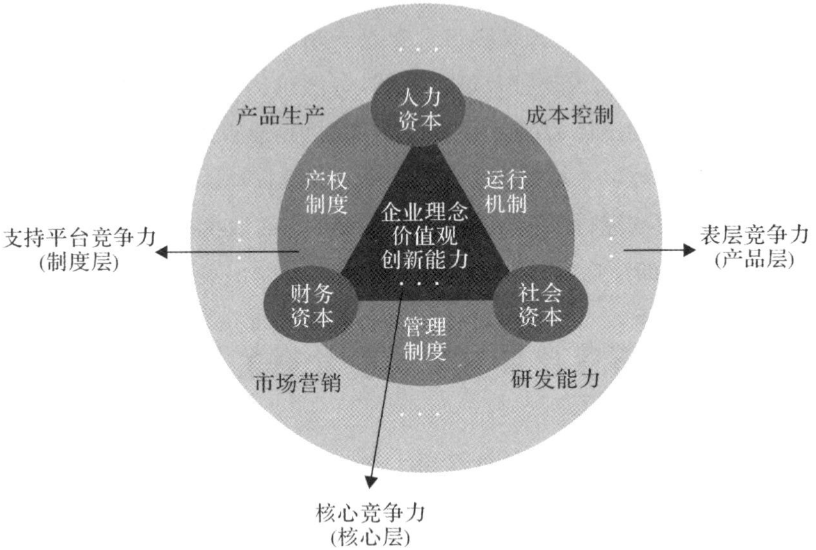

图 3-1　企业核心竞争力的构成

公司制度安排是由一系列契约组合的联结体决定的（Jensen et al.，1976），是市场中拥有不同生产要素的利益集团所签订的一组不完备的资源使用权交易合约的履行过程。在将所拥有的资源投入公司后，投资者就拥有了公司的控制权，以决策公司的生产经营与管理活动，并分享公司的收益。由于契约的不完备性和人们的有限理性，导致公司各利益集团之间的利益关系和利益分配并不是一成不变的，也无法通过契约完全在事前确定。以 Grossman 等为代表的 GHM 理论认为，企业在不完全契约情景下出现契约规定以外事项时，能够作出决策的一方掌握着契约剩余控制权。所谓剩余控制权就是在契约中没有特别明确规定的权力。为了提高公司生产效率，以获取更大的“合作剩余”或创造出更多的“组织租金”，利益相关各方都会在契约签订后围绕剩余控制权展开争夺，这就使得剩余控制权和剩余索取权的配置成为关键。

在博弈过程中所形成的各签约主体应承担的权利、责任和义务等规定，即为公司所有权的制度安排，具体表现形式就是公司治理结构。按照目前主流观点，可将其分为单边治理模式和共同治理模式。所谓单边治理就是股东治理，公司由股东发起并设立，经营过程中风险承担的主体是投入资本的所有者，公司破产清算时股东的求偿权位于所有参与者之后，是公司终极风险的承担者。按照风险与权力匹配的原则，只有股东才能作为公司治理的激励与监督主体。例如，资本主义古典企业的“资本雇佣劳动”模式和部分社会主义国家的“劳动雇佣资本”模式，其特点是在公司合约中，有一个“谈判力”很强的中心签约人（或称权威），它分享了绝大部分甚至是独占企业剩余索取权和控制权。以单边治理为理论基础的公司目标，即为股东财富最大化。共同治理认为公司是一个拥有不同资源要素的所有者签订的一组不完备的资源使用权交易合约的有机组合，共同来创造价值和分享价值。在共同治理模式下，利益相关各方都应该不同程度地参与公司治理并分享相应的剩余收益，诸如企业员工、供应商、代理商、消费者、债权人、政府税务等利益相关部门。以共同治理为理论基础的公司目标，即为相关利害人利益最大化。

会计信息生成于公司内部，反映了一定时期的经营成果和财务状况，是外部投资者、债权人、经营层和政府税务部门等利益相关者进行决策的依据，具有外部性，也是稳定资本市场、提高资源配置效率的重要工具。因此，会计信息具有私人物品和公共物品的双重属性，导致会计信息被划分为对外会计信息与对内的管理信息，这说明会计信息针对不同使用者具有定向性。遵从“股东至上”的单边治理观念，其会计目标定位于股东财富的资本保值增值程度，从而决定了会计信息更加注重信息披露的可靠性、相关性和决策有用性。会计信息披露体系的理想状态是能够采用一套通用的模板数据满足不同信息使用者的信息需求。然而，不同的利益相关者对企业会计信息的差异化需求会导致会计信息产生制度性费用。例如，公司的利益相关者 A（如竞争对手）期望了解更多公司在 H 新产品方面的研发进展和费用投入信息，而公司管理层出于技术风险考虑，有意淡化了这方面信息的披露，则利益相关者 A 就会把公司研发 H 产品方面的信息披露作为与公司博弈的一项选择。通常在相关各方博弈均衡状态下，利益相关者 A 只能观测到公司在 H 新产品方面部分研发进展和费用信息，而由于公司筛选（剩余控制权）而漏掉的部分研发信息所引起的经济损失，则形成了会计系统的一部分制度费用。因此，会计信息与披露的质量是与公司本质、目标、治理机制、价值管理体系密切相关的双向互动过程，要从公司治理的源头上减少会计信息披露的制度性费用，则需实现公司会计信息披露与市场需求之间的互动均衡。公司控制权配置与会计信息披露的互动机制如图 3－2 所示。

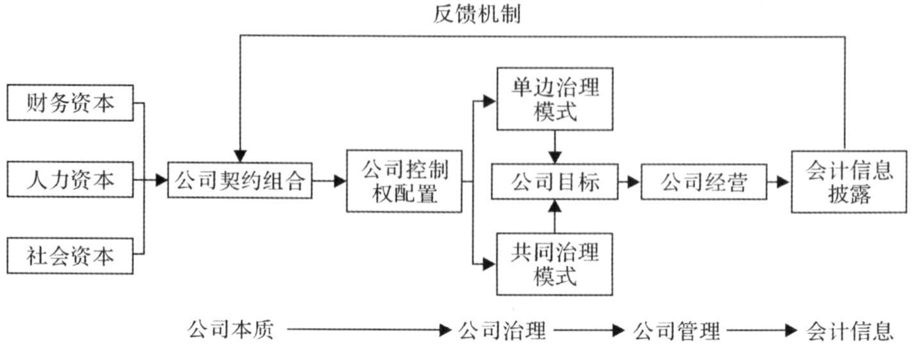

图 3－2　公司控制权配置与会计信息披露的互动机制

3.1.2　公司会计剩余控制权的来源与经济后果

从契约的角度来看，公司可以看成是一组不完备的契约集合，契约签订、履行和评估的每一环节都离不开信息，特别是公司会计信息。所以，会计契约是企业契约体系中一个重要的组成部分，也同样存在着不完备性，由此产生了公司会计剩余控制权。

1. 公司会计剩余控制权产生渊源与存在的“公共领域”

按照现代产权理论的分析框架，企业契约性控制权可以分为特定控制权和剩余控制权。特定控制权是指那种能在事前通过契约加以明确确定的控制权权利，剩余控制权则是指那种事前没在契约中明确界定如何使用的权利，是决定资产在最终契约所限定的特殊用途以外如何被使用的权利。根据委托代理理论，股东是企业的唯一所有者，作为委托人，股东当然拥有企业资产的最终决定权，拥有决定资产在最终契约所限定的特殊用途以外如何被使用的权利，即股东拥有企业剩余控制权。经理层则作为代理人，其一切行为都是事先由企业的所有者——股东或其受托机构——董事会通过契约规定的，经理层在事先签订的契约范围内进行经济活动，所以经理层只能拥有企业的特定控制权。但在现实中，存在如下无法解释的事实：①既然经理层拥有的只是能够在事先界定清晰的企业特定控制权，为什么会出现经理层严重侵犯股东权益的大量事实？②在董事会构成中，经理层通常占据相当比重，经理拥有事实上的剩余控制权。③现实中由经理人所支配的“橡皮图章”式的董事会在国际上都是普遍存在的现象，由总经理或 CEO 兼任董事长的现象并不鲜见。

④在公司治理实践中，经理层不仅充当提出与执行决策的角色，往往本身就在制定和做出重大决策，或者在制定企业重大决策过程中有着重要的发言权或发挥关键性的导向作用。实际上，企业许多重大决策就是由经理层直接决定的，股东大会、董事会只是走走过场、审批而已。⑤从经理层的职能特征来说，其职责和实际实施管理行为是很难在契约中明晰规定的，只能采取“事前仅说明大概，事后相机处理”方式。

公司会计剩余控制权就是会计准则留给公司对会计政策中可供选择事项的选择权，就是会计准则中只确定了事项处理原则，但尚未制定具体处理细则的条款，具体由会计规则剩余控制权和会计政策选择权组成，前者是由企业剩余控制权派生出来在财务报告与财务决策中的运用，是由于契约不完备性而形成的未进行约束的“公共领域”；后者由会计准则制定者留给企业在可选择会计政策中的权力空间，这主要是由于未来复杂环境的不确定性等因素，准则制定者留给企业规避风险的决策空间。因此，公司中不同利益主体根据其目标函数在会计规则规定范围内行使选择权，从而生成规则规定的“公共领域”。从理论上分析，会计事项的类型不同，产生“公共领域”的缘由也不相同。对确定性的经济事项处理而言，“公共领域”的存在是基于存在交易成本或不确定的外部环境等因素而导致的事后契约不完全性；而对不确定性经济事项处理存在的“公共领域”，主要原因在于会计人员的有限理性而引致的契约事前不完全性。

在复杂经济环境下，任何有限理性的政策制定者的认知总是有限的、不全面的；且会计准则作为一种社会公共契约，在制定、修订和执行过程中均存在巨大的交易成本，政策制定者只能按照平常的会计规范做出相应的市场规则，而特殊事项的会计规则只能留给企业自己裁量，这些特殊事项的自我裁量权便构成了公司会计剩余控制权。同时，未来的不确定性和业务本身的复杂性留给企业一定的决策空间既具有激励作用，又体现了权力与风险的对等性。大数据、人工智能、物联网等技术催生了数字经济发展，使得企业组织形式从单一企业、集团企业再到平台型企业不断升级，商业模式与经济关系日益复杂，会计准则体系与制定原则也随市场环境的变迁而不断演进。世界范围内会计准则制定先后经历了三个阶段的发展。①规则导向的会计准则。它是指会计准则制定以规则为方向，制定得比较具体详细，对每一会计事项的处理都有相对应的处理办法，业务人员对会计事项不需进行职业判断就可依据规则找到对应的处理方法。但这种导向是一种完美的想法，容易被规避而出现假账，如美国的会计准则。②原则导向的会计准则。这类会计准则的制定只有原则性规定，且对主要会计原则进行简要陈述，比较抽象，有些也辅助一些会计制度，如 2005 年以后欧盟成员国开始实施的国际会计准则。③目标导向的会计准则。它是介于原则导向与规则导向之间的会计准则，接近但优于原则导向的会计准则制定模式。三种模式各有优缺点，影响的因素众多，是世界各国在制定会计准则过程中普遍面临的难题。但不论哪种导向的会计准则的制定与运用，都仍然会存在未能明确处理规定的会计事项，这是由于会计准则制定者的有限理性，巨额交易成本的存在，不确定的外部环境因素等制约，使得会计准则制定与使用存在“公共领域”成为一种必然选择(薛清梅 等，2015；赵敏 等，2018)。因此，会计准则存在“公共领域”是不可能通过准则本身的不断完善来消除的，它是一种客观存在且只可能把它降低到一个相对合理的区间范围之内。

当前，我国仍处在会计准则与国际会计准则趋同的进程之中，相对而言，对复杂经济事项的会计处理方式方法的选择空间越来越大，许多创新性商业模式的会计处理方法需要会计从业人员进行职业判断，因此留给公司和从业人员较大的会计剩余控制权。截至 2021 年 12 月 31 日，我国企业会计准则在会计政策选择的公共领域，主要可归纳为如下四类。

(1)企业会计准则中对同一种经济业务明确规定了多种可选择的会计处理方法，见表 3－1。

表 3－1　一种业务多种可选择的会计准则处理方法

序号	准则名称	会计准则剩余控制权表现形式
1	企业会计准则第 1 号——存货	第十四条关于存货方法的选择
2	企业会计准则第 1 号——存货	第二十条关于低值易耗品摊销方法的选择
3	企业会计准则第 4 号——固定资产	第十七条关于固定资产折旧方法的选择
4	企业会计准则第 5 号——生物资产	第二十三条关于消耗性生物资产结转成本的方法选择
5	企业会计准则第 5 号——生物资产	第二十四条关于生产性生物资产结转成本的方法选择
6	企业会计准则第 21 号——租赁	第二十六条关于经营租赁中出租人对租金的分摊方法的选择
7	企业会计准则第 21 号——租赁	第四十七条关于经营租赁资产折旧方法的选择
8	企业会计准则第 21 号——租赁	第三十二条关于承租人对租赁付款额的分摊方法的选择
9	企业会计准则第 25 号——保险合同(财会〔2020〕20 号)	第一百零八条关于对合同组调整方式的选择

（2）对于不确定环境下需要主观判断的部分，详见表 3－2。

表 3－2　关于不确定环境下主观判断的会计准则

序号	准则名称	会计准则剩余控制权表现形式
1	企业会计准则第 1 号——存货	第十五条关于存货的估计售价，预计完工时成本、费用的估计
2	企业会计准则第 8 号——资产减值	第五条对于资产减值迹象的判定
3	企业会计准则第 8 号——资产减值	第六条对资产的公允价值、处置费用、预计未来现金流量的估计
4	企业会计准则第 8 号——资产减值	第十六条关于资产减值准备的计提比例
5	企业会计准则第 8 号——资产减值	第二十四条关于商誉账面价值的分摊方法的选择
6	企业会计准则第 13 号——或有事项	第五条对或有事项金额的估计
7	企业会计准则第 14 号——收入	第二十一条关于单独售价的估计方法
8	企业会计准则第 17 号——借款费用	第四条关于借款费用资本化条件的判断
9	企业会计准则第 17 号——借款费用	第十三条关于借款费用资本化停止时点的确定
10	企业会计准则第 22 号——金融工具确认和计量（财会〔2017〕7 号）	第七条对金融资产公允价值的把握
11	企业会计准则第 22 号——金融工具确认和计量（财会〔2017〕7 号）	第六十四条关于公允价值变动对当期损益的影响
12	企业会计准则第 23 号——金融资产转移（财会〔2017〕8 号）	第四条关于金融资产产生的现金流量的转移比例的确定
13	企业会计准则第 23 号——金融资产转移（财会〔2017〕8 号）	第七条关于企业发生金融资产转移时的风险和报酬程度

（3）会计准则词语语义程度的把握可以有差别的地方，详见表 3－3。

表 3－3　会计准则中存在语义把握的情况

序号	准则名称	会计准则剩余控制权表现形式
1	企业会计准则第 2 号——长期股权投资	第八条对被投资企业影响程度和控制程度的把握对权益法和成本法的选择
2	企业会计准则第 3 号——投资性房地产	第六条关于投资性房地产的确认
3	企业会计准则第 4 号——固定资产	第四条关于固定资产的确认
4	企业会计准则第 6 号——无形资产	第四条关于无形资产的确认

续表

序号	准则名称	会计准则剩余控制权表现形式
5	企业会计准则第 7 号——非货币性资产交换	第七条关于非货币性资产交换的商业实质的判断
6	企业会计准则第 8 号——资产减值	第十九条关于资产组账面价值的确定
7	企业会计准则第 8 号——资产减值	第三十条对分摊商誉账面价值的比例重大程度的把握
8	企业会计准则第 14 号——收入	第四条对销售收入的确认
9	企业会计准则第 18 号——所得税	第十二条递延所得税负债的确认
10	企业会计准则第 19 号——外币折算	第十条外币交易金额的折算方法
11	企业会计准则第 20 号——企业合并	第十四条对被购买方资产的确认
12	企业会计准则第 22 号——金融工具确认和计量(财会〔2017〕7 号)	第三十条关于相对公允价值的把握以及金融负债整体账面价值的分配方法的选择

(4)对需要进行估计或判断性质的经济业务规定的可选择的区间范围,会计准则计量对象的计量数量的主观判断,详见表 3-4。

表 3-4 会计准则中计量的主观判断情况

序号	准则名称	会计准则剩余控制权表现形式
1	企业会计准则第 4 号——固定资产	第十五条对固定资产使用寿命和预计净残值的估计
2	企业会计准则第 6 号——无形资产	第十六条对无形资产使用寿命的估计
3	企业会计准则第 6 号——无形资产	第十七条对无形资产摊销额的确定
4	企业会计准则第 8 号——资产减值	第二条对资产组的判定
5	企业会计准则第 8 号——资产减值	第九条关于资产预计未来现金流量的折现率的选择
6	企业会计准则第 21 号——租赁	第二十二条经营租赁中承租人对租金的分摊方法的选择
7	企业会计准则第 21 号——租赁	第四十七条经营租赁中出租人对其他经营租赁资产的摊销方法的选择
8	企业会计准则第 22 号——金融工具确认和计量(财会〔2017〕7 号)	第四十六条对减值准备计提的方法和比例的选择
9	企业会计准则第 26 号——再保险合同(财会〔2006〕3 号)	第六条关于再保险准备金的计提数额
10	企业会计准则第 36 号——关联方披露	第三条关于“重大影响”和“一定的经济利益关系”如何量化判断

2. 公司会计剩余控制权特征及其产生的经济后果

会计剩余控制权在公司内部的初始配置是通过契约安排来实现的。会计剩余控制权配置的优劣直接影响公司的日常运营，也会导致公司产出会计信息质量的不同，对公司利益相关人产生不同的利益分配结果。一般而言，公司会计剩余控制权具有如下特征：

(1)依存性。它是一种随企业所有权结构变化而变化的状态依存权，在企业持续经营状态下，股东是企业创建时的资产提供者和风险承担者，拥有公司会计剩余控制权，但当公司产权发生转移时，会计剩余控制权随即转移给新的投资者；会计剩余控制权还可以通过董事会授权，在管理者之间进行转移。当管理者在拥有信息优势情况下为追求自身利益而利用会计剩余控制权来损害股东利益时，股东就会通过董事会施压或代理权竞争等方式来更换管理者，将剩余控制权转移给继任者。

(2)不确定性。现代公司制度中将会计控制权配置给股东、董事、经理以及职工等主要对象，但这些权利分配与边界在他们之间划分并不十分清晰，加之契约的不完备性总是存在“公共领域”，也就导致了公司会计剩余控制权的不确定性。

(3)层级性。会计剩余控制权与企业财务会计活动有关，因授权呈层级分布。在公众型公司中，会计剩余控制权归股东享有；在股权相对集中的公司，大股东实际拥有会计剩余控制权；管理者经董事会授权行使部分会计剩余控制权。在金字塔形的控股公司中，会计剩余控制权被逐层逐级授权后，层级性会更加明显。

从会计剩余控制权的依存性和不确定性来看，会计剩余控制权行使的经济后果具有负外部性。会计剩余控制权所带来的经济后果是由所有契约方来共同承担的，况且它不是一项客观地反映企业经济实质的权利，而是拥有权利主体实现自身利益的工具，在初始期完成配置后会随着企业环境及相关各方的状态变化进行反复博弈，会直接影响公司会计信息披露质量的高低。一般情况下，随着公司会计剩余控制权的增大，会计信息披露质量呈下降趋势。特别是在股权高度集中情景下，大股东持股比例增大导致股权制衡度降低，加剧了利用会计剩余控制权操纵会计信息披露质量的程度。

从会计剩余控制的层级性来看，公司大股东、管理层、审计师等相关利益集团都有可能利用公司会计剩余控制权在“公共领域”开展寻租行为(Healy et al.，1999；Leuz et al.，2003)。一般而言，利用会计准则“公共领域”进行的会计政策选择，不仅是一种技术规范要求，而且是一种不同利益集团的经济和政治利益的博弈规则和缺席安排。在会计信息生成阶段，会计从业人员会在自己拥有的权限范围内将其意愿体现在会计信息生成与处理过程之中，而在会计报告的编制过程中，会计主管在公司会计政策选择方案中，也会基于自身目标函数来倾向性建议或提供某些处理方法，以备上一级决策部门采纳，如此对会计信息进行逐级加工凝练，或多或少体现了相关利益方的“道德风险”和“逆向选择”，不断累积就会产生会计政策选择效应，也会出现会计政策选择过度，导致会计政策选择成本上升。所谓会计政策选择效应就是指由于会计政策选择所产生的利润差异对公司市场价值的影响，包括了对利润的平滑效应、利益转移效应和巨额冲减效应等；会计政策选择过度是指具有明显操纵利润动机以牺牲股东、债权人等契约方利益为代价的会计政策选择；会计政策选择成本是指在会计政策选择过程中产生的信息沟通费用、会计工作人员再培训费用，以及选择某种会计政策组合而放弃另一种方法选择可能带来的机会成本、会计政策选择错误被监管部门的处罚金额等。

3. 公司会计剩余控制权与存在的“公共领域”之间的关系

会计规则、制度和会计准则中存在的“公共领域”是会计剩余控制权存在的基础，也是拥有会计剩余控制权主体使用其权利的区间范围，但是由于契约不完备性和环境与经济事项的复杂性，使得这一“公共领域”的边界比较模糊，不容易进行清晰界定。通常会计剩余控制权的行使应该处于“公共领域”之内，拥有该权利的主体由于动机、目标、阅历与能力等不同，使用会计剩余控制权的程度会存在差异。会计规则与政策等之外所形成的“公共领域”是一座“舞台”，而拥有会计剩余控制权的主体则是舞台上的“演员”。一般情况下，会计规则、政策的“公共领域”与会计剩余控制权呈正相关关系，弹性空间越大，会计剩余控制权越大。演员在舞台上存在正常与超常发挥，也存在发挥不足的情形。为了能够客观测度会计剩余控制权使用水平，本书将公司使用会计剩余控制权的程度超过行业平均水平的部分，称为会计剩余控制权使用过度。因此，拥有公司会计剩余控制权的各方只有客观公正选择会计政策，才能够客观公允地反映公司财务状况和盈利能力，降低相关的选择成本，平衡契约各方所关切的利益，提高会计信息披露质量。

在当前数字经济迅猛发展，世界经济正面临百年未有之大变局，以及大国博弈日趋激烈的背景下，市场存在高度不确定性，经理层只有在市场环境中灵活应变、适时地做出决策，企业才会有活力。否则，用特定控制权圈定经理人的行为空间，就等于扼杀了经营者的创造性与积极性。所以，对经理层控制权而言，职能的特殊性决定了特定控制权与剩余控制权之间的界限是相当模糊的，存在着“公共领域”

属性。经理层是公司生产经营活动的管理者，也是公司重大经营决策的贯彻落实者。在现代公司中，为了提高决策效率降低成本，公司的控制权行使存在一个授权过程，也就是股东仅保留了控制权的必要基本权能，而将其余绝大部分控制权授予董事会，董事会保留了部分权能之后，又将一部分权利授予经理层。经理层执行董事会确定的经营决策，对公司日常经营活动进行控制与管理。经理层拥有的经营管理权是董事会授权而得到的，然而，一方面由于契约的不完备性，授权过程存在一定的"公共领域"，另一方面经理层具有天然的经营管理方面的信息优势，使得经理层拥有一部分会计剩余控制权。

3.1.3　公司会计剩余控制权的初始配置及其博弈

1. 公司初创期会计剩余控制权的配置

为了探寻公司会计剩余控制权配置的逻辑起点，必须先了解公司控制权配置理论的发展脉络。由格罗斯曼(Grossman) 等在批判性继承了科斯(Coase)、威廉姆斯(Williams)等的交易费用理论后，共同创立的 GHM 模型一直在控制权配置理论研究中占据主导地位，它以契约的不完备性为起点，将控制权区分为特定控制权和剩余控制权。由于特定控制权已在契约中被明确配置完成，故而剩余控制权的配置决定了企业内部结构和类型。GHM 模型将企业控制权等同于企业剩余控制权，然后以剩余控制权最优配置为目标，探讨控制权配置对激励和对信息获得的影响作用。虽然 GHM 模型对其先驱理论做出了巨大发展，但也受到了来自理论与实践方面的批判和质疑。如该理论认为剩余控制权直接来源于对物质资产的所有权，剩余控制权天然的归属非人力资本所有者，这显然与高新技术企业发展模式不相吻合。首先，阿吉翁和豪伊特(Aghion and Howitt)于 1992 年针对 GHM 模型的这一局限性提出了控制权相机配置模型，即在投资者和企业家双方控制权配置过程中，如果一方的利益不随企业总收益增长而单调增长，那么就应将企业控制权交予另一方；如果双方利益都不随企业总收益而增长，则相机控制是最优的，模型中控制权是按"0、1"设置的离散转移，这在现实中极少发生。其次，瓦乌赫科宁(Vauhonen)于 2003 年对 GHM 模型进行改进并提出了连续且相机转移的企业控制权配置模型，将企业控制权配置与公司绩效关联起来，推导出当绩效为"差"时，企业控制权应配置给外部投资者；当绩效为"中等"时，控制权应由契约方共同分享；当绩效为"好"时，控制权应配置给管理层。最后，德桑(Dessein)于 2005 年也建立了企业控制权连续变量分配模型，得出应由契约各方共同分享企业控制权的结论。通过对这些理论发展脉络进行梳理可以发现，每个阶段理论都与企业所处商业模式相对应。资本雇佣劳动的控制权配置观点对应着传统的劳动密集型行业的企业；劳动雇佣资本的控制权配置观点则对应着人力资本专用性和专有性更强的一些企业；利益相关者共同分享企业控制权观点可对应于现代平台性企业，即企业要围绕关键性资源而生成专用性网络，物质资产并非企业唯一关键性资源，还有如技术人员、供应商、顾客等都承担了企业风险，应由利益相关者共同掌握企业控制权。因此，公司会计剩余控制权配置应遵循以下原则：①合法性。一般来说，世界各国的公司法都包含有公司权利分配与权利制衡的基本框架，为公司权利分配提供了依据。会计剩余控制权应在公司法的框架下进行分配，不能违背相关法律法规，如会计法、税法、企业会计准则、行业会计制度等。②效率性。首先，这是会计剩余控制权与会计剩余索取权匹配的保障，如果拥有剩余控制权者不能参与剩余收益的分配，那他将失去运用剩余控制权争取创造最大收益的动力；其次，在正常经营状态下，股东享有企业会计剩余控制权和会计剩余索取权，但随着两权分离和经营管理的专业化，使得董事会将部分会计剩余控制权委托给管理层行使，这也体现了对管理层的认可与激励，使得其尽可能与股东利益相一致。③权利与能力的匹配性。能力是企业成长的原动力，也是权利分配的基础。将控制权配置给具备相关重要知识与能力的人，才能提高会计剩余控制权运用的产出效益。在数字经济与商业模式不断创新的当今，会计剩余控制权应当主要配置给通经济、会管理、技术精、能力强的相关签约方，以提高企业运营效率。

基于以上理论基础和原则，我国公司制企业会计剩余控制权的初始配置对象是股东、董事、经理、企业员工、审计师等，这些主体将通过公司股东会、董事会、经理层、工会、会计师事务所等机构来行使相应权利。

从理论角度来看，股权是企业权利的唯一来源，在两权分离条件下，股东对公司财产的直接控制权较弱，且在公司治理实践中，绝大多数中小股东并不十分关心公司长期远景，也很少使用投票权，主要关注短期投资收益，既不实际参与公司决策，也不直接参与公司经营活动，使得相对应的这一部分会计剩余控制权“虚化”。因此，股东只有通过股东(大)会来间接行使控制权。但是，当公司股权相对集中或在“一股独大”的情况下，控股股东则利用“一股一票”原则在股东大会票决时占据绝对优势，以此来影响或决定公司重大决议，如直接操控董事会、委派董事长或总经理来行使会计剩余控制权。

股东(大)会是公司最高权力机构，决定公司发展战略、经营方针、董监高(董事、监事和高级管理人员的简称)任免等事项,以维护全体股东利益。但在现代复杂经营活动与瞬息万变的外部环境中,为应对风险、降低成本、提高决策效率,公司内部控制权(含会计剩余控制权)采取逐层委托授权方式,股东仅保留一小部分基本权能,而将绝大部分权能授予公司董事会,董事会自然成为权力配置中心,是法定经营管理公司事务的执行机构。由于契约的不完备性和管理层拥有的信息优势,董事会也只能保留部分权能,而将其余权能授予经理层,从而使公司董事会享有对应部分的会计剩余控制权。

经理层是公司战略和经营决策的执行者和生产经营活动的组织者,所拥有的经营权通过董事会授权而来,由于每层授权过程都存在委托代理的缔约过程,因此肯定存在诸多的"公共领域",加之经理层掌握着公司日常经营与底层业务处理第一手信息,可以捕捉到市场稍纵即逝的机会,授予相应会计剩余控制权也符合效率性原则和匹配性原则;否则,就会扼杀经营层的积极性与创造性。

给企业员工赋予一部分剩余控制权是目前各经济体的普遍做法。如二战以后欧洲国家通过立法规定,企业决策层必须吸纳一定比例的企业员工;我国公司法明确要求监事会中职工代表比例不得低于 1/3。但在管理实践中,企业员工并未直接赋予会计剩余控制权,而是作为员工代表通过工会推荐参加董事会、监事会发挥监督职能,很难全面表达职工的意愿。因此,本书认为公司员工不享有会计剩余控制权。

审计师作为中介机构参与公司审计业务,发挥着对公司经济活动监督、评价与鉴证的作用,也间接地分享部分公司会计剩余控制权,有助于提高上市公司会计信息披露质量,减弱市场的信息不对称程度。特别在商业模式不断创新的背景下,一些新兴领域缺乏权威性标准或共识和会计准则并未触及的业务,因此审计师通常对被审计单位会计政策的选择具有较大影响作用;或者在被审计单位变更重要会计政策之际,审计师会系统评估会计政策变更原因、适当性及变更效应,并得出结论。这种鉴证与评价对于被审单位会计剩余控制权的运用具有较大影响,也与审计师的专业能力和独立性有关。鉴于审计师来自外部机构的间接影响,本书暂不考虑其影响及后果。

2. 控股股东与管理层关于会计剩余控制权的博弈过程

虽然初始阶段公司会计剩余控制权的缔约方有股东、董事、经理、企业员工、审计师等,但在公司正常经营后,主要赋予会计剩余控制权的有董事会与管理层。在我国上市公司股权集中度较高市场环境下,则表现为控股股东与经理层对会计剩余控制权的配置是通过董事会这一平台运用一系列治理机制展开多轮次博弈来实现的。本书在借鉴罗宾-斯泰英(Rubin-Stein,1982)轮流出价还价模型基础上,引入不完全信息的三种类型来加以讨论。

为了便于分析,现提出假设如下:①选取上市公司控股股东作为股东大会、董事会实际拥有公司初始会计剩余控制权代表 S,如果公司不存在实际控制人则可选持股比例最大的股东作为代表;另一方选取具有信息优势与经营才能的职业经理层代表 M,暂且不考虑其他利益相关者,会计剩余控制权是在控股股东 S 与经理 M 之间展开争夺。②在不同时空状态下谈判,控股股东 S 和经理 M 的谈判力是变化的,各方谈判状态与各方自身特征紧密相关,谈判是一个长期的、重复进行的互动过程。③控股股东 S 和经理 M 竞争获得会计剩余控制权后,所带来的会计剩余控制权收益(经济后果)截然不同,具有复杂性和多样性。为便于分析,假定控股股东 S 和经理 M 利用会计剩余控制权所获取的控制权收益与其所获得的会计剩余控制权大小成正比例关系,在此直接用会计剩余控制权大小代替所取得的收益。④在一定环境条件下,公司会计剩余控制权大小是恒定不变的,是一个常数 λ。

假设在第一轮出价中,用 α 表示控股股东 S 可以得到的份额,则用 $(1-\alpha)$ 表示经理 M 得到的份额。如果第一轮出价经理 M 拒绝,控股股东 S 和经理 M 拒绝方案的折现因子分别为 μ_1 和 μ_2,代表了双方谈判所拥有资源不同时表现在讨价还价过程中的耐心程度,则经理 M 开始第二轮出价分配方案 $(\beta,1-\beta)$。如果控股股东 S 在第二轮接受,则控股股东 S 和经理 M 分别获得的份额为 $\mu_1\alpha$ 和 $\mu_2(1-\alpha)$。这样的博弈在时期 t 结束,一方在第 t 次的出价阶段,方案被接受。罗宾-斯泰英证明,在无限期轮流出价博弈中,唯一的子博弈精炼纳什均衡结果是:$\alpha_\infty=(1-\mu_1)(1-\mu_1\mu_2)$,而当 $\mu_1=\mu_2=\mu$ 时,$\alpha_\infty=1/(1+\mu)$。

下面将依据控股股东 S 和经理 M 所掌握的信息不同,分为三类情形。情形Ⅰ:控股股东 S 拥有全部信息而经理 M 拥有部分信息;情形Ⅱ:经理 M 拥有全部信息而控股股东 S 拥有部分信息;情形Ⅲ:两者均拥有部分信息。接下来分别讨论控股股东 S 与经理 M 对会计剩余控制权 λ 的博弈。

情形Ⅰ　假设控股股东 S 可能掌握全部信息而经理 M 掌握部分信息。经理 M 的耐心程度分为高(H)与低(L)两种类型,其先验概率分别为 p 和 $1-p$,且控股股东 S 可以从与经理 M 的谈判中知道其耐心程度。因为控股股东 S 掌握全部信息,所以经理 M 的耐心程度为 μ_2。如果经理 M 为耐心程度高的类型,则控股股东 S 耐心程度为 μ_{1L};反之,经理 M 为低耐心程度,则控股股东 S 耐心程度 μ_{1H} $(\mu_{1H}>\mu_{1L})$。

依据 Rubin-Stein 轮流出价还价模型的唯一均衡解可知，经理 M 将与控股股东 S 提出两种谈判方案，分别是耐心程度低的$(\alpha,1-\alpha)$，$\alpha=(1-\mu_2)/(1-\mu_{1H}\mu_2)$和耐心程度高的$(\beta,1-\beta)$，$\beta=(1-\mu_2)/(1-\mu_{1L}\mu_2)$。显而易见，控股股东 S 更倾向选择$(\alpha,1-\alpha)$的方案，当提出$(\alpha,1-\alpha)$的分配方案时，低耐心(L)经理 M 如果接受，则获得的控制权为$\lambda(1-\alpha)$，拒绝则得到$\lambda\mu_2(1-\alpha)$，他将选择接受分配方案；高耐心(H)经理 M 如果接受，将获得$\lambda(1-\alpha)$，拒绝时得到$\lambda\mu_2(1-\beta)$。假设$\lambda\mu_2(1-\beta)=\lambda(1-\alpha_H^*)$，则$\alpha_H^*=1-\mu_2(1-\beta)$，当$\alpha_H^*\geqslant\alpha$时，控股股东 S 提出的方案$(\alpha,1-\alpha)$，高耐心(H)经理 M 和低耐心(L)经理 M 都会接受。当$\alpha_H^*<\alpha$时，低耐心(L)经理 M 将接受分配方案$(\alpha,1-\alpha)$，而高耐心(H)经理 M 将拒绝此方案，则控股股东 S 的期望为$\lambda p\mu_{1L}\beta+\lambda(1-p)\alpha$。由于$p(\mu_{1L}\beta-\alpha)<\beta-\alpha$，所以$\lambda p\mu_{1L}\beta+\lambda(1-p)\alpha<\lambda\beta$，说明控股股东$(\alpha,1-\alpha)$分配方案的期望收益小于$(\beta,1-\beta)$分配方案的期望收益，此时控股股东 S 会选择提出$(\beta,1-\beta)$的方案，则高耐心(H)经理 M 与低耐心(L)经理 M 都会接受。

情形Ⅱ 假设经理 M 可能掌握全部信息而控股股东 S 掌握部分信息。控股股东 S 可分为耐心程度高(H，先验概率 q)与低(L，先验概率 $1-q$)两种类型，而且经理 M 可以从谈判中知道控股股东 S 的耐心程度。因为经理 M 掌握全部信息，所以控股股东 S 的耐心程度为 μ_1。若控股股东 S 为高耐心程度类型(H)，经理 M 耐心程度为 μ_{2L}；若控股股东 S 为低耐心程度类型(L)，经理 M 为 $\mu_{2H}(\mu_{2H}>\mu_{2L})$。根据 Rubin-Stein 轮流讨价还价模型的唯一均衡解可知，控股股东 S 会提出两种分配方案$(\gamma,1-\gamma)$和$(\eta,1-\eta)$，且$\gamma=(1-\mu_{2H})/(1-\mu_1\mu_{2H})$，$\eta=(1-\mu_{2L})/(1-\mu_1\mu_{2L})$。显然，控股股东 S 更偏向选择$(\eta,1-\eta)$的分配方案，当经理 M 接受时得到的控制权为$\lambda(1-\eta)$，拒绝时期望为$\lambda p\mu_{2L}(1-\eta)+\lambda(1-p)\mu_{2H}(1-\gamma)$，因为$p[(1-\eta)\mu_{2L}-(1-\gamma)\mu_{2H}]<1-\eta-(1-\gamma)\mu_{2H}$，所以$\lambda p(1-\eta)\mu_{2L}+\lambda(1-p)(1-\gamma)\mu_{2H}<\lambda(1-\eta)$，经理 M 同意$(\eta,1-\eta)$的分配方案时获得的控制权大于拒绝的期望，故经理 M 将会选择接受。

情形Ⅲ 假设控股股东 S 与经理 M 都可能只掌握了部分信息。控股股东 S 分为耐心程度高(1H)和耐心程度低(1L)两种，其先验概率分别为 q 和 $1-q$，则经理 M 相应的耐心程度为 μ_{2L} 和 μ_{2H}，且 $\mu_{2H}>\mu_{2L}$。经理 M 也可分为耐心程度高(2H，先验概率 p)和耐心程度低(2L，先验概率 $1-p$)，则控股股东 S 相应的耐心程度分别为 μ_{1L} 和 μ_{1H}，且 $\mu_{1H}>\mu_{1L}$。控股股东 S 可以提出$(\pi,1-\pi)$、$(\theta,1-\theta)$、$(\rho,1-\rho)$、$(\xi,1-\xi)$四种分配方案，假设控股股东 S 提出以上四种方案后，高耐心控股股东 S 的后验概率分别为 q_1^B、q_2^B、q_3^B、q_4^B。

①讨论高耐心程度(2H)经理 M 的博弈分析。如果控股股东 S 的方案为$(\theta,1-\theta)$，高耐心程度(2H)的经理 M 同意方案时获得的控制权为 $\lambda(1-\theta)$，拒绝时期望的控制权收益为 $\lambda\mu_{2L}(1-\pi)q_2^B+\lambda\mu_{2H}(1-\rho)(1-q_2^B)$，令 $\lambda\mu_{2L}(1-\pi)q_{2H}^*+\lambda\mu_{2H}(1-\rho)(1-q_{2H}^*)=\lambda(1-\theta)$，则 $q_{2H}^*=[\mu_{2L}(1-\rho)-(1-\theta)]/[\mu_{2H}(1-\rho)-\mu_{2L}(1-\pi)]$。如果 $q_{2H}^*\leqslant q_2^B$，那么高耐心程度(2H)的经理 M 将会接受$(\theta,1-\theta)$的分配方案，否则会拒绝。

如果控股股东 S 的分配方案为$(\pi,1-\pi)$，则当高耐心程度(2H)的经理 M 同意时的控制权收益为 $\lambda(1-\pi)$，拒绝时期望的控制权收益为 $\lambda\mu_{2L}(1-\pi)q_1^B+\lambda\mu_{2H}(1-\rho)(1-q_1^B)$，因为 $q_1^B[\mu_{2L}(1-\pi)-\mu_{2H}(1-\rho)]<[(1-\pi)-\mu_{2H}(1-\rho)]$，所以 $\lambda\mu_{2L}(1-\pi)q_1^B+\lambda\mu_{2H}(1-\rho)(1-q_1^B)<\lambda(1-\pi)$，则高耐心程度(2H)的经理 M 拒绝此方案的期望控制权会小于接受时的期望控制权，他将接受此方案。

如果控股股东 S 的分配方案为$(\rho,1-\rho)$，则经理 M 将选择接受此方案。

如果控股股东 S 的分配方案为$(\xi,1-\xi)$，则高耐心程度(2H)的经理 M 接受时的控制权为 $\lambda(1-\xi)$，拒绝时期望的控制权收益为 $\lambda\mu_{2L}(1-\pi)q_4^B+\lambda\mu_{2H}(1-\rho)(1-q_4^B)$，令 $\lambda\mu_{2L}(1-\pi)q_{4H}^*+\lambda\mu_{2H}(1-\rho)(1-q_{4H}^*)=\lambda(1-\xi)$，则 $q_{4H}^*=[\mu_{2H}(1-\rho)-(1-\xi)]/[\mu_{2H}(1-\rho)-\mu_{2L}(1-\pi)]$。如果 $q_{4H}^*\leqslant q_4^B$，则高耐心程度(2H)的经理 M 接受方案$(\xi,1-\xi)$，否则经理 M 拒绝此方案。

②讨论低耐心程度(2L)经理 M 的博弈分析。如果控股股东 S 提出的方案为$(\theta,1-\theta)$，低耐心程度(2L)的经理 M 同意则获得控制权为 $\lambda(1-\theta)$，拒绝时则获得期望的控制权为 $\lambda\mu_{2L}q_2^B(1-\theta)+\lambda\mu_{2H}(1-\xi)(1-q_2^B)$。因为 $q_2^B[\mu_{2L}(1-\theta)-\mu_{2H}(1-\xi)]<[1-\theta-\mu_{2H}(1-\xi)]$，所以 $\lambda\mu_{2L}q_2^B(1-\theta)+\lambda\mu_{2H}(1-\xi)(1-q_2^B)<\lambda(1-\theta)$，此时低耐心程度(2L)经理 M 接受分配方案的控制权将大于拒绝的期望控制权，他会接受此方案。

如果控股股东 S 提出$(\pi,1-\pi)$的分配方案，则低耐心程度(2L)经理 M 同意时可获得控制权 $\lambda(1-\pi)$，拒绝时的期望控制权为 $\lambda\mu_{2L}q_1^B(1-\theta)+\lambda\mu_{2H}(1-\xi)(1-q_1^B)$。由于 $q_1^B[\mu_{2L}(1-\theta)-\mu_{2H}(1-\xi)]<[1-\theta-\mu_{2H}(1-\xi)]$，则 $\lambda\mu_{2L}q_1^B(1-\theta)+\lambda\mu_{2H}(1-\xi)(1-q_1^B)<\lambda(1-\pi)$，所以低耐心程度(2L)的经理 M 接受此方案的控制权将大于拒绝时的期望控制权，他将接受此方案。

如果控股股东 S 提出$(\rho,1-\rho)$的方案，此方案是经理 M 期望的分配方案，他将会接受。

如果控股股东 S 提出$(\xi,1-\xi)$的分配方案，低耐心程度(2L)经理 M 同意时获得的控制权为$\lambda(1-\xi)$，拒绝时的期望控制权为$\lambda\mu_{2L}q_4^B(1-\theta)+\lambda\mu_{2H}(1-\xi)(1-q_4^B)$，由于$q_4^B[\mu_{2L}(1-\theta)-\mu_{2H}(1-\xi)]<1-\theta-\mu_{2H}(1-\xi)$，则$\lambda\mu_{2L}q_4^B(1-\theta)+\lambda\mu_{2H}(1-\xi)(1-q_4^B)<\lambda(1-\pi)$，所以低耐心程度(2L)经理 M 同意此方案的控制权将大于拒绝时的期望控制权，他将接受此方案。

③讨论高耐心程度(1H)控股股东 S 的博弈情形。经过上述分析可知，低耐心程度(2L)经理 M 对于控股股东 S 提出的任一方案都将接受，而高耐心程度(2H)经理 M 对于控股股东 S 提出的$(\pi,1-\pi)$、$(\rho,1-\rho)$方案时会接受，$(\theta,1-\theta)$、$(\xi,1-\xi)$的方案可能会拒绝。

当$q_{2H}^*\leqslant q_2^B$时，高耐心程度(1H)的控股股东 S 会提出$(\theta,1-\theta)$的分配方案，则低耐心程度(2L)经理 M 与高耐心程度(2H)经理 M 都将接受。当$q_{2H}^*>q_2^B$时，如果高耐心程度(1H)的控股股东 S 提出$(\theta,1-\theta)$的方案，低耐心程度(2L)经理 M 将会接受，高耐心程度(2H)经理 M 将会拒绝，拒绝的期望控制权为$\lambda\mu_{1L}p\pi+\lambda\theta(1-p)$。如果高耐心程度(1H)的控股股东 S 提出$(\pi,1-\pi)$的方案，低耐心程度(2L)经理 M 与高耐心程度(2H)经理 M 都将会接受，接受的控制权为$\lambda\pi$。令$\lambda\mu_{1L}p_H^*\pi+\lambda\theta(1-p_H^*)=\lambda\pi$，可得$p_H^*=(\theta-\pi)/(\theta-\mu_{1L}\pi)$，当$p_H^*\leqslant p$时，控股股东 S 提出$(\theta,1-\theta)$方案的期望控制权小于$(\pi,1-\pi)$的方案，他将选择$(\pi,1-\pi)$方案，此时高耐心程度(2H)经理 M 和低耐心程度(2L)经理 M 都会接受此方案。当$p_H^*>p$时，控股股东 S 提出$(\theta,1-\theta)$方案的期望控制权将大于$(\pi,1-\pi)$的方案，他将选择提出$(\theta,1-\theta)$的方案，低耐心程度(2L)经理 M 会接受而高耐心程度(2H)经理 M 将会拒绝，此时公司的控股股东 S 与经理 M 无法达成控制权的分配。

因此，高耐心程度(1H)控股股东 S 对控制权的博弈策略为，当$q_{2H}^*\leqslant q_2^B$时，他将提出$(\theta,1-\theta)$的分配方案，此时高耐心程度(2H)经理 M 与低耐心程度(2L)经理 M 都将接受；当$q_{2H}^*>q_2^B$且$p_H^*\leqslant p$时，他将选择提出$(\pi,1-\pi)$的方案，此时两种经理 M 都将接受；当$q_{2H}^*>q_2^B$且$p_H^*>p$，他将选择提出$(\theta,1-\theta)$的方案，此时低耐心程度(2L)经理 M 将会接受，而高耐心程度(2H)经理 M 将会拒绝，此时控股股东 S 与经理 M 对控制权分配无法达成一致。

④讨论耐心程度低(1L)控股股东 S 的博弈情形。如果$q_{2H}^*\leqslant q_2^B$，则低耐心程度(1L)控股股东 S 将会与高耐心程度(1H)的一样，提出$(\theta,1-\theta)$的分配方案，而此时高耐心程度(2H)经理 M 与低耐心程度(2L)经理 M 都将选择接受。

如果$q_{2H}^*>q_2^B$，当低耐心程度(1L)控股股东 S 提出$(\theta,1-\theta)$的分配方案时，低

耐心程度(2L)经理 M 会选择接受,而高耐心程度(2H)经理 M 将拒绝,拒绝的期望控制权为 $\lambda p\mu_{1L}\rho+\lambda\theta(1-p)$;当控股股东 S 提出$(\pi,1-\pi)$的分配方案时,两种类型的经理 M 都将选择接受,他的控制权为 $\lambda\pi$。令 $\lambda p_L^*\mu_{1L}\rho+\lambda\theta(1-p_L^*)=\lambda\pi$,则 $p_L^*=(\theta-\pi)/(\theta-\mu_{1L}\rho)$,因为 $\rho>\pi$,故 $\theta-\mu_{1L}\pi>\theta-\mu_{1L}\rho$,所以 $p_L^*<p_H^*$。当 $p\geqslant p_H^*$,低耐心程度(1L)控股股东 S 会选择与高耐心程度(1H)控股股东 S 相同的方案$(\pi,1-\pi)$,此时低耐心程度(2L)经理 M 与高耐心程度(2H)经理 M 都将接受。当 $p\leqslant p_L^*$,低耐心程度(1L)的控股股东 S 将选择与高耐心程度(1H)控股股东 S 相同的分配方案$(\theta,1-\theta)$,低耐心程度(2L)经理 M 将同意,高耐心程度(2H)经理 M 将拒绝。当 $p_L^*\leqslant p\leqslant p_H^*$,对低耐心程度(1L)控股股东 S 而言,$(\pi,1-\pi)$方案将优于$(\theta,1-\theta)$方案,对高耐心程度(1H)控股股东 S 而言,$(\theta,1-\theta)$方案将优于$(\pi,1-\pi)$。此时如果控股股东 S 提出$(\pi,1-\pi)$的方案会暴露他低耐心程度(1L)的信息,故而会选择继续提出$(\rho,1-\rho)$或$(\xi,1-\xi)$的分配方案,而如果继续提出$(\theta,1-\theta)$的分配方案,低耐心程度(2L)经理 M 将接受,而高耐心程度(2H)经理 M 将拒绝,控股股东 S 与经理 M 无法达成一致。如果控股股东 S 提出$(\rho,1-\rho)$或$(\xi,1-\xi)$的分配方案,则根据上面控股股东 S 拥有全部信息而经理 M 掌握部分信息的博弈分析可知,控股股东 S 与经理 M 将会对控制权分配达成一致。

因此,低耐心程度(1L)控股股东 S 对控制权的博弈策略为,当 $q_{2H}^*>q_2^B$ 时,控股股东 S 会提出$(\theta,1-\theta)$的分配方案,此时低耐心程度(2L)经理 M 与高耐心程度(2H)经理 M 都会接受此方案;当 $q_{2H}^*>q_2^B$ 且 $p\geqslant p_H^*$ 时,控股股东 S 将提出$(\pi,1-\pi)$的分配方案,此时两种类型的经理 M 都会接受此方案;当 $q_{2H}^*>q_2^B$ 且 $p\leqslant p_L^*$ 时,控股股东 S 将提出$(\theta,1-\theta)$的分配方案,低耐心程度(2L)经理 M 会接受,而高耐心程度(2H)经理 M 将拒绝,控股股东 S 与经理 M 无法达成一致;当 $q_{2H}^*>q_2^B$ 且 $p_L^*<p<p_H^*$ 时,控股股东 S 如果提出$(\rho,1-\rho)$或$(\xi,1-\xi)$的分配方案,此时两种类型经理 M 都将接受,而提出$(\theta,1-\theta)$时,将无法达成一致。

综合以上分析可以得出:

情形Ⅰ,在经理 M 刚进入公司时,仅了解企业部分经营状况,其经营才能尚无法合理评判,而控股股东掌握全部信息,控股股东占据了先动的优势,不论高能力还是低能力的经理人都会接受控股股东提出的对会计剩余控制权的分配方案。因此,在初始缔约时,公司通常采用控股股东单边治理的契约状态。

情形Ⅱ,当经理掌握了公司全部信息,而且经营才能与业绩呈现出来后,控股股东会给出与经理能力相匹配的剩余控制权分配方案,此时,如果经理人拒绝,则会使得拒绝的期望收益远小于接受配置的控制权的收益，所以经理人会接受控股股东提出的对会计剩余控制权的分配方案。

情形Ⅲ，当控股股东与经理人都对公司经营状况比较了解，两者在决策中都发挥着重要作用时，博弈均衡结果既与控股股东和经理的耐心程度 μ_1 和 μ_2 有关，也与会计剩余控制权配置方案 α 和 $(1-\alpha)$ 有关。在组合出的四种情况中，仅有低耐心程度控股股东对高耐心程度经理人配置低会计剩余控制权方案时，经理人会拒绝导致无法达成合作，其余都可达成合作。

3.2　基于会计剩余控制权配置的公司会计信息披露质量分析

3.2.1　公司会计信息披露质量的内涵

完善信息披露制度是建立公正、高效资本市场的前提和基础，因为资本市场本质就是一个信息市场，投资者的投资决策所依据的关键就在于对信息所传递的预期风险和收益的判断，而会计信息是其最重要的组成部分。所谓会计信息是指通过会计核算实际记录或科学预测，反映会计主体过去、现在、将来有关资金运动状况的各种可为信息使用者接受和理解的信息、数据、资料等的总称。它不仅反映了企业内部经营绩效与财务现状，也从侧面反映了企业未来的发展趋势，是政府、投资者、债权人和经营者等利益相关者进行投资、经营、决策的依据。本书研究对象是上市公司信息披露质量，虽然信息披露既包括财务信息披露，也包括非财务信息披露，但按照目前的信息披露体系，上市公司所披露的信息仍然以会计信息为主体。出于数据可获得性和可计量性考量，本书对信息披露与会计信息披露不加区分。

会计信息披露质量有狭义和广义之分。所谓狭义会计信息披露质量是指公司所披露的会计信息本身的质量；广义会计信息披露质量不仅有会计信息质量，还包含会计信息披露过程质量和会计信息生成过程质量。为了全面反映公司会计信息披露质量的总体水平，只有深刻理解公司会计信息披露的“工艺流程”质量，才能凝练出其总体质量实质内核。因此，本书选择广义的公司会计信息披露质量内涵，并将公司会计信息披露质量界定为：社会公认的会计主体提供的会计信息能够满足会计报表使用者共同需要应具备的特征。本节将从公司会计信息内涵和属性出发，探寻公司会计信息披露质量所包含的会计信息生成过程的质量特征、会计信息披露过程的质量特征，然后探寻公司治理及控股股东、股东股权质押对经营层决策以及对会计信息披露质量的影响机理和路径，为后续实证研究奠定理论基础。

1. 会计信息的内涵

到目前为止，尚未看到学界关于“信息”的统一的定义，所以对于“会计信息”的界定也莫衷一是。“信息”一词作为科学术语最早出现在哈特利(Hartley)的《信息传输》一文中，直到20世纪40年代信息奠基人香农(Shannon)才对信息进行了明确的界定，随后学者们根据所研究领域给出了不同的定义。代表性学者诸如香农(Shannon)将信息定义为用来消除随机不确定性的东西；而控制论创始人维纳(Wiener)认为，信息是人们在适应外部世界的过程中，反作用于外部世界而进行互相交换的内容和名称；信息管理专家霍顿(Horton)则指出，信息是为满足用户需求而经过加工处理的数据；我国信息学专家钟义信教授认为，信息是事物存在方式或运动状态的直接或间接表述。根据以上专家学者对信息界定的要素，本书将信息定义为，信息是对事物状态和变化的反映，是为满足用户需要而对事物之间相互联系和相互作用的直接或间接表述。据此，对会计信息的内涵界定为：会计信息是按照规定的会计规则，通过一系列的确认、计量、记录和报告程序等处理企业经营过程中价值运动所产生的数据和文本，为政府、投资者、债权人以及其他相关利害人提供的有关企业经营成果、财务状况及现金流量的经济信息。

依据德鲁克的战略管理思想，会计信息及其披露必须服务于会计目标，而公司会计信息系统作为公司一个重要子系统，也必须服从企业目标。但由于会计信息的双重属性，会计目标一方面受到会计行为主体主观意图(如人们需要提供什么样的会计信息以及如何提供?)的影响；另一方面受会计环境制约的影响，形成了会计目标的“受托责任观”和“决策有用观”两种主流观点。受托责任观的思想主要起源于“管家财务”，在现代公司组织形式下，经理人是股东和债权人授权的控制其部分财务资源的受托人，财务报表是提供给委托人的易于评价管理当局受托责任的报告。随着商业模式不断创新和信息化技术手段的进步，参与者要求会计信息提供者关注不同信息使用者对决策信息的需要。也就是说，用户要求披露的会计信息含量越来越高，披露范围不断扩大；除会计信息、定量信息与确定性信息外，还要求披露相关的非会计信息、定性信息和不确定性信息。这使得“受托责任观”拓展到“决策有用观”，使得会计信息既要关注具有明确受托责任关系的股东和债权人信息需求，又要关注潜在投资者、债权人、政府机构等经济主体的信息需求。因此，会计信息既要关注具有明确受托责任关系的股东和债权人信息需求，又要关注潜在投资者、债权人、政府机构等经济主体信息需求。那么，如何认识会计信息的属性，也就决定了会计信息由谁披露、披露什么、如何披露的问题。

到目前为止，对会计信息属性的认识，学术界有两种主流观点。第一种观点认为，会计信息是一种特殊的经济信息形式，在本质上仍是商品，既具有使用价值（自然属性），也具有价值（社会属性）。其中，自然属性往往是指物质与生俱来的性质；社会属性是指物质影响社会、他人的性质。因而，会计信息的使用价值体现在会计人员通过信息的确认、计量、记录和报告等环节的劳动过程，其过程凝聚了人类一般劳动；其价值在于它能够降低信息不对称问题，满足利益相关者的需要。第二种观点认为，由于资本市场需要政府相关机构的监管，使得会计信息成为公共物品或准公共物品，使其具有非竞争性和非排他性。非竞争性是指某人在对会计信息使用时并不影响其他人对会计信息的使用；非排他性是指会计信息可以由任何人进行使用，其中任何一个人都不会排除在外。

综合以上观点，我们认为，会计信息具有私人物品和公共物品的双重属性。会计信息具有私人物品属性是因为会计信息的提供需要成本，会计信息是使用价值和价值的统一，它凝聚着会计人员等提供者的劳动，是会计主体微观经济决策的基础，能满足公司加强内部管理的需要，能满足投资者、债权人、供货商和客户等有关各方了解企业财务状况和经营成果的需要，是国家宏观经济管理部门制定经济政策和开展宏观调控的依据。根据理性经济人假设，会计信息供求遵循普遍的市场规律，会计信息的提供和使用应满足成本效益原则，并满足一般商品市场供求特征。同时，会计信息又具有公共物品的属性。这是因为从理论上讲，会计信息提供和披露的成本，应该由全体受益者共同分担；但实际上会计信息一旦提供和披露，根本不能阻止和排除没有分担成本的信息使用者进行消费，这就会产生“搭便车”和外部性问题。这些问题解决不当会导致会计信息提供动力不足或会计信息失真。

2. 会计信息的生成过程

会计信息的载体有原始凭证形式（自制原始凭证和外来原始凭证）、会计凭证形式、会计账簿形式、会计报表形式、会计报告形式等多种表现形式。会计信息的流程及其生成机制如图 3－3 和图 3－4 所示。会计信息的生成机制可划分为五个阶段：①原始凭证生成。在发生经济业务时，会生成会计信息的原始凭证；对于内部经济业务活动，转化为自制原始凭证，对于外部经济业务活动，转化为外部原始凭证，从而使得经济信息转化成为初级会计信息。②会计信息编制。以记账凭证、财务报表等为依托，审核原始凭证，编制记账凭证，进而编制日记账（银行存款日记账和现金日记账）、明细表、总账，最终编制会计报表。③会计信息存储。对于各种记录会计信息的存储载体（包括纸质载体、电子载体等），其不同形式会影响到会计信息质量的高低。④会计信息披露。依据公司会计报表编制会计报告，对外公告。⑤会计信息监督。在会计信息从底层原始凭证生成，到会计账簿和会计报表转化的过程中，由会计人员完成并受会计主管的指导与监督；从会计报表转化为会计报告的信息输出阶段，由会计师和会计主管负责并接受财务总监、总会计师、CEO的指导与监督；会计信息监督环节主要受第三方或相关监管部门的监督。

图 3－3　会计信息的流程

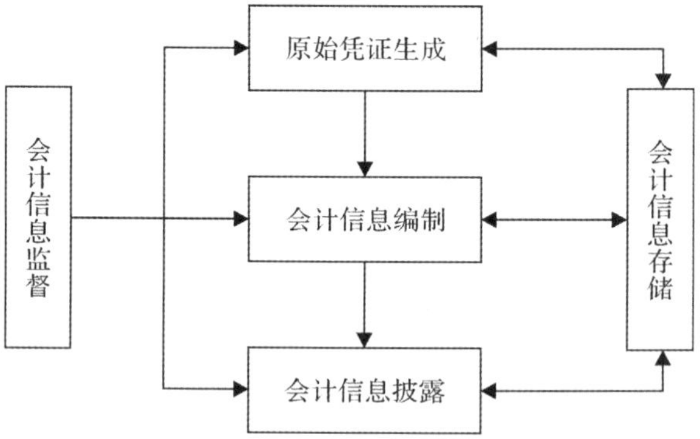

图 3－4　公司会计信息的生成机制

3. 质量的内涵

对于质量的基本含义，我们借鉴相关国家标准中对质量的定义，质量是指产品、过程或服务满足规定或潜在要求（或需要）的特征和特性总和。从这个定义中可以发现：①对象可以是有形的商品、产品或物品，也可以是无形的服务、过程或行动；②使用者可以是小范围内事物的提供者或者接受者，也可以是大范围内的社会群体和组织；③需求可以是“明确的需求”，也可以是“隐含需求”，两者都非常重视“过程”。通过分析可以发现，定义中的排列组合即可形成不同的质量内涵和特征，但其核心思想是事物满足使用者需求的程度。

会计信息披露的对象是无形（经营业绩与财务状态变化）的，但对其反映是有形的；而且一旦披露就成为一种公共产品，“使用者”可以是利益相关者或者任何使用会计信息的用户，“需求”也依据使用者（如投资者及潜在投资者、监管机构、中介组织、内部经营者）的特征不同，需求信息的侧重点也有所不同。从会计信息披露的“工艺流程”来看，会计信息在信息使用者接收到之前，经历了“会计信息生成—会计信息编制—会计信息披露—先前使用者对会计信息解读”等主要流程。综合以上概念内涵，本书将会计信息披露质量界定为公司会计信息披露能够满足信息使用者共同需要应具备的特征。

3.2.2　公司会计信息披露的分类及其质量特征

1. 会计信息披露的分类

从公司会计信息生产流程来看，会计信息是由会计人员或部门对发生的经济业务收集、加工、整理和传递而形成的经济信息；从信息载体形式看，会计信息则是以会计凭证、账簿、报表和各种工作底稿等会计文件为载体而表现的经济信息；从反映内容看，会计信息是对价值运动及其属性的一种客观表述。会计信息具体可分为财务会计信息、成本会计信息、管理会计信息三大类。财务会计指通过对企业已经完成的资金运动全面系统的核算与监督，以为外部与企业有经济利害关系的投资人、债权人和政府有关部门提供企业的财务状况与盈利能力等经济信息为主要目标而进行的经济管理活动。财务会计信息主要包括公司以资产负债表、利润表、现金流量表、所有者权益变动表、附注、分部报告等形式表现的信息。财务会计要依据成本会计所提供的有关资料进行资产计价和收益确定。成本会计信息是指通过材料采购、产品生产、产品销售整个链条中的料件领用明细表、费用性领料明细表、直接人工分配表、制造费用分摊表、完工入库明细表、产品销售成本明细表、完工产品成本分析表、产品销售损益明细表、进销存报表、产销存报表等文件形式反映的经济信息。企业外部信息使用者往往依据成本数据对公司的经营业绩进行评价，并据此做出投资决策。公司经营层根据成本会计所提供的成本数据，作为决策的依据或用于对公司内部管理人员的业绩评价。管理会计的目标是对未来经营效益和经济效益进行评估、研究和决策，其成果通过公司决策信息资料、全面预算管理信息资料、人力资源信息资料、企业经营目标和战略目标文件等反映出来。

为进一步探寻会计信息披露的质量特征，我们可从不同维度来加以分析。从会计信息反映内容的视角，可将其分为对外的财务会计信息和对内的管理会计信息。财务会计信息披露侧重于“受托责任观”，主要为外部与企业有经济利害关系的投资人、债权人和政府等有关部门提供反映公司一定时期财务状况和经营成果的经济信息，其质量特征主要体现在：交易或事项反映真实，经济活动采用实质重于形式，存在不确定情况下所做出判断或估计中立、审慎，在重要性和成本允许的范围内能够做到反映完整可靠。管理会计信息披露侧重于“决策有用观”，主要提供对企业未来经营效益和经济效益的预测、决策、规划、控制和考评等所需的管理信息，与财务会计信息相比，其在服务对象、约束条件、报告期间、会计主体、计算方法、信息精准程度等方面有所不同，使得管理会计信息披露质量偏重于考察使用信息决策结果的可靠性，而且不同决策主体所需信息的收集、分类、总结、分析和报告都有所不同。可以发现，人类从农业文明、工业文明到信息文明不断升级的过程中，对于会计信息披露质量特征也伴随着技术发展从对历史会计信息转为偏重未来的会计信息，从偏重过程的会计信息逐渐转向偏重结果的会计信息。

按照披露表达方式不同，会计信息可分为数字信息和文本信息。其中，数字信息包括货币化会计信息和非货币化会计信息，前者主要指会计报表信息和虽然可以货币化但暂时无法入表的表外信息，后者指有关企业履行社会责任、节能减排与环境保护等信息；文本信息是指没有必要或者目前手段不能量化的，但有必要用文字来描述的信息，如公司发展战略与商业模式、管理层讨论与分析、重要事项说明、会计报表附注等。会计信息披露的数字信息一般应遵守会计信息相关准则和规制，具有逻辑上的严谨性、精确性、柔性差等特点，有利于事后验证评价；而文本信息比较灵活，虽然是对数字信息的补充说明，但由于表达方式多样化使得传递信息量更大，加之阅读者的阅历背景不同，使得对同一文本的解读结果有可能不同，因此相比较而言，文本信息的可信度较低，而且具有事后难以验证的特点。随着计算机文本分析技术的发展，利用机器学习方法对会计文本信息进行量化处理已成为可能，如可根据预设词库让计算机模仿人类的阅读行为，来判断文本中词语的情绪倾向，进而判断会计文本信息披露主体对未来的整体情绪倾向。因此，随着人工智能技术发展，使用者对于公司会计信息的需求开始从确定性信息逐渐转向确定性信息＋不确定性会计信息，以期能够更好地预测未来。

依据市场管制要求程度不同，会计信息披露可分为强制性信息披露和自愿性信息披露。强制性信息披露是信息披露义务人在遵守相关法律法规的前提下，履行信息及时披露的义务。其主要内容有招股说明书、募集说明书、上市公告书、定期报告、临时报告等，披露形式有文字、单位、时间、媒介等，披露信息的质量特征在形式上必须严格按照规定要求，内容真实、准确、完整、简明清晰、通俗易懂，且要及时、公平，不得有虚假记载、误导性陈述或者重大遗漏。自愿性信息披露是在强制性信息披露之外，基于公司市场形象、与投资者关系、规避风险等考虑，对外披露与信息使用者价值判断与决策有关的信息。其主要内容有历史信息、背景信息、关键性事项等，在披露形式上相对谨慎、比较含糊，主要囿于对公司利益的保护、诉讼等原因，因此，披露的质量特征在内容和形式上都具有多样性和不确定性，影响因素具有复杂性。强制性信息披露和自愿性信息披露共同构成了“充分披露原则”的主干规则，但凡可能对股票或债券交易价格产生较大影响的重大事项，都属于强制性信息披露；与投资者做出价值判断和投资决策相关的信息，则由信息披露义务人自主决定，属于公司会计剩余控制权范畴。《中华人民共和国证券法》中，首先，虽然对于诸如公司重大资产变动、提供重大担保、董事长或者经理无法履行职责等“重大事项”进行了界定，但仍不可能穷尽，存在不完备性；其次，在判断强制性信息披露与自愿性信息披露的规则中，“有关”与“较大影响”带有一定主观性，且由于价值判断和投资决策与交易价格的界限本身存在交叉重叠性，也使得公司会计剩余控制权使用的“公共领域”进一步扩大。

2. 会计信息披露质量的特征分析

基于以上维度的分析，结合香农-施拉姆模式对信息传播的信源、信道、信宿、受众与噪音五阶段划分，我们认为每个阶段都会对信息披露质量产生重要影响。据此，对应影响上市公司会计信息披露质量的五因素：上市公司会计信息内部生成过程（信源），公司会计政策选择与信息编报过程（信道），公司财务报告的媒介载体（信宿），会计信息使用者的特质（受众），一切可能影响上述阶段的外部干扰因素（噪音）。根据实质重于形式的原则，可将会计信息披露质量划分为会计信息生成过程质量、会计信息披露过程质量两大阶段、四个重要环节，如图 3－5 所示。

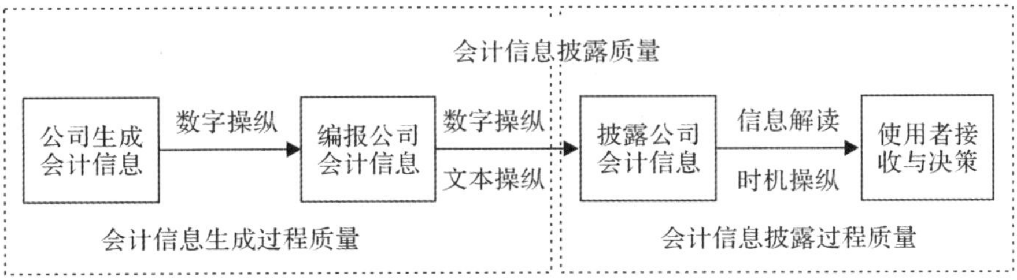

图 3－5　会计信息披露质量特征

1)公司会计信息生成过程质量特征

会计信息生成过程质量是信息披露质量的“上游”源头产品。首先,公司基于会计准则和自主判断,对生产经营活动产生的信息进行会计处理,将其归纳整理至各会计科目,生成初始的会计信息。这需要从公司治理和董事会设置与运行的规范性来考虑,这是公司会计信息披露质量水平的基础和根本保障。其次,考察公司治理机制中有关信息披露过程中具体责任划分和问责机制,只有将信息披露责任落到具体岗位,才能充分发挥制度的约束力。最后,需要考量会计信息生成的内部控制制度是否科学合理、公司信息披露的流程是否完善、会计信息系统是否安全可靠、公司内部监察稽核制度的设计是否合规。具体因素分析如表 3-5 所示。

表 3-5 公司会计信息生成过程控制特征因素

特征因素	具体内容
公司董事会有效性	董事会是否对公司信息负全部责任
	董事会是否对建立公司内部风险控制系统负责任
	董事会职能定位是否清晰
	董事会是否对公司所面临的风险有进行识别、评估、管理和处置的能力
	董事会是否具有对管理层的有效激励和约束能力
	是否存在规定比例的独立董事且与公司完全独立;独立董事或外部董事是否能确保所有股东的长期利益得到体现
责任划分与问责机制	董事长是否是公司信息披露的第一责任人
	董事会秘书是否负责协调和组织公司信息披露工作的具体事宜,是否对信息披露按照法定程序实施负有直接责任
	董事会全体成员是否有连带责任
	是否设立专门机构负责信息披露的日常管理工作,其人员是否负有工作连带责任
	公司各职能部门主要负责人、各分子公司主要负责人是否是提供公司信息披露资料的负责人,对提供信息披露基础资料是否负直接责任

续表

特征因素	具体内容
经营层信息生成的内部控制体系	公司是否建立了完善的凭证制度，通过凭证设计、登录、传递、归档等一系列凭证管理制度，以确保正确记载经济业务，明确经济责任
	公司是否建立了有效的账务组织和账务处理体系，正确设置会计账簿，有效控制会计记账程序
	公司是否建立了复核制度，通过完善会计复核和业务复核以防止会计差错产生
	公司是否建立了严格的成本控制和业务考核制度，强化会计事前、事中和事后监督
	公司是否制订了完善的会计档案保管和财务交接制度，财会部门是否能妥善保管密码、业务用章、支票等重要凭据和会计档案，严格会计资料的调阅手续，防止会计数据的毁损、散失和泄密
	公司是否严格制定了财务收支制度和费用报销管理制度，自觉遵守国家财税制度和财经纪律
公司信息披露的流程设计	提供信息的部门负责人是否预先核实了所提供的相关信息资料
	公司董事会办公室是否根据相关信息资料编制信息披露公告
	董事会秘书是否独立对披露信息进行合规性审查
	是否由董事长或董事会秘书签发相关信息资料
	董事会办公室是否能在第一时间报交易所，并按规定进行披露
会计信息系统披露安全性	是否定期稽核检查信息技术系统以完善业务数据保管安全，确保系统可靠、稳定地运行
	是否能对信息数据严格管理，保证信息数据安全、真实和完整，并是否能及时、准确地将相关信息传递到会计等职能部门
	是否建立了严格的授权制度、岗位责任制度、门禁制度、往外网分离制度等管理措施，确保系统安全运行
	是否建立了电子信息数据的即时保存和备份制度，严格计算机交易数据的授权修改程序，并坚持电子信息数据的定期查验制度
	公司软件的使用是否充分考虑了软件的安全性、可靠性、稳定性和可扩展性，是否具备身份验证、访问控制、故障恢复、安全保护、分权制约等功能
	计算机房、设备、网络等硬件要求是否符合有关标准，设备运行和维护整个过程是否实施了明确的责任管理，严格划分业务操作、技术维护等方面的职责

续表

特征因素	具体内容
公司内部监察稽核制度设置	公司是否明确了监察稽核部门及内部各岗位具体职责，配备充足的监察稽核人员，设置监察稽核人员的专业任职条件，严格监察稽核的操作程序和组织纪律
	公司是否强化了内部检查制度，通过定期或不定期检查内部控制制度执行情况，以确保公司经营管理活动有效运行
	公司是否设立了有效的监察督察员制度；根据公司监察稽核工作需要和董事会授权，督察员是否有权列席公司相关会议，调阅公司相关档案，就内部控制制度执行情况履行检查、分析、报告、建议职能
	公司董事会和经理层是否重视和支持监察稽核工作，对违反纪律、法规和公司内部控制制度的，是否能够追究有关部门和人员的责任

2)公司会计信息披露过程质量特征

首先，由表3-5可以看出，公司会计信息内容生成过程会涉及公司治理的各个层面，也会产生各方利益的博弈，而要形成对外披露的会计信息，仍需对企业内部会计信息在内容、形式等方面进行加工、提炼和补充，也就形成了公司经营层、治理层对信息的“加工”与“过滤”环节；其次，公司聘请外部审计机构对公司发布的会计信息出具审计意见的类型是公司会计信息披露质量的专业鉴证；最后，公司会计信息披露之后仍会受到证券交易所和证监会的监管以及问询函，相关投资者及潜在投资者会关注公司所披露的全部内容，通过各种渠道来挖掘求证相关信息质量特征等情况。具体因素分析如表3-6所示。

表 3-6　公司会计信息披露过程质量特征因素

特征因素	具体内容
公司信息披露的及时性	是否按照法定时间编制和披露定期报告 是否按照国家有关法律、法规规定的期限及时披露临时报告 公司是否及时披露了重大投资项目的收益及风险信息 公司是否及时披露控股股东增持、减持或质押公司股份,或上市公司控制权发生转移的信息 公司是否做到除按照强制性规定披露信息外,主动、及时地披露所有可能对股东和其他利益相关者决策产生实质性影响的信息,并保证所有股东有平等机会获得信息 公司是否及时详细披露了公司治理方面的相关信息
公司信息披露的准确性	公司公告文稿是否出现关键文字或数字(包括电子文件)错误 公司公告文稿是否简洁、清晰、明了 公司公告文稿是否存在歧义、误导或虚假陈述 电子文件是否与公司公告文稿一致 非定期公告文件中是否发生过虚假记载、误导性陈述或重大遗漏
公司信息披露的完整性	公司提供的文件是否齐备 公司公告内容是否完整,是否存在重大遗漏
公司信息披露的合规性	公司公告格式是否符合要求 公司公告内容是否符合法律、法规和交易所的规定 公司公告内容所涉及的程序是否符合法律、法规和交易所的规定
公司披露信息的易得性	公司是否有自己的网站,并在网站上用中英文语言表达公司公告、报表和其他与投资者相关的信息 公司章程、制度是否得到明确阐述,所有股东都能获得相关资料 公司能否向投资机构主动提供简要资料 公司网站上的资料是否能够随新发布的信息及时更新
公司信息披露过程第三方的意见	上市公司及其相关人员是否收到证监会或交易所发出的问询函,或公开谴责、警告 上市公司及其相关人员是否存在因信息披露而被媒体曝光、被专业研究人员公开研究结果披露的情况 聘请的审计机构是否有专业胜任能力和充分的独立性 聘请的审计机构审计意见:①无保留意见;②保留意见;③否定意见或无法表示意见

3.2.3 会计剩余控制权配置对公司会计信息披露质量的影响

会计剩余控制权是会计准则留给企业规避风险的操作空间。企业会计准则包括基本准则与具体准则，为企业会计确认和计量、会计循环各个环节和报告行为提供原则及方法指导，是会计信息质量的保障。一般来说，会计准则弹性空间越大，会计剩余控制权越大；而公司会计剩余控制权会影响会计政策选择和会计信息披露整个过程。从两者之间的制约因素来看，会计信息披露质量与会计剩余控制权都受制于会计目标，但公司会计剩余控制权除此之外，还受到公司所处内外部环境、行业因素、公司治理和管理能力与会计从业人员素质等因素的影响。到目前为止，对于会计剩余控制权与会计信息披露质量之间相关性的研究，仍未取得一致性结论。

1. 会计剩余控制权与公司会计信息披露质量

会计准则的本质是一个公共契约和私人契约的复合体。

首先，政府（也是会计信息使用者）是社会公共权力机器，天然获得了与公司管理当局缔结契约的地位；在公司小股东、弱小债权人等弱势群体缺位的情况下，政府作为"替补"与股东、债权人和潜在的投资者缔结契约，使得政府直接或间接参与了会计准则的制定，呈现出消费的非排他性和非竞争性，具有公共产品的特征。同时，依据"公共选择"原理而形成的"少数服从多数"原则，使得公司治理实践中必然产生"强权博弈"，使得管理当局寻求缔结私人契约，如公司控股股东或大股东，则会产生相应的私人契约，如控股股东与管理层之间的互惠行为。从会计发展历史来看，最初在企业简单组织模式下，会计规则就是一项私人物品，这种私有会计规则是与其简单的企业契约相适应的，而且提高了经营效率，促进了企业发展。随着企业规模扩大与商业模式的不断创新，产生了诸如政府、投资者、债权人、社会公众等巨大受托责任网络，为降低交易费用，使得会计准则成为一种规则或制度安排。特别是在经济全球化发展背景下，会计作为世界通用的一门商业语言，在跨国投融资、并购等经济活动中发挥着重要作用，会计准则的国际协调、趋同和统一是主旋律。因此，会计准则具有全球公共产品和国家公共产品的属性。

其次，会计准则具有私人契约的天然属性。企业会计政策选择是公司缔约各方运用会计剩余控制权博弈均衡的结果，占优一方对于会计政策选择和会计信息的生成起着关键作用。如将生产费用在完工产品和在产品之间进行分配时，往往很难确定哪些费用应由完工产品负担，哪些费用应由在产品负担，只能将归集后的生产总费用在两者之间按照主观认定的方法进行分摊，就会产生拥有会计剩余控制权的主体选择方法不同，生成的会计信息不同；又如在对资产估值时，通常有历史成本法、可变现净值法、重置成本法、公允价值法、现金流折现（DCF）法。其中，历史成本法被认为可靠性最强，但存在的不足是面向过去，决策的相关性较弱；其余四种计量方法提供的信息侧重于现在和未来，相关性较强，但存在主观判断或估计的成分偏多、可靠性较差的缺陷。从会计技术方法来看，存在着信息相关性与可靠性不能兼得的选择困境，使得拥有会计剩余控制权的利益集团只能根据其价值趋向来做出判断，这时是一种利益集团与企业管理当局的私人契约。因此，会计政策选择的科学合理与否，决定和影响着会计信息披露质量的高低。与此同时，公司会计信息披露质量优劣又是检验会计政策选择合理性与科学性的重要依据。

我国从2006年2月开始发布会计准则，大幅度提升了我国会计准则的选择空间，为公司管理层应对风险提供了相应的会计选择权，对会计人员运用职业判断的依赖程度加大。我国会计政策改革选择了向国际会计趋同的发展方向，其目的在于不断提升我国会计信息披露质量。在经济市场功能不够健全、监管体制机制不够完善、会计执业人员水平有待提高的背景下，会计准则的国际趋同给管理层提供了更大的操作空间，我国会计信息披露质量的逐步提高任重道远。依据本书研究目标并结合我国目前的管理实践，本书确定我国上市公司会计剩余控制权的配置对象主要为公司股东和经理层。

2. 股东会计剩余控制权对会计信息披露质量的影响

（1）公司治理与会计信息披露的互动效应。首先，公司治理是会计信息披露质量的制度保障。公司内部治理机制能够通过建立一套有效的激励约束机制解决权责利的安排问题，在制度层面保障了会计受托责任的评价，解决了会计信息生成与编报环节的可靠性等问题。产权理论认为，产权制度决定公司治理模式，而公司治理机制对会计信息披露质量产生直接影响。在业主制企业中，产权单一，基本不需要对外披露会计信息，会计信息主要为所有者服务，其主要目标在于保障财产的安全与完整；在公司制下，会计信息在于揭示企业财务状况和经营成果，来满足决策有用性，确认或解除受托责任。外部治理从会计信息披露与信息使用者的反应等方面，可以提高会计信息决策有用性，如政府监管机构对信息披露内容、形式和质量等的强制性要求，监管部门、做空机构对公司信息披露违规或不充分等行为的处罚警示、挖掘后卖空套利等，都可以借助外部压力来改善公司会计信息披露质量。因此，会计信息披露质量高低取决于契约各方之间博弈均衡的结果，其中会计信息披露的操纵行为实质上是代理冲突的表现形式之一。因此,公司治理通过一系列的制衡机制作用于公司会计信息披露质量。其次,公司会计信息披露具有信息和风险的双重属性,是公司治理重要的一个有机组成部分。会计信息能够反映公司一定时期财务状况和经营业绩的信息,降低了市场上的信息不对称性,减少了投资者、债权人、政府和社会公众等受托责任,提高了外部相关利害人使用会计信息决策的有用性和透明度。信息披露的风险性主要体现在我国资本市场逐渐成熟,监管体系不断完善的背景下,通过会计剩余控制权操控会计信息行为的难度变大、成本升高。2010 年 3 月 31 日深、沪证券交易所推出融资融券交易业务试点,标志着中国资本市场"单边市"的结束,使得机构通过"做空"获利成为现实。一般而言,做空机构具有丰富的信息渠道和较强的信息处理能力,对于公司财务报告中的"异常"信息或"坏"消息更感兴趣,通过挖掘加工处理形成会计信息的增益效应,这些信息增益会促进企业内部控制的改善,从而产生治理效应。此外,随着大数据、人工智能、物联网等技术的应用,使得公司会计信息的易得性、可靠性、可验证性大大提高,增强了会计信息的透明度,使得公司治理机制更加规范有效。

(2)控股股东通过会计剩余控制权对会计信息披露质量的影响。虽然经典理论一直认为分散的股权结构是公司治理研究的出发点,但统计结果显示,近年来世界上大部分经济体中,家族控股、财团或国有掌控的公司所占比例不断上升,尤其在东南亚、日本和新兴市场等更为普遍(La Porta et al.,1998)。我国证券市场建立初期主要定位于解决国有企业直接融资问题,使得上市公司国有股处于绝对控股地位,在公司治理中发挥主导作用,对会计信息披露具有决定性影响,出现了 2005 年股权分置改革以前上市公司第一类代理成本逐渐上升,第二类代理冲突不断加剧的局面,信息披露违规上市公司占上市公司总数的比例不断上升。其中,2001—2006 年信息披露违规呈现集中爆发趋势,处于历史峰值。这既与国有股占绝对控股地位并且存在"缺位"现象有关,又因缺乏对经营者的有效监督与评价机制,形成了实质上的内部经理人控制,经理管理防御行为动机扩张,使得上市公司会计信息严重失真;中小股东在市场机制不够完善的背景下只能通过"用脚投票"表达不满,既动摇不了大股东的控股地位,也很难制约经营层的道德风险与逆向选择行为。到目前为止,对已有文献观点进行归纳可以得出,控股股东对于上市公司既存在"壕沟防御效应",又存在"利益协同效应"。前者认为控股股东实施监督后并不享有全部的监督收益,就会减少专用性投资、创新动力不足,导致代理成本增加和公司价值下降;后者认为控股股东在公司壮大中获益最多,既有动力也有能力监督管理层，并随控制力增强，掏空公司的边际成本越大，抑制经理层机会主义的动机越足，通过提高信息披露质量来增加企业价值。因此，这两种对立的观点孰是孰非仍有待探究。

(3)控股股东股权质押对会计信息披露质量的影响及其路径。控股股东进行股权质押融资，可使得静态股权存量转变为动态现金流量，使得控股股东(出质人)在不丧失对公司控制权的同时又便捷地获取融资，缓解了资金紧张的问题，并且将质押出去股权的部分风险转移给了金融机构(质权人)来承担。股权质押相较于传统的债务融资方式而言，限制条件较少，程序简单且审批时间短，表现出融资效率较高的优势。尤其对融资约束程度较高的 A 股民营上市公司来说，优势显著，如果质押股票的标的公司质地相对较好，其融资风险并不大。控股股东开展股权质押的动机基本可归纳为两个方面：一方面是融资动机。尤其是我国民营企业普遍存在着融资难、融资贵的问题，以银行为代表的金融机构在贷款审核时限制性条件较多，门槛较高，而股权质押作为一种新型质押式债务融资工具，在证券交易所办理出质登记即设立质权，控股股东可按实际需要分比例多次质押其持有的股份，灵活程度高，取得贷款便捷且限制性条件较少，缓解了上市公司的融资困境。另一方面是掏空动机。在现行监管制度下，股东质押取得的资金不需要披露资金投向，增强了控股股东掏空公司的动机。当控股股东质押所获得资金是为了满足个人需求或投向第三方公司时，则加大了控制权与现金流权偏离度，控股股东实际拥有的控制权远大于质押后剩余股份对应的现金流权，降低了掏空公司的成本，进一步激化了第二类代理问题。控股股东通过股权质押这一方式在套现的同时还保持着对公司的控制，使其会倾向于选择向关联方输送利益、占用公司资金等“侵占”行为实现自身利益最大化。

一般来说，控股股东股权质押融资的主要用途有：①维护自身控制权。当上市公司发行新股进行融资，而控股股东自身资金不足时，会稀释其股权比例，对其控制权产生威胁，此时控股股东可能会采取股权质押融资认购新股或回购股份，维持其控股地位。②稳定公司股价。当公司股价持续低迷且不断下行，可能引发市场恐慌情绪时，控股股东会采取质押融资来维护公司股价，彰显大股东对公司未来充满信心，向市场传递正面信息。③回投公司经营活动或项目。当上市公司资金紧张时，控股股东也会通过股权质押融通资金来缓解公司资金困境。此时，控股股东的控制权和现金流权并未发生分离。④控股股东私用。如果控股股东为自身资金需求质押股权套现，导致控制权和现金流权偏离加大，则加大了“隧道挖掘”效应。

控股股东选择股权质押融资，反映出其对资金的强烈需求，也会给市场传递出控股股东资金紧张的信号。如果控股股东对公司未来的发展前景看好，可能通过股权质押所融得资金进一步购买公司股份扩大自身的控制权，也有可能为掏空上市公司而进行占款，采用提前变现操作方式。总之，无论控股股东属于融资需求还是掏空两种动机的哪一种，都会选择尽量多地披露“好信息”，而对“坏信息”尽可能隐瞒或者“过滤”，防止在股权质押期间质押股票市值下跌而导致融资成本上升，甚至出现控制权转移的风险，控股股东只有在股权质押融资安全平稳的条件下才有可能完成其筹措资金用于上述四个方面的操作过程。目前我国正在全面推行注册制，市场监管体系也处在改革完善之中，对于上市公司信息披露质量低劣甚至舞弊等违规行为处罚力度较轻、警示力度小，也助长了控股股东干预上市公司会计信息生成过程与信息披露质量的意愿。在股权质押背景下，控股股东影响上市公司会计信息披露质量主要有两条途径。首先，凭借自身所拥有的股东控制权直接干预会计政策选择等，影响公司会计信息生成质量，也会通过决策控制权在“公共区域”筛选有利于自身的会计信息进行择时披露，以降低使用者对信息的解读质量，减少不利信息带来的市场冲击，这也会影响公司会计信息披露质量；其次，控股股东利用其在公司治理中的主导地位“威慑”董事与经理层开展盈余操纵等方式来间接影响会计信息披露质量。

3. 经理层会计剩余控制权对会计信息披露质量的影响

1）在现代公司治理机制中经理层拥有公司实际剩余控制权

委托代理理论认为股东是企业唯一所有者，对企业资产拥有最终决定权，当然享有企业剩余控制权；产权理论认为经理层作为代理人，在事先签订的契约范围内开展经营活动，只拥有企业特定控制权。但在实践中，却有大量以下事实存在：①虽然经理层只有事先界定清晰的企业特定控制权，为什么还会频发诸如“国美事件”的经理层侵占股东利益的大量事实？②在董事会构成中，经理层成员一般占据相当比例，经理、董事拥有事实上的剩余控制权。③现实中由经理层控制或支配的公司董事会大量存在，特别是在芯片、集成电路、生物制药等高科技行业尤为普遍。④在管理实践中，公司经理层通常既是决策的执行者，也参与重大决策制定过程，或在其中发挥着关键的导向性作用。特别是许多需要现场决定的重大决策就是由经理层直接做出的，股东大会、董事会只是走“流程”而已。⑤面对经济业务的复杂性，经理层职责和实际行使很难在契约中明晰完备，只能采取“事前仅说明大概，事后相机处理”的方式。因此，公司经理层具有的经营管理权是通过董事会授权而得到的，但由于契约不完备性，授权过程存在“公共领域”的自由裁量权，即为经理层剩余控制权。经理层是生产经营活动的组织者和管理者，具有经营管理、市场前沿等方面的信息优势，配置相应剩余控制权有助于提高决策效率。

从实践操作角度来看，在企业会计信息生成的初始阶段，会计剩余控制权的缔约方就是控股股东和经理人，双方所拥有的会计剩余控制权是通过各自的代表在董事会中借助于一系列的治理机制多次谈判来实现的。经理层凭借人力资本在企业中发挥的作用来不断呈现自身的价值，通过多次谈判博弈获取相应的剩余控制权，再通过影响会计信息披露来加固下一阶段谈判的优势。因此，在信息不对称条件下，希望经理层通过选择一个不利于自身利益的会计政策是不现实的，正所谓在经理层具有会计剩余控制权时，公司会计政策选择本身就是一个代理问题。

2）经理管理防御行为动机对公司会计信息披露质量的影响

在传统代理理论看来，只要能设计一个有效的激励机制，就可以使经理从股东利益出发选择对企业最有利的行动，而股东可根据经理的行为结果修正激励约束，从而解决双方的利益冲突问题。然而，现实中的经理并非被动地接受股东的激励约束，基于人性的自利、离职威胁以及离职后转换工作成本的存在，经理具有应对公司内外部控制机制的管理防御动机，必然极力维护现有职位和控制权地位。尤其是在一个信息不对称的环境中，希望自利的经理选择一个限制自己的财务政策是困难的。当经理人在财务决策中起主导作用或者本身拥有公司的决策权时，财务政策的选择本身就是一个代理问题。这与代理理论观点并不一致，从而引起了针对“管理防御假说”的广泛讨论。

所谓经理管理防御是指经理人在公司内外尤其是在一个信息不对称的环境中，希望自利的经理选择一个限制自己的财务政策是困难的。当经理人在财务决策中起主导作用或者本身拥有公司的决策权时，财务政策的选择本身就是一个代理问题。在控制机制下，经理人会面临被解雇、企业破产、被接管等所带来的威胁与压力，并在这些压力下选择有利于维护自身职位安全并追求自身效用最大化的行为或策略。经理管理防御的动机主要来自经理人本身的自利性、专用性人力资本价值减损的不可补偿性、解雇风险和工作转换高成本等方面。经理管理防御行为是管理防御动机在一定外部条件和机会下，通过一种或多种财务决策选择体现出来的。其具体形式可根据行为特征，划分为隐性管理防御行为和显性管理防御行为两种。隐性管理防御行为主要有：①超额在职消费。经理权利越大，采用乘坐豪华专机、设立豪华办公环境、成为俱乐部会员、采用超标准招待等方式越严重。②超额薪酬。实施薪酬操纵，谋求与经营绩效并不匹配的超额薪酬。③经理层运用剩余控制权获取控制权私有收益。如经理层操纵会计信息谋求私有收益或者“寻租”；通过非效率投资、接管与反接管等措施做大企业，扩大自己的“商业帝国”。显性管理防御行为主要有：①违规资产交易。为了牟取私利，经理可能会违规对外投资、担保、融资，违规在境外注册公司、购置不动产等。②关联交易。通过关联交易开展利益输送，从中渔利。③职务侵占。当经理人的实际收益低于预期收益时，经理人会产生侵占倾向或行为，如非法占有公司财产、贪污贿赂等。这两种类型的主要差异体现在：显性管理防御行为违背了公司规章制度和法律监管体系，一旦暴露就面临司法机关的立案调查；相反，隐性管理防御行为具有隐蔽性，并未突破法律监管底线，属于“公共区域”且在公司中更为普遍，但两者均损害了股东利益，违背了公司价值最大化的目标。

管理防御假说是从代理人角度研究经理人在公司内外控制机制下管理决策行为动机及其经济后果。作为经理人的公司管理层是高度自利的，经理人有动机与能力从会计信息生成过程开始干扰或操纵公司的会计信息，直到公司会计信息披露的全过程。当经理人面对较强的外部市场约束时，他会努力向外部资本市场传递出高质量的信息，从而降低因公司破产、效益不佳或者被接管而失去工作职位的概率和风险。因此，企业会计信息披露作为公司治理的一种重要机制，在降低信息不对称和缓解代理冲突的同时，会成为经理人实施管理防御的工具。基于我国特殊的制度背景，产权性质的差异也使得经理管理防御在国有企业和民营企业中呈现出截然不同的会计信息披露质量特征。对于我国国有企业而言，长期存在着所有者缺位、“一股独大”以及内部人控制等治理问题，外部治理机制不完善，使得国有企业的代理人和其他股东一起“搭便车”现象显著，导致内部人控制问题严重；同时，经理人由国家行政任命，受市场机制的约束较少。因此，为了稳固职位，获得更好的政治晋升机会，国有企业经理人更有可能损害股东利益，通过操纵信息披露来掩盖其机会主义行为，从而降低企业信息披露质量。对民营企业来说，相比较而言，缺少政府的支持，面临较大的外部融资压力，且经理人大多由公司创始人或家族成员担任，所有权与经营权分离程度较低，为了向市场传递正向信号，经理人会努力提高信息披露质量；但同时也存在着，由于所有权与经营权分离程度低导致拥有的会计剩余控制权更加集中，经理人（大股东、控股股东）会利用操纵会计信息质量来侵占中小股东利益，或者对上市公司进行掏空行为等情况。

3.3 控股股东股权质押、经理管理防御对公司会计信息披露质量影响机制

在股权相对集中的资本市场中，控股股东一般拥有公司绝对控制权或相对控制权，在公司发展战略、治理环境与机制、市场渠道与客户等方面发挥着主导作用，且资本市场上控股股东凭借控制权优势损害其他投资者利益的案例屡见不鲜，这也正是监管部门始终开展治理的重点问题之一。在一个监管体系不够完善的新兴资本市场中，当控股股东面临资金约束而采取高杠杆质押融资情景时，会加强这种侵占动机，使得控股股东既有动机又有机会和能力来影响代理人行为获取剩余控制权收益，并对公司会计信息披露质量产生影响来降低内外部的压力和风险。因而，控股股东股权质押会对上市公司治理机制和资本市场关注度产生重大影响。

3.3.1 控股股东股权质押引发市场压力增大与机会主义动机增强

虽然已有文献认为，控股股东对上市公司发展既有"壕沟防御效应"，又有"利益协同效应"，但在控股股东股权质押情况下，控股股东既有自身动机和外部压力，又拥有控制权来调整公司内部权力配置结构的实力来开展机会主义行为，这与已有文献研究的前置约束条件存在明显差异。首先，当控股股东实施股权质押融资后，说明控股股东自身存在融资约束或财务困境。一般来说，控股股东与所掌控的上市公司具有"同病相怜"的特点，控股股东的财富大部分来源于上市公司的权益或分红；而当控股股东出现资金约束的同时，也预示着上市公司经营状况不景气和分红不济（艾大力 等，2012），资本市场则会把控股股东股权质押消息解读为上市公司的负面消息。虽然资本市场长期来看是一个"称重器"，而短期则是"投票器"，这种负面消息会立即体现在公司股价之中，从而存在引发质押股票"爆仓"风险，直至发生控制权转移。这种风险与压力来源于股权质押融资产品本身的特性，增强了控股股东为应对市场风险而开展自利行为的动机。其次，上市公司披露控股股东股权质押消息会引起市场的特别关注，特别对于"卖空"投资机构来说，尤其感兴趣的就是股票质押比例较高的上市公司，因为做空机构具有丰富的信息渠道和较强的信息处理能力，对于这类股票标的公司"异常"信息进行挖掘，容易实现通过"做空"而获利的目的。当前在我国逐步放宽融资融券业

务标的股票的环境下，做空机构力量正在不断壮大，这进一步加大了股票质押控股股东的市场压力。

面对来自资本市场的风险与压力，控股股东迫切需要“好”信息来提振或维稳股价。首先，控股股东既有能力又有机会在上市公司中开展机会主义行为，利用自身控制权地位在董事会和管理层中的话语权，来影响公司重大决策和经营活动，如借助并购重组实施掏空行为，通过会计政策选择与真实盈余管理操纵短期盈利影响会计信息质量和市场股价，利用择时披露策略影响信息使用者解读质量等；其次，控股股东凭借其身份可为上述的行为和决策找到若干个理由（借口）来支持其合理性。依据舞弊三角理论，控股股东具备实施自利行为的压力、机会与借口的全部要素。因此，控股股东股权质押行为引发市场关注和风险传染，增强了控股股东操纵公司会计信息披露等机会主义的动机和行为。

3.3.2 控股股东股权质押与经理层之间互动对公司会计信息披露质量的影响

为探明控股股东股权质押影响公司会计信息披露质量的机制与路径，需要系统分析股权质押融资后，控股股东与经理层之间的互动行为。首先，控股股东会利用自身所拥有的控制权直接影响上市公司会计信息的编报与披露策略，诸如会计政策选择、对自愿披露信息的过滤和择时等，以减少不利信息对公司股价的冲击。其次，控股股东并不直接参与公司经营管理活动，为了顺利实施这些自利行为需要管理层的密切配合与支持。根据互惠原理，控股股东会利用所拥有的权力与管理层掌控的剩余控制权进行交换，以达到“共赢”。控股股东可能与经理层通过关联方交易、产品转移定价、非生产性资产转移、收购不良资产等方式来获取非法收益，或开展真实盈余管理，提高短期会计利润水平，降低股权质押带来的控制权转移风险。最后，一张在编报与披露阶段被粉饰过的会计报表，要达到经济业务明晰、内部钩稽关系严谨，必须要有信息生成阶段的底层逻辑的支撑，否则很容易被投资者识破，也就是需要掌控会计信息生成阶段业务的经理层的配合支持。同时，控股股东还在公司对经理层选拔、考核与薪酬、解聘等方面具有主导权。因此，控股股东会通过提供超额薪酬和津贴补偿等方式对经理层进行“赎买”，从而促成合谋交易（Zhang et al.，2014），这会影响到经理层薪酬业绩敏感性和公司会计信息披露质量。

当经理层发现控股股东存在严重侵占其他股东利益甚至自身利益时，首先可能会采取措施与控股股东进行博弈，均衡的最优解就是：经理层接受控股股东的合谋交易，并配合粉饰会计信息，同时争取自身权益的最大化，如提高薪酬和津贴、放松业绩考核标准、削弱薪酬与业绩关联度等，从而加剧经理层管理防御的动机和行为；否则，就会形成经理层拒绝配合而被解聘的非合作结局，这种局面虽守住了受托责任义务，但是影响了经理层声誉与职业生涯。

从表面上看，经理层所享有的剩余控制权是由股东或董事会等外在的经济主体委托或授权的，而实质上是内生于公司缔约各方谈判的结果，源于经理层人力资本的稀缺性以及所呈现的价值创造大小。也就是说，它不是外生的，必须借助公司董事会的载体来实现。经理层以其声誉资本为基础，来参与契约中没有规定的或难以规定清楚的事项等剩余控制权的争夺。声誉资本是以经理人过去行为记录和履约历史情况为基础的累积。当经理层拥有公司会计剩余控制权后，既是对经理层的激励，使其与股东利益目标尽可能一致，也存在利用这部分会计剩余控制权在从事经营管理活动中追求自身利益最大化，而偏离公司价值目标带来的代理成本。对于具有强烈防御动机的经理层来说，当使用会计剩余控制权所带来的边际收益大于正常经营所获取的收益时，即使会计剩余控制权的使用减损了经理层的部分声誉，他们仍然有动力会选择前者。一般来说，过度使用会计剩余控制权会加剧公司盈余管理、杠杆操纵程度（见表 3-7）等经济行为，导致公司会计信息披露质量下降。对于管理防御程度较弱的经理层，由于声誉损失的威慑降低了使用会计剩余控制权带来的边际收益，从而促成既定契约的达成，抑制其机会主义行为，有助于公司会计信息披露质量的提高。

表 3-7 企业杠杆操纵常见方式

会计政策操作	表外负债	名股实债
1. 研发支出资本化（虚增负债） 2. 少提折旧或减值（虚增利润） 3. 公允价值计量（虚增利润） 4. 非经常性损益确认（虚增利润） 5. 资产分类（隐藏负债）	1. 将融资租赁业务设计为经营租赁业务（隐藏负债） 2. 避免并表（隐藏负债） 3. 表外确认负债（隐藏负债） 4. 隐瞒或有负债（隐藏负债）	1. 将永续债确认为股权（隐藏负债） 2. 非实质性的债转股（隐藏负债） 3. 结构化主体股权融资（隐藏负债）

3.3.3 控股股东股权质押对管理防御与会计信息披露质量的影响路径分析

通过以上分析可知，控股股东股权质押虽然属于个人行为，但对公司治理机制影响明显，在加剧第二类代理冲突的同时，也会加大第一类代理成本，强化了经理管理防御的动机与行为，对于公司会计信息披露质量各环节产生了重要影响。为了系统探讨“前提”与“结果”之间的影响机制与传导路径，首先，深入对主要因素的多维度刻画。对于控股股东股权质押行为，选取质押意愿、质押比例等维度来刻画，反映控股股东资金约束的强弱程度与期限结构；将基于会计剩余控制权的上市公司会计信息披露质量细分为会计信息生成阶段质量和披露阶段质量加以反映。其中，会计信息生成阶段质量特征选取公司会计数字信息和会计文本信息质量，会计信息披露阶段质量选取了具有代表性的年报披露时间作为事项代表来考察信息解读质量。其次，系统分析控股股东质押行为不同特征对公司会计信息披露质量产生的影响。随着控股股东质押比例的增大，股东丧失控制权的风险不断上升，对公司控制能力随之减弱；随着质押比例增大，控股股东的控制权与现金流权分离加大，控股股东对经理层监督所带来的边际收益逐渐减小，导致在信息不对称情况下控股股东必然会降低对经理层行为监督所付出的成本，从而给经理层留下更大的操作空间。从契约不完备性入手，控股股东与管理层都享有公司会计剩余控制权并通过互动博弈展开合作互惠，从而加剧经理层管理防御的程度，以及直接对公司会计信息披露质量产生影响。依据有限关注假说，市场投资者及信息使用者在不同时间段的关注度存在明显差异，控股股东与经理层为降低公司年报披露的风险性，会采取择时披露策略。特别在公司年报业绩不佳的情况下，某些“不足”或报表存在“缺陷”会被市场放大，引发股价下跌风险。而选择在年报披露规定截止日之前“扎堆”披露，会降低市场的关注度，同时在市场的非交易日披露也存在信息使用者无暇仔细解读的现象，这些策略都会降低市场对年度报告的解读深度，减缓报告中负面信息对于公司股价的冲击。最后，为了确保研究结论稳健性，减弱变量间内生性影响，本书采取更换代理变量、改变样本时间区间和工具变量、利用多时点PSM-DID等方法进行了再回归，以提高实证结果的可信度。具体概念模型与实证检验路径见图3-6，其中矩形框代表行为主体或权力，椭圆框代表主体产生的行为或现象；实线表示主体之间的作用路径，虚线表示行为或现象之间存在的相关关系。在后续章节的实证研究中，首先，第4章对控股股东股权质押是否影响公司会计信息披露质量进行分析与检验，在存在影响关系的基础上探讨了控股股东是如何影响公司会计信息披露质量的；其次，在第 5 章中探究了控股股东进行股权质押对公司经理层的影响作用与路径；再次，在第 6 章中检验公司经理管理防御对会计信息披露质量的影响作用及会计剩余控制权在其中发挥的中介作用；最后，第 7 章讨论了控股股东股权质押、经理管理防御对会计信息披露质量的作用路径。

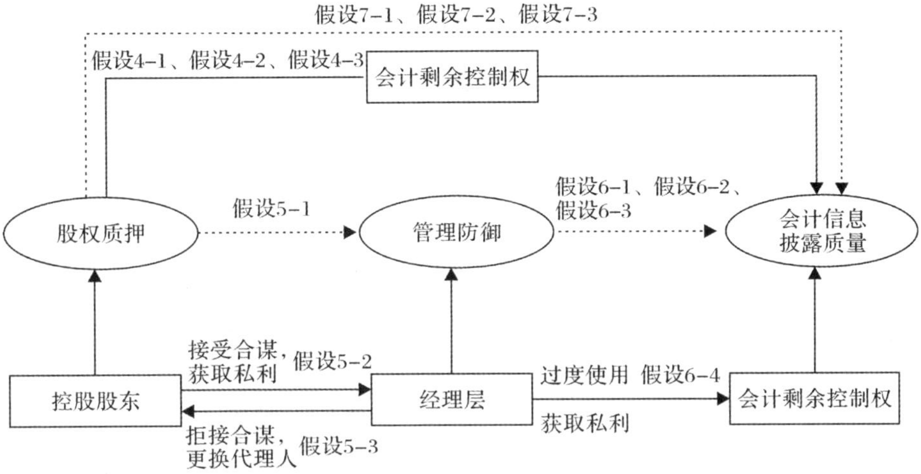

图 3－6　概念模型与实证检验路径图

第 4 章　控股股东股权质押对公司会计信息披露质量的影响

股权质押以融资速度快、成本较低、盘活存在资产等优点，已成为目前我国上市公司大股东青睐的融资方式之一；而以上市公司控股股东身份进行股权质押的行为在资本市场尤为敏感，质押标的公司会计信息披露质量成为资本市场各方关注的焦点。虽然目前上市公司会计信息披露的形式、内容等要满足证监会、交易所、会计师事务所等机构的规定要求及审核要求，但其披露质量高低直接受到公司内部治理的影响。依据前文对会计信息披露质量内涵的界定与特征分析，公司会计信息披露质量中的会计信息生成过程质量仍然遵循财务会计准则委员会(FASB)发布的 SFAC No. 2(财务会计概念公告第 2 号)的规定和我国企业会计准则中的“会计信息质量要求”，但到目前为止，尚未看到关于会计信息质量的真实性、准确性、完整性、及时性、公平性和合法合规性等综合评价的权威方法与指标。会计信息披露过程的质量与治理机制相关性要强一些，而且会计信息生成过程质量与会计信息披露过程质量相互关联，也给直接测度会计信息披露质量带来了障碍。因此，本部分选取不同阶段的特征指标来反映会计信息披露质量特征，也就是将公司会计信息披露质量分为会计信息生成过程质量与会计信息披露过程质量，前者包括会计报表数字信息质量和会计报表文本信息质量；后者则选择考察公司年度会计报告披露的择时策略。

4.1　理论分析与研究假设

4.1.1　控股股东股权质押对公司会计数字信息披露质量的影响

资本市场是一个信息市场，公司会计信息作为资本市场有效运行的核心部分，能够有效缓解资本市场资金供需双方的信息不对称，提高资本配置效率(Healy et al.，2001)。控股股东对上市公司的经营决策与公司治理起到主导作用，是公司契约的重要参与方，也是公司会计信息提供者的利益相关者。会计信息的供给通常取决于拥有实际控制权一方的动机与目标函数。当控股股东进行股权质押融资后，股票价格是股权质押的关键影响因素。

股权质押后，控股股东依然拥有对上市公司的控制权，加剧了公司控制权和现金流权分离程度，会给控股股东带来“杠杆”收益，强化了控股股东的侵占效应（郝项超 等，2009）。假设控股股东在质押上市公司股票时的市场价值为 M_1，控股股东的持股比例为 R_1，质押比例为 R_2（控股股东质押股份占其自身持有股份的比例），质押率为 R_3（质押融通的资金与质押股份所对应的市值比率），则控股股东股份质押所融通的资金总额为 $M_1 \times R_1 \times R_2 \times R_3$。此时，其仍享有质押股份所对应的那部分表决权，在没有“爆仓”情况下对公司的控制权没有发生改变。如果在质押后公司股票的市场价值变为 M_2，其他条件保持不变，则控股股东质押股份所对应的市场价值为 $M_2 \times R_1 \times R_2$。如果受系统性风险影响或公司经营管理出现问题导致公司股价大幅下跌，跌降至预警线或者平仓线时，质权人从控制风险的角度会要求控股股东及时增加担保额或者是清偿债务；否则，质权人会强制抛售股票收回资金以降低公司股价崩盘的风险。这时控股股东会选择继续增加担保额、提前偿还债务还是放弃其所质押的股权呢？

定义控股股东所质押股份融通资金额与质押股份所对应市场价值的比值为 μ，则

$$\mu = \frac{M_1 \times R_1 \times R_2 \times R_3}{M_2 \times R_1 \times R_2} = \frac{M_1 \times R_3}{M_2} \tag{4-1}$$

在控股股东持股比例（R_1）和质押比例（R_2）保持不变的情况下，当 $\mu<1$ 时，质押股份所融通资金额小于所质押股份的市场价值，控股股东会更倾向于继续增加担保额度或者清偿债务，并继续尽力通过做好管理经营或操纵会计信息披露来维持公司股价的稳定；当 $\mu>1$ 时，控股股东质押股份所融通资金额大于所质押股份的市场价值，控股股东会优先于放弃所质押的股权，进而掏空公司。所以，股权质押公司的股票价格向下波动会对质押后的控股股东动机与行为产生重要影响。

有效资本市场假说认为，价格可以反映有关公司一切可以利用的信息；会计信息观和会计计量观也认为，公司会计信息披露与股票价格和市场其他因素之间存在着密切联系。因此，对于理性的控股股东而言，股权质押后有动机也有能力通过操纵公司会计报表信息来影响公司股票价格。通过上述分析发现，影响控股股东对公司会计信息披露质量操纵强度的关键影响因素有两个：一是控股股东的持股

占上市公司总股本的比例 R_1，既能反映控股股东控制权的大小，又能反映控股股东所拥有的控制权与现金流权的比例，与控股股东在上市公司中发挥“壕沟防御效应”还是发挥“利益协同效应”有关；二是控股股东质押股份占其所持有上市公司股份的比例 R_2，随着质押比例的上升，在股票行情持续下滑的情况下，控股股东失去控制权的风险在增大，如果存在外部特殊事件冲击出现质押股份融资金额高于质押股份的市场价值时，会增强控股股东机会主义动机，对公司的支持转变为掏空，但这在极端情况下才会发生。因此，在一般情况下，控股股东决定利用股权质押融资前，首先必须考虑被质押公司股票价格的高低和可质押融资额度大小。由于债权人与债务人的信息是不对称的，一方面，控股股东为了能够成功实现股票质押融资，降低本次融资的资金成本，事前有动机与能力通过拥有企业控制权来选择有利于自身的会计政策等盈余管理方式影响报表数字信息，快速提高公司本期经营业绩，从而减轻质权人对公司股权质押风险的评估水平；另一方面，通过选择性披露利好公司股价的信息，来刺激提振股价，进而提高公司质押融资规模。从股权质押的融资约束两大类动机和利益侵占动机来看，控股股东以上两方面的需求仍然成立。在控股股东股权质押后，仍可能通过操纵会计报表数字信息披露的方式来粉饰其掏空行为，同时也为控股股东通过违规担保、资金占用（吕长江 等，2006；郑国坚 等，2014）等手段攫取上市公司利益提供了便利。特别在存在多次股权质押情况下，当质押股票市值低于质押融资金额时，控股股东可能选择放弃一部分股权，相当于将“缩水”的股权转让给质权的金融机构，控股股东不再偿还质押融资的做法相当于提前股权套现，收回投资。在我国股权相对集中的资本市场上，股权质押加大了两权分离程度，出现控股股东部分股权“爆仓”套现的行为也屡见不鲜，但这一行为实现的前提条件，就是在申请质押融资前必须使得上市公司股价具有较高的“溢价”并获得了超过公司真实价格以上的质押融资，也就是按照质押融资价格售出股票仍有利可图；同时质押后公司股价仍能延续一段时间，以免出现连续“爆仓”导致控制权发生转移。因此，在多次连续质押情况下，控股股东更有动力去积极开展公司会计报表数字信息的操纵行为，以降低质押期内股价下跌带来的损失和控制权转移的风险。基于此，提出如下研究假设：

假设 4－1：控股股东股权质押会降低公司会计数字信息披露质量。

4.1.2　控股股东股权质押对公司会计文本信息披露质量的影响

公司的数字会计信息通常能够反映上一会计期间的经营成果、财务状况与现金流量，但是难以陈述诸如公司会计报表格式中要求的管理层讨论与分析、商业模式与主要业务分析、公司未来发展与展望、公司治理、社会责任等内容。相比之下，会计报表中文本信息的特点就是能够通过语言文字的不同维度向资本市场诠释会计数字信息隐含的深层含义以及无法运用数字信息来精准表达的会计信息，能够增强外部信息使用者对数字信息的解读和理解，降低与投资者之间的信息不对称性，提高了公司股价的信息含量。但文本信息自身也存在着缺陷，其一是表达上的多样性和使用者理解的多层次性，前者与信息提供的意图与语言表达习惯有关，后者与阅读者的专业背景、职业阅历等有关；其二是难以被量化，致使审计部门与监管机构较难对其真实性、可比性做出客观合理判断(Baginski et al.，2016)，造成很难直接对不同公司会计信息披露质量进行客观评价，导致对文本信息的可靠性存疑较大。

随着我国资本市场发展壮大，注册制正在稳步推进，各项监管和审计规制正不断完善与规范，而高质量的信息披露制度是注册制的生命线。在一系列外部监管措施的实施过程中，我国上市公司管理层对经营利润操纵的成本正在不断逐渐上升，管理层对公司会计信息操纵粉饰的重心开始发生转移，从原来的变更会计政策、开展盈余管理、虚构业务造假利润等数字信息操纵转向对文本信息的操纵，具体表现是当公司即将面临经营亏损时，管理层在公司业绩预告信息披露中较多使用了乐观语句迷惑投资者，导致公司文本信息语调与未来业绩呈负相关关系(Davis et al，2012；林乐 等，2016；王华杰 等，2018)。相反，当控股股东及其亲属准备增持公司股份时，公司在该时点及前一段时间对外披露的信息中，文本信息的语调就偏悲观一些；而当大股东特别是控股股东准备减持股份时，文本信息语调就偏乐观一些(曾庆生 等，2018)。这种现象完全类似于大股东操纵公司应计会计利润，如与内部人交易前引导股价向相反方向波动，以谋求内部人利益最大化。这充分说明了会计文本信息能够对公司股价产生重要影响。其中，文本信息语调乐观能够增强投资者对公司未来良好预期，提振公司股价(Huang et al.，2014；谢德仁 等，2015)。这种会计文本信息语调与公司真实情况存在较大偏差，与我国市场环境有关。首先，我国有一个高语境文化交际传播环境，对于文本信息的处理成本较大，操纵文本信息语调一般很难被发现，在当前缺乏文本信息监管的情况下，通过操纵文本语调来掩盖业绩滑坡等负面消息的风险相对较低。其次，我国证券市场上仍以散户投资者为主，对于散户投资者来说，文本信息处理成本更大，解读难度更高，造成上市公司管理层操纵会计文本信息的动机更强一些。

在上市公司对外披露的信息要件中，年度报告是最为关键的组成部分之一，也是市场信息最重要的来源。控股股东股权质押后会非常重视年报信息的撰写与披露管理工作，会利用会计文本信息的特点进行语调操纵，主要操纵的对象是可操纵语调，所谓可操纵语调是指文本信息语调中超出可预期部分。对于控股股东股权质押后进行信息操纵的观点，在许多研究成果中均有所体现。市场通常将大股东股权质押行为视作一类“坏消息”，原因有两个方面：一是控股股东进行股权质押意味着控股股东或上市公司可能存在资金约束问题（张陶勇 等，2014；王亚茹 等，2018），存在上市公司控制性股东易主的风险；二是股权质押加剧了控制权和现金流权的分离程度，弱化了股权激励效应，激发了侵占动机（郑国坚 等，2014；李常青 等，2018）。因此，在股权质押期间，控股股东有动机通过操纵年报文本信息来掩盖负面消息，影响资本市场股票估值。也就是，控股股东存在操纵行为，当公司业绩较差时，会计年报的文本信息语调可能是故弄玄虚，并非公司真实现状的写照，而是刻意蒙骗处于信息劣势的外部投资者，倾向于采用含糊不清、晦涩难懂的语句进行叙述；当公司业绩处于正常状态时，采取言过其实的文本信息语调，降低年报文本信息的可读性来操纵会计信息质量。基于此，提出如下研究假设：

假设 4－2：控股股东股权质押会降低公司会计文本信息披露质量。

4.1.3 控股股东股权质押对公司会计信息披露时间的影响

中国证券监督管理委员会发布的《上市公司信息披露管理办法》对上市公司信息的披露时间有着严格的规定，其中规定上市公司“年度报告应当在每个会计年度结束之日起四个月内，中期报告应当在每个会计年度的上半年结束之日起两个月内编制完成并披露”。但是在现有的信息披露制度下，公司对年度会计信息披露时间仍有较长时间的选择区间。在这规定的时间段内，投资者分析能力和时间均是有限的，在不同板块众多上市公司的海量信息披露下，难以对此时间段每个公司发布的年度报告信息保持较高的关注度，并对每个信息做出准确与理性的评估与判断（Lu，2019）。所以，在投资者有限注意力的前提下，对于同一个信息，不同的披露方式与披露时间会造成解读结果与应对策略的不同（Hirshleifer et al.，2003）。因此，在证监会规定时间段内，越早披露年度信息的公司，会受到越多的投资者的关注，而越靠近披露截止时间点的时段，会聚集大量上市公司同时披露的会计年报，巨量信息的放出会分散投资者的注意力，使得越晚披露会计报告信息的公司受到的关注度较小。在我国 A 股市场上，中小投资机构和散户投资者占比较大，容易采取简单的决策规则（Peng et al.，2006），也容易受到市场“羊群效应”的影响，而在投资者有限注意力假说下，中小散户投资者经历了会计报告披露初期不同公司“坏消息”信息的狂轰滥炸后，对于后期公司披露出现的“坏消息”会呈现出较强的心理承受能力，降低了负面消息对公司股价的冲击。加之控股股东在开展股权质押时的信息披露已经引起了市场投资者关注，如果选择在市场上年报披露比较稀疏时间点披露，则相当于将公司年报放在市场“聚光灯”之下，很有可能会放大存在的“瑕疵”而导致股价下跌。因此，在公司会计信息披露时点选择策略上，为减少利空消息对公司股价的冲击，控股股东会尽可能降低投资者关注度，选择在规定的时间内延后披露公司财务报告信息。基于此，提出如下研究假设：

假设 4－3：在规定的披露时间段内，有股权质押的控股股东会择机选择披露公司财务报告的时间。

4.2 研究设计

4.2.1 样本选择与数据来源

本章以我国沪深 A 股 2000—2020 年上市公司为初始研究样本，并对得到的样本进行了如下筛选：①剔除样本中金融行业的上市公司；②剔除样本中在此期间内被 ST、* ST 的公司；③剔除相关数据存在缺失的公司；④剔除样本中上市年限不满一年的公司；⑤考虑到爬取的年度文本信息可能存在格式转化问题导致文本缺失，删除文本长度小于 1000 字符数的公司样本。通过以上处理后，最终得到 21951 个样本观测值，同时对所有连续型变量进行了上下 1% 的缩尾处理，以消除极端值对实证结果的影响。研究所需财务数据主要来自国泰安（CSMAR）数据库，年报文本数据则使用万得（Wind）数据库中年报链接，通过 Python 程序爬取下载。数据处理和分析使用 Python 3.0、Excel 2016 与 Stata 16 软件完成。

4.2.2 变量定义

1. 被解释变量

本研究的被解释变量有 3 个。

1)会计数字信息质量

对于会计数字信息质量的衡量方法较多,公司的数字盈余信息为会计信息中最为重要的一部分,因此大多数学者从盈余信息管理的角度去衡量会计信息中数字信息质量的高低。在已有国内外文献中,衡量会计数字信息质量的方法主要有三种:第一,从应计盈余信息和真实盈余信息(Roychowdhury,2006)的角度去衡量会计信息中数字信息质量;第二,直接采用DD模型(Dechow-Dichev模型)确定残差的标准差或绝对值,作为测度盈余管理的替代指标;第三,通过计算盈余激进度和盈余平滑度来衡量会计数字信息质量,盈余激进度和平滑度越大,则会计数字信息质量越低。

本书考虑会计数字信息质量的可靠性、充分性、真实性等特征,借鉴雷新途等(2019)、柳光强等(2021)学者的衡量方法,选择应计盈余操纵和真实盈余操纵来综合衡量会计数字信息质量。会计数字信息的应计盈余操纵(AEQ)使用修正的JONES模型回归来进行度量,而真实盈余操纵(REQ)则由异常销售操纵、异常生产操纵和异常费用操纵三部分组成,即REQ=异常生产操纵-异常销售操纵-异常费用操纵。

2)会计文本信息质量

会计文本信息质量主要从会计文本信息的异常语调(AbTone)和文本的可读性(Re)两方面进行综合衡量。会计信息的年度报告语调主要包含两方面的文本语调信息,一方面为正常的会计文本语调信息,表示对当年会计年度发生事项与未来发生事项的正常表述;另一方面为对会计文本语调信息的操纵与粉饰,利用中文语言的复杂修饰与表达方式将当年或未来的利好消息与利空消息进行夸大的积极语调表述或隐晦的消极语调表述。参考曾庆生等(2018)已有衡量年报语调Tone的方法,以台湾大学制作的《中文情感极性词典》为蓝本,结合蒂姆·拉夫兰(Tim Loughram)等的金融情感英文词典翻译为补充,构建出本书所使用的积极语调词典和消极语调词典,以此来计算年报的会计文本净语调Tone=(积极语调词汇数量-消极语调词汇数量)/(积极语调词汇数量+消极语调词汇数量)。为了进一步将会计信息异常语调从年度报告语调中分离出来,参考已有学者Huang等(2014)与林晚发(2022)对异常语调衡量的方法,使用模型4.1将会计信息的年度语调Tone分解为正常的基本语调NoTone和分离出来的异常语调AbTone。

$$\text{Tone}_{i,t} = \alpha_0 + \alpha_1 \text{ROA}_{i,t} + \alpha_2 \text{Ret}_{i,t} + \alpha_3 \text{Size}_{i,t} + \alpha_4 \text{BtM}_{i,t} + \alpha_5 \text{StdRet}_{i,t} + \alpha_6 \text{StdROA}_{i,t} + \alpha_7 \text{Age}_{i,t} + \alpha_8 \text{Lo}_{i,t} + \alpha_9 \text{DROA}_{i,t} + \gamma_{hi} + \rho_{pt} + \varepsilon_{i,t}$$

（模型 4.1）

其中，Tone 是公司会计年度报告的语调；ROA 是总资产收益率，为净利润与公司总资产的比值；Ret 是持有公司股票 12 个月的收益率；Size 是公司的资产规模，为公司总资产取对数；BtM 是公司当期的账面市值比；StdRet 是公司股票一年中每个月收益率的标准差；StdROA 是公司过去五年资产收益率的标准差；Age 是公司成立后的存续时间，为公司形成年龄取对数；Lo 是公司当期的亏损情况，亏损为 1，否则为 0；DROA 是公司当期 ROA 与上一期 ROA 的差值；γ_{hi} 和 ρ_{pt} 是控制公司行业和省份的固定效应，$\varepsilon_{i,t}$ 是模型回归的残差项，为会计信息的操作异常语调 AbTone。

年度会计文本信息的可读性主要衡量的是投资者阅读年报文本的难易程度。已有文献对于文本信息可读性的度量方法主要采取单一指标和综合指标两种。国外学者大多使用单一指标，如 FOG 指数、Flesch 指数、文件大小（Ertugrul et al.，2017）、文本长度（Guay et al.，2016）等信息来衡量文本的可读性。从 2019 年以来，开始有更多国内学者研究中文文本的可读性，使用综合加权指标来进行衡量，主要使用会计专业词汇数量（翟淑萍 等，2020）、逆接词密度（徐巍 等，2021）、文本的总字数、句子数量（逯东 等，2021）等进行加权构建综合衡量指数。

本书主要借鉴综合指标的衡量方法，从文本的阅读量大小和专业词汇的理解难度两个维度来度量年报会计信息文本的可读性指标，其中，前者使用年报文本的总词汇数量和年报文本文件大小进行刻画，后者使用会计专业的词汇比例和逆接词汇比例来度量。本研究选择会计专业词汇数量、年报文本总字数、年报文件大小、逆接词汇数量四个指标进行主成分分析构建衡量年报可读性的综合评价指标。具体各个指标的度量如下：

一是会计专业词汇数量。会计年度信息中出现的专业词汇使得阅读者难以理解，对个人的专业知识储备要求较高。因此，年报中会计专业词汇的比例是影响年度会计文本信息可读性水平的重要因素，会计专业词汇越多，理解难度越高的年报文本，其可读性水平越低。本研究借鉴目前已有研究对年报文本信息中会计专业词汇的度量方法，使用《灵格斯汉英会计词典》（逯东 等，2021）和最新会计报表的会计科目作为会计专业词汇词典进行词频统计。

二是逆接词汇数量。文本信息中存在的逻辑关系越复杂，则越难以被阅读者所理解。会计信息文本中的逆接词汇如“虽然”“但是”“然而”等，会使得语句对所描述事件的逻辑关系与日常人们的因果顺序的思维方式不同，造成阅读者对语义的理解变得更加困难。根据相关学者对于逆接词汇的分类，统计年度会计文本信息中的逆接词汇，逆接词汇越多，则文本的可读性越差。

三是年报文本总字数。会计文本信息越多，阅读者需要处理的信息量就越大，信息处理成本就越高，会增加阅读的难度(Guay et al.,2016)。因此，年报的字数越多，则会计文本信息可读性越差。

四是年报文件大小。公司的管理层很可能会使用冗长的文字描述来淹没掉有用信息，或使用复杂的叙述方式来模糊信息(Ertugrul et al.,2017)。因此，文件越大，说明年报的冗余内容越多，页数越多，则文本的可读性越差。

3)会计信息的披露时机

已有研究表明，不同的会计信息披露时间会产生不同的市场反应。控股股东股权质押后，对于公司股价波动更为谨慎，会采取公司会计年报择时披露策略来降低披露中可能存在的不利信息或“瑕疵”带来的市场负面反应，因此选取公司年报披露滞后时间的对数、年报披露日期是否为市场交易日这两个指标来衡量会计信息的披露时机。

2. 解释变量

本书选取控股股东年末是否存在股权质押(P)来衡量控股股东的质押状况，并选取控股股东的股权质押比例(PR)作为衡量控股股东股权质押的稳健性检验替代变量。

3. 控制变量

借鉴学者对会计数字信息质量、文本信息质量以及披露择时选择的已有研究成果，在探讨控股股东股权质押对会计数字信息质量的影响时，选取如下控制变量：公司规模(Size)，用公司总资产取自然对数来衡量；公司偿债能力(Lev)，使用资产负债率来衡量；公司的成长性(G)，用销售增长率来进行衡量；营运能力(TaT)，即总资产周转率；公司盈亏(Lo)，若公司当年亏损则取值1，否则取值0；产权性质(Soe)，若国有企业则为1，否则为0。本章主要变量的符号与计量方法见表4－1。

表 4-1　主要变量的内涵、符号与测度表

变量的类型	变量名称	变量替代符号	变量计量说明
被解释变量	应计盈余操纵	AEQ	修正 JONES 模型回归残差的绝对值
	真实盈余操纵	REQ	基于 Roychowdhury(2006)的研究方法进行度量(异常生产操纵－异常销售操纵－异常费用操纵),取绝对值表示真实盈余管理程度
	异常语调操纵	AbTone	由模型 4.1 计算回归残差取绝对值
	可读性指标	Re	对会计专业词汇数量、年报文本总字数、逆接词汇数量、年报文件大小四大指标进行主成分分析,选取第一、第二主成分并根据特征值进行加权平均;该指标计算得出的值越大,表明文本可读性越差
	年度会计信息披露时滞	TL	上一年会计年度结束日与年报实际披露日的时间间隔
	披露是否在交易日	TD	年报披露时间是否在交易日内,在交易日为 0,非交易日为 1
解释变量	控股股东是否质押	*P*	年度内控股股东是否有股权质押行为,有质押为 1,没有为 0
	控股股东股权质押比例	PR	年报中控股股东股权质押股数/控股股东总持股数
控制变量	资产负债率	Lev	总负债账面值/总资产
	公司规模	Size	总资产的自然对数
	资产报酬率	ROA	资产报酬率＝(净利润＋利息费用＋所得税)/总资产
	总资产周转率	TaT	销售收入/总资产
	销售增长率	*G*	当年主营业务收入增长额/上一年主营业务收入
	账面市值比	BtM	公司的账面价值/市场价值比值
	股票收益率	Ret	公司股票的年收益率
	第一大股东持股比例	CS	第一大股东持股数量/总股本
	总经理持股比例	MS	总经理持股数量/总股本
	机构投资者持股比例	InS	机构投资者持股数量/总股本
	董事会规模	Board	董事会人数
	独立董事占比	Inde	独立董事人数/董事会总人数
	股权制衡度	*Z*	第二大股东至第十大股东持股比例之和除以第一大股东持股比例
	两职合一	*D*	若董事长与总经理为同一人为 1,否则为 0
	产权性质	Soe	国有企业为 1,非国有企业为 0
	是否亏损	Lo	当年会计利润亏损为 1,否则为 0
	行业	Ind	行业哑变量,以证监会行业分类标准进行划分,其中制造业按二级子行业划分
	年度	*Y*	年度哑变量

4.2.3 模型设定

为了验证假设 4－1、假设 4－2、假设 4－3，构建模型 4.2 和模型 4.3，进而实证检验控股股东股权质押对会计数字信息质量、文本信息质量以及披露时间的影响。

$$AEQ_{i,t}/REQ_{i,t}/AbTone_{i,t}/Re_{i,t}/TL_{i,t}/TD_{i,t} = \alpha_0 + \alpha_1 P_{i,t} + \alpha_2 Controls_{i,t} + \alpha_3 Y_t + \alpha_4 Ind_i + \varepsilon_{i,t} \quad \text{（模型 4.2）}$$

$$AEQ_{i,t}/REQ_{i,t}/AbTone_{i,t}/Re_{i,t}/TL_{i,t}/TD_{i,t} = \alpha_0 + \alpha_1 PR_{i,t} + \alpha_2 Controls_{i,t} + \alpha_3 Y_t + \alpha_4 Ind_i + \varepsilon_{i,t} \quad \text{（模型 4.3）}$$

在模型 4.2 和模型 4.3 中，$AEQ_{i,t}$、$REQ_{i,t}$、$AbTone_{i,t}$、$Re_{i,t}$、$TL_{i,t}$、$TD_{i,t}$为因变量，$AEQ_{i,t}$为使用修正 Jones 模型计算出的回归残差绝对值，代表上市公司 i 在第 t 年的应计盈余操纵信息；$REQ_{i,t}$是由异常销售操纵、异常生产操纵、异常费用操纵构成的指标，代表上市公司 i 在 t 年的真实盈余操纵信息；这两个因变量主要衡量会计信息中数字信息的质量。$AbTone_{i,t}$为异常语调操纵；$Re_{i,t}$为可读性指标，这两个因变量主要用来衡量会计信息中文本信息的质量。$TL_{i,t}$为公司披露年度会计信息的时滞时间取对数，$TD_{i,t}$为公司披露年度会计信息日期是否在交易日的选择，这两个指标主要衡量会计信息的披露时机。$Controls_{i,t}$为一系列控制变量；Y_t 和 Ind_i 分别代表年度固定效应和行业的固定效应；$\varepsilon_{i,t}$为模型回归的残差。

4.3 实证结果分析

4.3.1 描述性统计与相关性分析

1. 描述性统计

本章实证检验的主要变量描述性统计见表 4－2，为了预防变量中个别极端值对检验结果带来的影响，对样本中所有变量进行了上下 1％的缩尾处理。由表 4－2可知，应计盈余操纵（AEQ）的均值为 0.071，标准差为 0.07，最小值为 0，最大值为 0.345；真实盈余操纵（REQ）的均值为 0.145，标准差为 0.151，最小值为 0.002，最大值为 0.849。统计结果与已有研究文献基本保持一致，AEQ 和 REQ 两个指标为年度会计信息的数字信息质量衡量指标，表明上市公司对应计盈余和真实盈余均有不同程度的操纵，而且对真实盈余的操纵更多一些。异常语调操纵

(AbTone)的均值、标准差、最小值以及最大值分别为0.063、0.044、0和0.277；可读性指标(Re)的均值、标准差、最小值以及最大值分别为2.143、0.160、1.871和2.624。AbTone和Re两个指标为衡量会计文本信息的指标，从中可以看出不同公司之间的文本信息含量有着较为明显的差异。披露时滞时间(TL)的均值为4.541，标准差为0.251，最小值为2.639，最大值为4.963，表明上市公司披露年报的时间存在较为明显的异质性特征。披露时间是否在交易日(TD)的均值为0.191，标准差为0.393，这表明有接近五分之一的公司披露选择在了非交易日，披露的波动较大。控股股东股权质押意愿(P)的均值为0.407，表明有40.7%的控股股东进行了股权质押，反映出控股股东股权质押的意愿较强，标准差为0.491，表明质押的波动较大。针对控股股东的质押比例(PR)而言，均值为0.235，标准差为0.342，表明控股股东质押的股权占所持股权的23.5%，分散程度也较大。其余控制变量与已有研究的取值范围基本保持一致。

表4-2 主要变量的描述性统计

变量	N	平均值	标准差	最小值	第50百分位数	最大值
AEQ	21951	0.071	0.070	0.000	0.049	0.345
REQ	21951	0.145	0.151	0.002	0.099	0.849
AbTone	21951	0.063	0.044	0.000	0.056	0.277
Re	21951	2.143	0.160	1.871	2.300	2.624
TL	21951	4.541	0.251	2.639	4.605	4.963
TD	21951	0.191	0.393	0.000	0.000	0.000
P	21951	0.407	0.491	0.000	0.000	1.000
PR	21951	0.235	0.342	0.000	0.000	1.000
Size	21951	22.211	1.315	19.289	22.037	27.072
Lev	21951	0.453	0.204	0.061	0.452	0.905
ROE	21951	0.050	0.153	−0.917	0.065	0.316
ROA	21951	0.032	0.067	−0.358	0.033	0.204
TaT	21951	0.063	0.447	0.060	0.526	2.564
G	21951	0.163	0.462	−0.639	0.093	3.021

续表

变量	N	平均值	标准差	最小值	第 50 百分位数	最大值
BtM	21951	1.107	1.215	0.103	0.725	10.225
InS	21951	0.396	0.235	0.000	0.401	3.267
Ret	21951	0.223	0.703	−0.709	0.033	3.171
MS	21951	0.037	0.094	0.000	0.000	0.470
Board	21951	2.144	0.202	1.609	2.197	2.708
Inde	21951	0.373	0.053	0.308	0.333	0.571
CS	21951	34.462	14.943	8.739	32.261	74.653
Z	21951	0.870	0.766	0.038	0.660	3.843
Soe	21951	0.428	0.495	0.000	0.000	1.000
Lo	21951	0.111	0.315	0.000	0.000	1.000

2. 相关性分析

本研究所用到的主要变量之间相关性检验的结果见表 4 - 3，运用斯皮尔曼(Spearman)相关系数检验的结果位于表 4 - 3 的上三角部分；下三角部分是皮尔逊(Pearson)相关系数检验结果。表中控股股东的股权质押变量(P、PR)与会计信息质量的六种代理变量(AEQ、REQ、AbTone、Re、TL、TD)之间在 5%水平上显著正相关，说明在不控制其他变量的情况下，两者之间存在显著正相关关系。但由于表中的相关性检验分析只显示了两个变量间的相关程度，未考虑控制变量的影响，无法准确地反映因变量与自变量的影响程度，以及是否存在因果关系，因此还需进一步通过计量模型进行实证分析。从表中可以看出，实证检验中的自变量、因变量以及控制变量之间两种方法的相关系数结果均小于 0.6，且方差膨胀因子 VIF 远远小于 10，可以看出本章所设计的回归模型 4.2 和模型 4.3 不存在多重共线性问题。

表 4-3　主要变量相关性系数矩阵

变量	AEQ	REQ	AbTone	Re	TL	TD	*P*	PR	Size	Lev	ROE	ROA	TaT	*G*	BtM	InS	Ret	MS	Board	Inde	CS	*Z*	Lo	Soe
AEQ	1	0.08	−0.03	−0.06*	0.01	0.00	0.04*	0.05*	−0.07*	0.06*	0.02*	−0.01	0.01	0.01*	−0.08*	−0.04*	0.01	−0.02*	−0.03*	0.01	−0.02*	−0.00	0.12*	−0.04*
REQ	0.12*	1	0.00	0.01	0.06*	0.00	0.04*	0.06*	0.03*	0.17*	−0.33*	−0.37*	−0.14*	0.02*	0.19*	−0.06*	−0.06*	−0.07*	−0.01	0.01	−0.04*	−0.03*	0.14*	0.06*
AbTone	−0.02*	0.00	1	0.12*	0.10*	−0.04*	0.05*	0.03*	0.03*	−0.04*	−0.04*	−0.02*	−0.04*	−0.03*	0.00	−0.03*	−0.09*	0.10*	−0.06*	0.05*	−0.02*	0.05*	0.03*	−0.06*
Re	−0.06*	0.02*	0.11*	1	0.13*	−0.06*	0.06*	0.04*	0.44*	0.13*	0.06*	0.01**	−0.02*	0.03*	0.17*	0.15*	0.09*	0.12*	0.02*	0.05*	0.00	0.12*	−0.03*	−0.03*
TL	−0.01	0.04*	0.09*	0.12*	1	−0.05*	0.12*	0.12*	0.03*	0.01	−0.17*	−0.16*	−0.07*	−0.08*	0.04*	−0.07*	−0.08*	0.08*	−0.07*	0.04*	−0.08*	0.08*	0.15*	−0.14*
TD	0.01	0.00	−0.03*	−0.06*	−0.03*	1	−0.02*	−0.02*	0.00	0.02*	−0.02*	−0.01*	0.01	−0.02*	0.03*	0.03*	0.00	−0.06*	0.00	−0.00	0.00	−0.04*	0.03	0.05*
P	0.05*	0.03*	0.04*	0.05*	0.08*	−0.02*	1	0.95*	−0.06*	0	−0.06*	−0.06*	−0.09*	0.02*	−0.06*	−0.14*	−0.02*	0.19*	−0.14*	0.05*	−0.10*	0.10*	0.03*	−0.43*
PR	0.07*	0.06*	0.01	0.01	0.07*	−0.01	0.83*	1	−0.07*	0.02*	−0.07*	−0.08*	−0.11*	0.01*	−0.04*	−0.13*	−0.03*	0.15*	−0.14*	0.04*	−0.12*	0.11*	0.05*	−0.44*
Size	−0.07*	0.03*	0.06*	0.48*	0.06*	0.00	−0.08*	−0.08*	1	0.44*	0.16*	−0.00	−0.01	−0.02*	0.61*	0.41*	−0.06*	−0.13*	0.22*	−0.00	0.19*	−0.09*	−0.09*	0.27*
Lev	0.08*	0.16*	−0.03*	0.15*	0.01	0.02*	0.00	0.04*	0.43*	1	−0.06*	−0.39*	0.09*	−0.03*	0.58*	0.15*	−0.02*	−0.23*	0.14*	−0.02*	0.07*	−0.13*	0.16*	0.26*
ROE	−0.14*	−0.21*	−0.05*	0.02*	−0.13*	0.01	−0.05*	−0.07*	0.11*	−0.18*	1	0.91*	0.25*	0.11*	−0.18*	0.19*	0.15*	0.08*	0.06*	−0.03*	0.15*	−0.00	−0.54*	−0.02*
ROA	−0.16*	−0.28*	−0.04*	−0.00	−0.12*	0.01	−0.06*	−0.10*	0.05*	−0.32*	0.88*	1	0.21*	0.10*	−0.38*	0.11*	0.14*	0.16*	0.02*	−0.03*	0.11*	0.04*	−0.54*	−0.11*
TaT	0.01	−0.09*	−0.03*	−0.02*	−0.03*	0.01	−0.09*	−0.10*	0.02*	0.13*	0.12*	0.12*	1	−0.07*	−0.02*	0.07*	0.03*	−0.00	0.05*	−0.04*	0.09*	−0.08*	−0.11*	0.06*
G	0.03*	0.06*	−0.03*	−0.01*	−0.07*	−0.01*	0.03*	0.03*	−0.06*	−0.02*	0.02*	0.01*	−0.10*	1	−0.13*	0.02*	0.14*	0.08*	−0.01*	0.01	0.02*	0.04*	−0.08*	−0.05*
BtM	−0.05*	0.14*	0.02*	0.22*	0.06*	0.02*	−0.05*	−0.04*	0.60*	0.53*	−0.09*	−0.18*	−0.03*	−0.06*	1	0.14*	−0.34*	−0.20*	0.16*	−0.02*	0.09*	−0.13*	0.06*	0.28*
InS	−0.05*	−0.07*	−0.02*	0.16*	−0.03*	0.03*	−0.14*	−0.12*	0.42*	0.15*	0.14*	0.14*	0.08*	−0.01	0.17*	1	0.03*	−0.31*	0.17*	−0.04*	0.37*	−0.14*	−0.09*	0.31*
Ret	0.04*	−0.04*	−0.09*	−0.01*	−0.13*	0.02	−0.02*	−0.03*	−0.09*	0.01	0.12*	0.12*	0.02*	0.14*	−0.22*	−0.01*	1	0	0.00	−0.01	0.01	0.00	−0.09*	−0.01
MS	−0.01	−0.06*	0.06*	0.02*	0.04*	−0.05*	0.14*	0.06*	−0.18*	−0.21*	0.02*	0.06*	−0.06*	0.03*	−0.15*	−0.30*	0.00	1	−0.16*	0.05*	−0.20*	0.30*	−0.06*	−0.44*
Board	−0.04*	−0.01	−0.04*	0.04*	−0.04*	0.00	−0.15*	−0.13*	0.23*	0.14*	0.05*	0.04*	0.04*	−0.02*	0.12*	0.17*	0.02*	−0.16*	1	−0.53*	0.03*	−0.02*	−0.03*	0.27*
Inde	0.01	0.01	0.04*	0.05*	0.04*	−0.00	0.04*	0.02*	0.02*	−0.01*	−0.03*	−0.04*	−0.03*	0.01	0.02*	−0.03*	−0.02*	0.11*	−0.50*	1	0.02*	−0.00	0.02*	−0.07*
CS	−0.01*	−0.03*	−0.02*	0.02*	−0.06*	0.00	−0.11*	−0.14*	0.23*	0.07*	0.14*	0.13*	0.08*	−0.00	0.10*	0.38*	0.01	−0.02*	0.04*	0.02*	1	−0.75*	−0.10*	0.24*
Z	0.012*	−0.04*	0.05*	0.10*	0.06*	−0.04*	0.06*	0.06*	−0.07*	−0.12*	−0.03*	−0.02*	−0.07*	0.02*	−0.08*	−0.14*	−0.01*	0.10*	−0.01	−0.02*	−0.69*	1	0.02*	−0.32*
Lo	0.13*	0.11*	0.03*	−0.03*	0.11*	0.01	0.03*	0.06*	−0.09*	0.17*	−0.69*	−0.67*	−0.07*	0.01	0.04*	−0.09*	−0.07*	−0.03*	−0.03*	0.02*	−0.09*	0.02*	1	−0.00
Soe	−0.04*	0.08*	−0.04*	−0.02*	−0.10*	0.05*	−0.43*	−0.41*	0.28*	0.26*	0.00	−0.03*	0.08*	−0.04*	0.24*	0.31*	0.01	−0.33*	0.28*	−0.07*	0.24*	−0.28*	−0.00	1

注：* 表示在 5%水平上显著。表中右上半部分为 Spearman 相关系数检验结果，左下半部分为 Pearson 相关系数检验结果。为避免表格过大，仅标注了 5%水平以上的显著性。

4.3.2 实证结果

(1)为了检验控股股东股权质押对会计信息中数字信息质量的影响，本书采用模型4.2和模型4.3，以会计信息的应计盈余操纵和真实盈余操纵作为因变量，控股股东股权质押意愿和质押比例作为自变量，在控制公司固定效应、年度固定效应与行业固定效应的情况下进行了两者之间的面板数据实证检验，具体检验结果见表4-4。其中，列(1)为控股股东股权质押意愿 P 与应计盈余操纵的回归结果，股权质押意愿 P 的回归系数为－0.0006，t 值为－0.40，不显著，说明控股股东股权质押对会计数字信息中应计盈余操纵的影响在统计上不显著，控股股东股权质押意愿对应计盈余操纵行为未有明显的改变。列(2)为控股股东股权质押比例对应计盈余操纵影响的检验结果，质押比例PR回归系数为－0.0025，t 值为－0.90，同样在统计上不显著，进一步表明股权质押对应计盈余操纵未存在明显的影响作用。列(3)和列(4)为因变量为真实盈余操纵的回归检验结果，列(3)中控股股东股权质押意愿 P 的回归系数为0.0217，且在1%水平上显著，表明股权质押意愿对真实盈余操纵具有显著的正向影响效应，股权质押的意愿越强烈，则真实盈余操纵程度越大。列(4)中控股股东股权质押比例PR的系数为0.0430且在5%水平上通过了显著性检验，说明股权质押比例越大，真实盈余操纵的程度越高。整体的回归结果表明，控股股东股权质押会导致会计数字信息质量下降，并且主要通过真实盈余操纵的方式而非通过应计盈余操纵的方式，可能是因为公司控股股东股权质押后，上市公司将会受到更多来自证监会、机构投资者的关注，在更大的外部监督压力下，由于应计盈余操纵比真实盈余操纵存在更大的暴露风险，因此控股股东股权质押后倾向于选择真实盈余操纵，从而降低了会计数字信息质量。因此，假设4-1得到验证。

表4-4 控股股东股权质押对会计数字信息质量的回归结果

变量	(1)	(2)	(3)	(4)
	AEQ	AEQ	REQ	REQ
P	－0.0006		0.0217***	
	(－0.40)		(3.46)	
PR		－0.0025		0.0430**
		(－0.90)		(2.31)

续表

变量	(1) AEQ	(2) AEQ	(3) REQ	(4) REQ
Size	0.0039**	0.0051***	0.0259***	0.0301***
	(2.55)	(2.93)	(6.14)	(8.71)
Lev	0.0225***	0.0202***	0.0896***	0.0512***
	(3.51)	(2.86)	(5.42)	(4.73)
ROA	−0.1650***	−0.1196***	−0.1386***	−0.5385***
	(−8.39)	(−5.40)	(−9.66)	(−10.82)
G	0.0002	0.0003	0.0284***	0.0279***
	(0.29)	(0.17)	(8.44)	(9.20)
BtM	−0.0088**	−0.0094***		
	(−10.14)	(−9.41)		
Board	−0.0092*	−0.0087	−0.0032	−0.0036
	(−1.76)	(−1.54)	(−0.22)	(−0.33)
Inde	0.0038	0.0089	−0.0025	−0.0108
	(0.25)	(0.54)	(−0.16)	(−0.39)
TaT	0.0133***	0.0108***	−0.0466**	−0.0397***
	(4.51)	(3.19)	(−4.63)	(−6.68)
CS	0.0197**	0.0203*	0.0374	0.0425***
	(2.01)	(1.94)	(1.28)	(2.54)
Soe	−0.0068*	−0.0062	0.0055	0.0027
	(−1.84)	(−1.50)	(0.57)	(0.37)
Lo	0.0093***	0.1099***	−0.0135***	−0.0341***
	(4.06)	(4.39)	(−2.72)	(−4.37)
Constant	0.0346	−0.0001	−0.5857***	−0.628***
	(0.87)	(−0.07)	(−5.79)	(6.47)
样本数	21951	21951	21951	21951
R^2	0.063	0.052	0.058	0.069
时间固定效应	控制	控制	控制	控制
行业固定效应	控制	控制	控制	控制
公司固定效应	控制	控制	控制	控制

注:表中*、**、***分别表示统计检验在1%、5%和10%水平上显著,括号中的t值或z值均进行了公司层面的聚类处理。

(2)表 4-5 是控股股东股权质押对会计文本信息质量的影响作用的实证回归结果。运用模型 4.2 和模型 4.3,以年度会计文本信息的异常语调操纵和可读性作为会计文本信息质量的代理变量来检验股权质押与会计文本信息质量之间的关系。列(1)和列(2)为股权质押对异常语调操纵影响的检验结果,控股股东股权质押意愿 P 的回归系数为 0.0009,且在 1%的水平上显著,表明股权质押意愿越强烈,文本信息的异常语调操纵程度越高。股权质押比例 PR 的系数为 0.0011,且在 5%的水平上显著,说明股权质押比例对异常语调操纵存在正向影响作用,反映了控股股东股权质押比例越高,对异常语调操纵越多。列(3)和列(4)是股权质押对会计本文信息可读性的回归检验结果,列(3)股权质押意愿 P 的回归系数为 0.0049,且在 5%的水平上显著,表明股权质押意愿越高,则年报的文本可读性越差。列(4)股权质押比例 PR 的回归系数为 0.0095,且在 1%的水平上显著,表明股权质押比例对年报文本可读性呈现显著的正向影响作用。由列(3)和列(4)的面板数据回归结果可以看出,在控制公司、年度和行业固定效应后,控股股东股权质押会导致年度会计文本信息质量显著降低,反映出股权质押意愿越强烈、质押比例越高,则会计文本信息质量越差。因此,假设 4-2 得到验证。

表 4-5 控股股东股权质押对会计文本信息质量的回归结果

变量	(1) AbTone	(2) AbTone	(3) Re	(4) Re
P	0.0009***		0.0049**	
	(3.11)		(1.98)	
PR		0.0011**		0.0095***
		(2.02)		(2.91)
Size	0.0002	0.0005	0.1187***	0.1188***
	(1.62)	(0.92)	(28.66)	(28.78)
Lev	−0.0072***	−0.0073***	0.0119	0.0113
	(−3.12)	(−3.16)	(1.24)	(1.18)
ROA	−0.0013	−0.0016	−0.0456***	−0.0455***
	(−0.72)	(−0.72)	(−6.38)	(−6.34)
G	−0.0003	−0.0003	0.0009	0.0008
	(−0.49)	(−0.55)	(0.40)	(0.36)

续表

变量	(1) AbTone	(2) AbTone	(3) Re	(4) Re
BtM	−0.0007**	−0.0008**	−0.0071***	−0.0070***
	(−2.18)	(−2.15)	(−4.74)	(−4.70)
MS	0.0092*	0.0093**	0.0124	0.0126
	(1.95)	(1.96)	(0.64)	(0.65)
Board	−0.0008	−0.0008	0.0672***	0.0672***
	(−0.37)	(−0.35)	(7.03)	(7.05)
Inde	−0.0001	−0.0002	0.0610**	0.0610**
	(−0.10)	(−0.17)	(2.04)	(2.09)
Ret	−0.0011**	−0.0010**	−0.0048**	−0.0048**
	(−2.08)	(−2.07)	(−2.36)	(−2.33)
CS	0.0087**	0.0088**	0.0930***	0.0937***
	(2.02)	(2.05)	(5.21)	(5.25)
Soe	0.0013	0.0015	−0.0183***	−0.0175***
	(0.82)	(0.89)	(−2.77)	(−2.64)
InS			−0.0088	−0.0087
			(−1.42)	(−1.40)
Constant	0.0628	0.0631***	8.9378***	8.9390***
	(4.05)	(4.07)	(14.18)	(14.25)
样本数	21951	21951	21951	21951
R^2	0.157	0.158	0.642	0.640
时间固定效应	控制	控制	控制	控制
行业固定效应	控制	控制	控制	控制
公司固定效应	控制	控制	控制	控制

注：表中*、**、***分别表示统计检验在1%、5%和10%水平上显著，括号中的 t 值或 z 值均进行了公司层面的聚类处理。

(3)表 4-6 是控股股东股权质押对会计信息披露时机选择的实证回归结果。本书利用前文构建的模型 4.2 和模型 4.3 检验控股股东股权质押意愿和质押比例对披露时间的影响作用。列(1)和列(2)分别为股权质押意愿 P 和股权质押比例

PR在控制了时间和公司固定效应后对年报披露时滞的面板数据OLS回归结果，从中可以看出，列(1)股权质押意愿 P 的系数为0.0117，且在1%的水平上显著，表明股权质押意愿越大，则公司披露会计信息越滞后。股权质押比例PR的回归系数为0.0139，且在5%的水平上显著，表明股权质押比例对公司披露会计信息时间的滞后存在正向影响作用。列(3)和列(4)分别是控股股东股权质押意愿 P 和质押比例PR对披露时间选择是否在交易日的OLS回归结果。列(3)股权质押意愿 P 的系数为0.0284，但在统计上不显著，表明股权质押比例对披露时间可能存在正向影响作用；列(4)股权质押比例PR的系数为0.0658，且仍在10%的水平上显著统计，说明股权质押比例越高，则公司在规定的时期内选择非交易日披露年报的可能性越大。而股权质押意愿对披露时期为交易日的影响不明显，则可能由于当股权质押比例程度较低时，对公司披露时期是否为交易日的影响较小，导致统计上不显著，将股权质押意愿变量的衡量标准更改为当股权质押比例超过25%时 P 为1，未进行股权质押的为0，再次进行固定效应模型回归得到列(5)，发现股权质押意愿的回归系数为0.0410，且在10%的水平上统计显著，这表明股权质押比例较低时对年报披露日期是否为交易日的影响较小而质押比例较高时影响较大，故假设4-3得到验证。

表4-6　控股股东股权质押对会计信息披露择时的回归结果

变量	(1) TL	(2) TL	(3) TD	(4) TD	(5) TD(PR>0.25)
P	0.0117***		0.0284		0.0410*
	(2.79)		(1.18)		(1.66)
PR		0.0139**		0.0658*	
		(2.31)		(1.93)	
Size	0.0571***	0.0575***	−0.0059	−0.0059	−0.0064
	(7.49)	(18.56)	(−0.44)	(−0.44)	(−0.48)
Lev	−0.0503	−0.0498***	0.2232***	0.2169***	0.2151***
	(−0.31)	(−3.80)	(3.26)	(3.17)	(3.07)
ROA	−0.1864***	−0.1863***	−0.0447	−0.0430	−0.0583
	(−20.24)	(−20.23)	(−0.82)	(−0.79)	(−1.05)
G	−0.0231***	−0.0231***	−0.0232	−0.0235	−0.0243
	(−8.45)	(−8.44)	(−1.34)	(−1.36)	(−1.38)

续表

变量	(1) TL	(2) TL	(3) TD	(4) TD	(5) TD(PR>0.25)
MS	−0.0437	−0.0445	−0.5604***	−0.5462***	−0.5744***
	(−0.147)	(−1.50)	(−4.51)	(−4.40)	(−4.35)
Board	−0.0047	−0.0047	−0.0721	−0.0710	−0.0406
	(−0.34)	(−0.35)	(−1.04)	(−1.03)	(−0.58)
Inde	−0.0231	−0.0232	0.0251	0.0263	0.1531
	(−0.54)	(−0.54)	(0.10)	(0.11)	(0.62)
InS	−0.0421***	−0.0417***	0.1314**	0.1301**	0.1366**
	(−4.65)	(−4.61)	(2.50)	(2.47)	(2.53)
CS	−0.0018***	−0.0019***	−0.0026***	−0.0025***	−0.0024***
	(−7.29)	(−7.31)	(−2.90)	(−2.81)	(−2.61)
Z	−0.0148***	−0.0151***	−0.1302**	−0.1289**	−0.1289**
	(−3.48)	(−3.56)	(−2.24)	(−2.07)	(−2.31)
Soe	0.0054	0.0058	0.1163***	0.1235***	0.1061***
	(0.62)	(0.67)	(3.58)	(3.24)	(3.23)
Constant	3.4474***	3.4409***	−0.6200*	−0.6275*	−0.6749*
	(42.62)	(42.61)	(−1.85)	(−1.87)	(−1.95)
样本数	21951	21951	21951	21951	19727
R^2	0.090	0.089			
似然对数			−15742	−15740	−14817
时间固定效应	控制	控制	控制	控制	控制
行业固定效应	控制	控制	控制	控制	控制
公司固定效应	控制	控制	控制	控制	控制

注：表中*、**、***分别表示统计检验在1%、5%和10%水平上显著，括号中的 *t* 值或 *z* 值均进行了公司层面的聚类处理。

4.4 稳健性检验

为了进一步检验本章实证回归结果的可靠性，本节从解释变量、被解释变量的度量方法以及减弱内生性影响等方面来增强研究结论的稳健性。

1. 改变解释变量的度量方法

通过改变股权质押的度量指标，使用控股股东已质押的股数与公司总股数的比值作为衡量股权质押的代理变量，对假设 4－1、假设 4－2 以及假设 4－3 重新检验，见表 4－7。从回归结果可以看出，除了控股股东股权质押与应计盈余操纵的回归系数不显著外，与其余代理变量均显著为正，表明股权质押对会计数字信息质量、文本信息质量，以及披露时机均存在正向的影响作用，与前文研究结论保持一致。

表 4－7 控股股东股权质押与会计数字信息质量、文本信息质量、披露时间的稳健性检验(改变解释变量度量)

变量	(1) AEQ	(2) REQ	(3) AbTone	(4) Re	(5) TL	(6) TD
PR2	－0.0155	0.0115**	0.0045**	0.0179*	0.0338***	0.2687***
	(－1.49)	(2.16)	(2.34)	(1.87)	(2.65)	(2.66)
Constant	0.0936***	－0.6294***	0.5334***	8.9489***	3.3711***	－0.5956*
	(2.98)	(－9.49)	(5.11)	(17.20)	(30.75)	(－1.94)
控制变量	控制	控制	控制	控制	控制	控制
R^2	0.051	0.068	0.091	0.673	0.094	
对数似然						－15774
时间固定效应	控制	控制	控制	控制	控制	控制
行业固定效应	控制	控制	控制	控制	控制	控制
公司固定效应	控制	控制	控制	控制	控制	控制

注：表中*、**、***分别表示统计检验在 1%、5%和 10%水平上显著，括号中的 t 值或 z 值均进行了公司层面的聚类处理。

2. 改变被解释变量的度量方法

通过改变被解释变量的衡量方法，再次检验实证回归结果。借鉴已有研究成果，重新选取衡量会计数字信息质量、文本信息质量与披露时机的六个代理变量，对于应计盈余的衡量方法，参考 DD 模型计算应计盈余操纵；使用真实盈余的正操纵值来衡量公司向上操纵盈余的真实盈余管理程度；使用异常语调操纵的正值部分来衡量公司向上操纵积极语气的程度；选取文本信息中语句的数量来衡量可读性（Luo et al.，2018）；选取上一年会计年度结束日与年报首次预告日之间的时间间隔取自然对数来衡量年度会计信息的披露时滞；改变披露是否为交易日的衡量标准，选择周一到周四为交易日，再次对假设 4－1、假设 4－2 以及假设 4－3 进行回归检验，见表 4－8。从检验结果可以看出，研究结论与前文研究结论保持一致。

表 4－8　控股股东股权质押与会计信息质量稳健性检验（改变被解释变量度量）

变量	(1) AEQ2	(2) AEQ2	(3) REQ2	(4) REQ2	(5) AbTone2	(6) AbTone2	(7) Re2	(8) Re2	(9) TL2	(10) TL2	(11) TD2	(12) TD2
P	−0.0006		0.0110***		0.0042***		0.0088**		0.0087**		0.0225	
	(−0.05)		(2.74)		(4.58)		(2.47)		(1.97)		(0.86)	
PR		−0.0225		0.0126**		0.0069***		0.0132**		0.0051*		0.0517*
		(−0.16)		(2.17)		(5.28)		(2.55)		(1.65)		(1.91)
Constant	−0.8169	−0.8285	−0.1565*	−0.1621*	0.0325*	0.0322*	4.3876***	4.3869***	3.3200***	3.3126***	−0.2556	−0.2619*
	(−1.56)	(−1.60)	(−1.79)	(−1.86)	(1.94)	(1.93)	(54.89)	(54.89)	(29.91)	(29.87)	(−0.76)	(−1.92)
控制变量	控制	控制	控制	控制	控制	控制	控制	控制	控制	控制	控制	控制
R^2	0.038	0.038	0.116	0.115	0.178	0.179	0.533	0.533	0.137	0.136		
似然对数											−14035	−14034
时间固定效应	控制	控制	控制	控制	控制	控制	控制	控制	控制	控制	控制	控制
行业固定效应	控制	控制	控制	控制	控制	控制	控制	控制	控制	控制	控制	控制
公司固定效应	控制	控制	控制	控制	控制	控制	控制	控制	控制	控制	控制	控制

注：表中*、**、***分别表示统计检验在 1%、5%和 10%水平上显著，括号中的 t 值或 z 值均进行了公司层面的聚类处理。

3. 缓解实证检验的内生性问题

在前文的实证检验中已经采用控制公司层面的固定效应模型来减少内生性(Zhang et al,2014),本节进一步采用工具变量和二阶段最小二乘法检验来缓解回归中可能存在的内生性问题。借鉴已有文献的研究(谢德仁 等,2016),选取同行业其他控股股东股权质押比例 PRInd 作为股权质押的工具变量,因为同地区同行业的平均质押意愿和质押比例不容易受单个公司的会计数字和文本信息质量的影响,而且可以控制住潜在的遗漏变量,是一个较为合理的工具变量。重新对假设 4-1、假设 4-2、假设 4-3 进行检验,回归结果见表 4-9。

表 4-9 控股股东股权质押与会计信息质量的工具变量 2SLS 回归结果

变量	(1) PR	(2) AEQ	(3) REQ	(4) AbTone	(5) Re	(6) TL	(7) TD
PR		−0.0155	0.0115**	0.0045**	0.0179*	0.0338***	0.0357*
		(−1.49)	(2.16)	(2.34)	(1.87)	(2.65)	(1.92)
PRInd	0.2391***						
	(2.64)						
Constant	−1.2584***	0.0936***	0.6294***	0.5334***	8.9489***	3.3711***	0.3037*
	(−8.17)	(2.98)	(−9.49)	(5.11)	(17.20)	(30.75)	(1.80)
控制变量	控制	控制	控制	控制	控制	控制	控制
R^2	0.14	0.011	0.018	0.021	0.013	0.012	0.010
时间固定效应	控制	控制	控制	控制	控制	控制	控制
行业固定效应	控制	控制	控制	控制	控制	控制	控制
公司固定效应	控制	控制	控制	控制	控制	控制	控制

注:表中*、**、***分别表示统计检验在 1%、5%和 10%水平上显著,括号中的 t 值或 z 值均进行了公司层面的聚类处理。

为了进一步缓解样本自选择的内生性问题,解决股票被质押的上市公司和未被质押的上市公司之间存在系统性的差别问题,本书借鉴已有学者的研究(王雄元 等,2018),采用倾向得分匹配方法(PSM)进行检验。选取对控股股东股权质押的影响因素,包括公司规模 Size、盈利能力 ROA、负债水平 Lev、资产周转率 TaT、企业性质 Soe、控股股东持股比例 CS,通过 1∶1 最近邻有放回匹配的方法,共获得 5852 个样本,各变量匹配之后的偏差小于 10%,通过了平衡性检验。PSM 配对后的回归结果仍然与前文结论基本一致,见表 4-10。

表 4－10　控股股东股权质押与会计信息质量稳健性检验(PSM)

变量	(1)	(2)	(3)	(4)	(5)	(6)	(7)	(8)	(9)	(10)	(11)	(12)
	AEQ2	AEQ2	REQ2	REQ2	AbTone2	AbTone2	Re2	Re2	TL2	TL2	TD2	TD2
P	−0.0013		0.0145***		0.0089***		0.0103***		0.0096***		0.0169	
	(−0.09)		(3.01)		(3.97)		(2.61)		(2.13)		(0.55)	
PR		−0.0412		0.0151***		0.0075***		0.0175**		0.0078*		0.0526*
		(1.16)		(2.97)		(4.33)		(2.38)		(1.88)		(1.82)
Constant	0.6382	0.7061	−0.1893**	−0.1907**	0.0672**	0.0516**	5.7126***	5.8642***	4.7615***	4.3126***	−0.3927	−0.3239*
	(1.47)	(1.53)	(−1.99)	(−2.02)	(2.11)	(1.98)	(37.52)	(37.96)	(30.28)	(30.57)	(−1.01)	(−1.85)
控制变量	控制	控制	控制	控制	控制	控制	控制	控制	控制	控制	控制	控制
R^2	0.055	0.054	0.132	0.131	0.182	0.182	0.562	0.562	0.140	0.140		
似然对数											−3035	−3035
时间固定效应	控制	控制	控制	控制	控制	控制	控制	控制	控制	控制	控制	控制
行业固定效应	控制	控制	控制	控制	控制	控制	控制	控制	控制	控制	控制	控制
公司固定效应	控制	控制	控制	控制	控制	控制	控制	控制	控制	控制	控制	控制

注:表中*、**、***分别表示统计检验在1%、5%和10%水平上显著,括号中的 t 值或 z 值均进行了公司层面的聚类处理。

4.5　本章小结

本章的研究内容聚焦于控股股东股权质押对公司会计信息披露质量的影响,从会计信息披露质量的数字信息质量、文本信息质量以及披露时间选择等三个方面探讨与控股股东股权质押之间的关系。在从理论上阐述了控股股东股权质押如何影响公司会计数字信息质量、会计文本信息质量、年度会计信息披露时间后,以我国A股市场的上市公司为研究样本实证检验两者之间的关系。实证检验结果表明,股权质押后控股股东对公司会计数字信息质量的影响主要通过操纵会计真实盈余的方式来实施,而对会计应计盈余操纵不显著;在影响公司会计文本信息质量方面,控股股东主要对年度会计报表的文本信息异常语调和文本可读性存在显著性的影响,就是随着控股股东股权质押后,会计文本信息语调操纵程度加剧,文本可读性下降;在对于年度会计报告披露时间的选择上,股权质押后会使得公司披露年报的时间推迟。同时,在进行多种方式的稳健性检验后,实证检验结论依然成立。

第5章 控股股东股权质押对经理层管理防御的影响

在股权相对集中的市场中，作为实际控制人的控股股东对经理层的激励和监督力度增强，并凭借股权优势推荐董事会成员，进而间接掌控经理层人选，来实施公司经营决策和日常运营，且互惠的经理层可能成为控股股东利益的代言人和实施者；而在股权高度分散的市场上，缺少控制性股东对经理层的监督，中小股东只能"用脚投票"，经理层转变成"内部控制人"，增大了管理防御行为动机来操纵会计信息质量获取更大的私利。那么，在股权质押情景下控股股东会对公司经理层及其防御行为产生哪些影响呢？

5.1 理论分析与研究假设

在股权质押条件下，一方面，控股股东为了维持质押条件、避免股价下跌导致强制平仓和丧失控制权风险，可能会有意通过信息披露、盈余管理等方式维持股票价格。另一方面，随着控制权和现金流权两权分离度的加大，也使得控股股东存在强烈的动机通过关联交易、占用上市公司资金等方式进行利益输送，引发严重的第二类代理问题。质押的控股股东为了保证可能存在的两种行为的顺利实施均无法绕过公司的经理层，这为经理层管理防御动机行为提供了更加广阔的舞台。

5.1.1 管理防御假说是对委托代理理论的创新与拓展

委托代理问题是由罗斯(Ross)在1973年最先提出的，随后由Jensen等(1976)在研究企业内部信息不对称和相关激励问题中提出，是契约理论代表成果之一。在此之后，委托代理理论的重心转移到探究如何设计有效的公司内部治理机制以减少经理与股东之间的代理成本，协调二者之间的利益冲突及矛盾。随着在理论分析、规范推理及经验证据等层面研究的深入，委托代理理论受到了越来越多的挑战，其中之一就是忽略了代理人的防御行为。在管理实践中，由于离职威胁及转换工作成本的存在，经理人并不会被动地接受股东的激励与约束，并且在面对内外控制机制时,必然会采取防御行为来努力提高自身现有职位和控制权的稳定性。例如,在公司内部,经理层选择何种会计政策本身就是一个代理问题,因为在面对未来复杂多变的环境时,占据主导地位或本身拥有决策权的经理人不可能主动选择一个不利于自身的会计政策来约束自己。因此,管理防御假说是对委托代理理论的进一步创新与拓展,为探究公司委托代理问题提供了新视角。

管理防御假说从经理人的视角出发,强调了公司治理中经理人的主观能动性,就是在公司治理框架下探讨经理管理决策行为和动机,以及这些管理决策和行动的经济后果,这更符合当前公司制企业经理人的管理现状。管理防御假说下,经理是经济人和社会人的集合体。这不同于委托代理理论坚持委托人和代理人都是理性经济人,均谋求自身利益最大化,委托人的主要职责是通过"胡萝卜加大棒"的机制,控制和防止代理人可能出现的机会主义行为。而管理防御假说则是从财务学、心理学和社会学视角出发,强调经理人为提高职位的稳定性,在公司日常经营活动中采取有利于自身效用最大化的决策和行动;为使股东和董事会对其个人能力的评价最优而努力工作,注重个人声誉和职业生涯对经营管理的影响。而且,管理防御假说把企业经理人离职威胁与转换工作成本的内控机制和外生因素综合起来考量,是对委托代理理论的创新与发展。

5.1.2　经理管理防御的特征与测度

管理防御行为是经理在自利动机驱使下,借助一定内外部条件和机会,通过一种或多种决策来实施固守职位及个人利益最大化的过程。从形成过程来看,主要有管理防御动机(面临压力、人口学特征、价值取向等)、机会(内外部治理机制、拥有剩余控制权等)、行为(固守职位、自身利益最大化等),而对源自内心的动机、价值取向很难从财务数据上进行判断和测定。在借鉴已有研究成果基础上,本书从以下方面来考察经理管理防御水平的度量。

1. 根据持股比例度量经理管理防御水平

英美学者通常将经理持股比例视为一个独立的外生变量,将其作为管理防御水平的替代变量。由于经理持股比例作为替代变量,与人口学特征、公司治理机制等相关性不强,故容易通过大样本来检验假设。但检验结果发现,经理持股比例存在阈值范围,仅在某一范围内才与经理管理防御相关。如Stulz(1990)在研究外部接管对经理管理防御的影响时,发现经理持股比例为5%～25%,其防御行为才具有相关性,能够得到抑制;McConnell等(1990)得出,经理持股比例为40%～50%,

才能有效抑制其管理防御。这意味着经理股权激励可能存在区间范围内的非单调性。在我国目前资本市场中，职业经理人通过股权激励获取的股份占比很小，国有控股上市公司中经理人持股比例更低一些（汪平 等，2017）。

2. 以人力资本特征为核心度量经理管理防御水平

经理管理防御动机是经理自我利益保护意识或本能的反应。因此，研究中把经理人口学特征（如年龄、性别、学历）和任期、两职合一等指标作为备选指标比较常见。李秉祥等（2016）从经理人自身因素、内部控制机制和外部市场环境三个维度来构建指标体系。其中，经理人自身因素包括人口学因素和职业经历因素；内部控制因素包括激励机制因素、约束机制因素和公司股权结构；外部市场因素则包括产品市场竞争程度和宏观经济环境。然后选择经理管理防御的行为表现作为表征指标，影响因素作为预测指标，分别采用正态分布检验、两个独立样本及 K 个独立样本的非参数检验等方法对初始指标进行筛选，最终将筛选出的 21 个指标纳入经理管理防御的测度指标体系中，并优选出 14 个指标构建了最终的经理管理防御测度指标体系。这种度量方法比较精细，但是收集数据成本大制约了该度量方法的应用与推广。

经理的人力资本价值损失的不可补偿性特征也是其固守职位的重要原因之一（Chen et al.，2011）。人力资本专用性使得经理人工作中积累的专属知识技能，以及人力资本经济价值严重依赖于股东雇佣关系，导致被接管时面临解雇风险和预期转换工作成本，而且这些减损的人力资本是得不到补偿的，只能由自身承担。预期转换工作成本不仅包括原有薪酬、津贴福利等机会成本，还包括经理人寻找新工作、学习和熟悉新岗位所付出努力等间接成本，以及由于解雇所带来的声誉、社会地位等无形损失。可以发现，经理人预期转换工作成本中的间接成本和无形损失难以具体计量，可操作性较差。

依据经理人的自利性动机是其管理防御行为的内生机制，结合指标设置的目的性、系统性、可操作性原则，本书选取经理层人口学特征和预期转换工作成本两方面的主要影响因素来反映经理管理防御程度。首先，高管特质决定着公司战略的选择，进而影响公司的运营绩效。经验证据表明，管理者人口统计学特征能有效地解释公司战略选择和绩效的结果，而公司总经理是高层管理团队的代表，其人口学特征相对于其他高管来说，具有更强的解释力和预测力。公司总经理的人口学特征主要选取年龄、岗位任职年限、学历、教育背景等。其次，经理人预期转换工作成本选取可测度的在职消费和薪酬加以反映。一般情况下，经理人预期转换工作成本越大，其固守职位进行管理防御的动机越大。

5.1.3　控股股东股权质押与经理管理防御

在公司治理实践中，控股股东主要掌控公司的经济资源，决定着经营发展方向，并能获得控制权私有收益；但控股股东不直接参与公司日常经营，无论是想通过关联交易、规避纳税等获取私利，还是想通过调整会计政策进行盈余操纵、过滤信息、择时披露等手段降低控制权转移风险，其顺利实施都需管理层的配合才能完成。

1. 控股股东股权质押行为会强化公司经理层管理防御动机行为

一般情况下，控股股东股权质押行为被看成是控股股东陷入财务困境，存在着较强资金需求动机；而控股股东的财富大概率来源于上市公司的权益或分红，当控股股东出现严重资金约束的同时，也预示着上市公司经营状况的不景气。因此，从控股股东的角度分析，控股股东的融资约束越严重，发生上市公司控制权转移的风险越大，控股权对于上市公司未来发展影响不确定性越大；同时，处于财务困境的控股股东谋求控制权私利侵占公司及中小股东利益的动机愈加强烈。从上市公司角度来看，控股股东股权质押增大了公司的控制权转移风险，也从侧面反映出上市公司经营前景的“惨淡”。因此，控股股东股权质押一般被资本市场解读为“负面”消息，会吸引资本市场各方的关注，从而增加了公司外部的治理强度。如郑国坚等(2014)以股权质押融资作为大股东出现严重财务困境的代理变量，实证检验发现大股东股权质押与大股东占用上市公司资金呈显著正相关关系。

当控股股东利用股权质押融资后，首先需要考虑由于股价波动而引发控制权转移的潜在风险。控股股东为了防止控制权转移风险，会比以往更加需要经理人的配合来稳定公司股票价格，这会削弱控股股东对经理人的监督作用。在股权质押情景下，控股股东控制权与现金流权分离程度加大，对于经理层监督的边际收益会大幅度降低，在信息不对称情况下也会降低为监督所付出的成本。因此，股权质押的控股股东会削弱甚至放弃经理层的有效监督。在缺乏有效监督的情况下，经理层的自利行为会逐渐膨胀，形成内部人控制，会利用办公、会议、出差、培训、业务招待等项目加大职务消费和牟取自身利益。相关学者研究发现，1999—2000 年上市公司管理层薪酬水平远低于在职消费水平，大约仅占 10%。因此，经理层具有利用职务、特权等消费或列支相关费用等来弥补职位薪酬“不足”部分的动机。因此，在股权质押情况下，控股股东会降低对公司经理层的监督力度，以换取经理层在业务上配合或支持来降低风险，会加剧经理层的管理防御动机行为。

股权质押后，控股股东为促成自身谋求私利的顺利实现，通常会采取与经理层合谋的方式。正如相关学者的研究认为，控股股东侵占中小股东利益的实质是其与公司经理层合谋的结果。研究发现，控股股东采取的主要方式有关联交易、盈余管理（Huang et al.，2016）、收购不良资产、产品转移定价、集团合并等，而这些交易都必须取得公司经理层的支持和配合（Zhang et al.，2014），同时控股股东会放松对经理层的监督与控制，从而加剧经理层的管理防御行为。基于此，提出如下假设：

假设 5-1：控股股东股权质押会造成公司经理层的管理防御程度上升。

2. 股权质押后控股股东与经理层合谋的互动方式

从控股股东的视角来看，控股股东股权质押之后，既要稳定上市公司的股价避免控制转移风险，又想顺利侵占中小股东的利益缓解自身融资约束，虽然掌握了公司的控制权，但并不直接参与公司日常经营管理，亟须与公司经理层达成“互惠共赢”，实现自身机会主义行为。即使这些事项不需要管理层的协同支持，但至少不希望被管理层抵制或干预。而管理层从公司内部获得激励的主要方式是高管薪酬，这正是控股股东最能直接决定或干预的主要决策内容，因此，股权质押后的控股股东为了达到自己目标，有可能会“放水”高管薪酬激励的绩效考核标准，或者大幅提高高管薪酬水平，以此来对高管示好，从而降低了管理层薪酬与公司绩效的敏感性。在此背景下，控股股东直接影响经理层努力程度和敬业精神，偏离公司价值最大化的目标；加之，由于控股股东利用各种手段侵占公司利益，会减损公司的价值，则必然影响到以公司业绩为基础的薪酬契约，这种绩效“归因”导致控股股东又会为经理层提供超出其业绩的额外薪酬来“赎买”，则又进一步加强了双方的合谋依存关系，使得经理层的薪酬业绩敏感性更弱。

从经理层角度来看，当经理发现控股股东股权质押后出现掏空上市公司行为时，出于契约精神会与控股股东进行博弈。此时会出现两种情况：第一，以掏空事项为筹码获取自身权益最大化。这种情况类似于 Rubin-Stein 讨价还价过程，而当控股股东通过降低经理层薪酬业绩考核标准，或提高经理层薪酬水平，或放松对经理管理防御行为监督等“报价”，经理层认为满意时，“合谋”成功；否则，由经理层提出利益诉求，控股股东可以同意，也可以继续报价，如此继续，直到双方合作达成。第二，经理层基于企业家精神拒不配合控股股东掏空行为，则面临被更换的风险，或控股股东停止掏空行为，引发对经理层更严苛的业绩考核标准、监督措施等，最终导致经理自动辞职。这种情况经理层不仅会损失现有职位薪酬和福利，而且会造成声誉减损、增加转换工作成本。因此，在如此巨大损失的威胁下，经理层很可能会接受控股股东的“赎买”条件，配合或默许控股股东的掏空行为，同时弱化公司治理的监督与约束作用，降低薪酬业绩敏感度的同时也加剧了管理层防御动机行为。基于此，提出如下假设：

假设 5－2：控股股东进行股权质押会选择与经理层合谋侵占公司利益，导致经理薪酬业绩敏感性降低。

在现代公司治理实践中，对于公司高管的续聘与更换是治理机制中的重要一环。对不称职高管的更换是惩罚其机会主义行为最苛刻的手段，而是否变更高管的决策取决于公司对高管变更所带来收益和风险的权衡。在我国股权相对集中的市场环境下，控股股东“一言堂”现象比较普遍，控股股东可以提名或直接任命董事长、董事、总经理以及其他高管人员，使得经理层成为依附于公司大股东的特殊人群，经理成为出于互惠动机，配合控股股东实施自利目标的代理人或“傀儡”。因此，股权质押后的控股股东出于自利动机，对于不接受控股股东提出“赎买”条件的经理人进行解聘，选择那些有预期迎合其掏空与利益输送倾向的经理人，如此循环往复。基于此，提出如下假设：

假设 5－3：控股股东进行股权质押会在经理变更决策中选择愿意合谋掏空的经理人。

5.2　研究设计

5.2.1　样本选择与数据来源

本章以我国沪深 A 股上市公司 2000—2020 年度数据为初始研究样本，并对得到的样本进行了如下筛选：①剔除样本中金融行业的上市公司；②剔除样本中在此期间内被 ST、*ST 的公司；③剔除相关数据存在缺失的公司；④剔除样本中上市年限不满一年的公司。通过以上处理后，最终得到 20559 个样本观测值，同时对所有连续型变量进行了上下 1% 的缩尾处理，以消除极端值对实证结果的影响。本书的数字信息数据来源于国泰安（CSMAR）数据库。数据处理和分析使用 Excel 2016 和 Stata 16 软件完成。

5.2.2　变量定义

1. 被解释变量

本章研究的被解释变量为管理防御水平。目前有关管理防御水平的测量仍是一个难题。经理管理防御行为映射出其深层次的内心活动，采用“资产周转率”“管理费用/销售收入”等单一指标难以全面反映公司经理管理防御程度。本书以总经理作为经理层代表，选择总经理个人背景和工作转换成本作为特征因素，使用改进的 CRITIC 法赋权构建经理管理防御指数，并以 MEI 表示。

1）总经理个人背景特征

（1）年龄。随着年龄的增长，总经理的风向偏好会逐渐趋于保守。随着年龄增长，职位和薪资待遇越来越符合总经理的心理预期，且年龄越大，总经理的人力资本专用性越强，更换工作的成本越大，保证现有职位和绩效的稳定成为总经理的主要目的，因此年龄越大的总经理更趋向于选择低风险的财务决策，总经理维护已有职位的防御动机更强，越容易引发管理防御行为。

（2）任期。在公司的任期越长，总经理所拥有的权力会越大。长期身居重要岗位的任职使得总经理有能力也有资源形成自己的权力网络，从而延伸自己的权利范围，削弱公司对其的监督能力。一方面，因为总经理在公司长期任职中形成了更适合于当前公司的成熟管理模式，使得自身的人力资本专用性变强，一旦离开当前公司环境，人力资本价值会受到损失，因此总经理任期越长，对公司的依赖度越高，维护自身职位的防御动机也更为强烈。另一方面，因为总经理的任期越长，对于各类资源控制程度越深，越可能形成内部人控制的情形，造成公司的监督机制失衡，也易于采取更隐蔽的手段攫取私人收益，所以总经理的任职时间越长，其管理防御程度越高。

（3）学历。虽然总经理的学历高低不可能全面反映其管理能力，但由于柠檬市场的存在，需要总经理学历背景来考察其能力，因此总经理学历越高，也越容易获得公司的聘任。学历越高的总经理的知识储备与学习能力也较强，在新公司的学习和适应时间更短，降低了工作变更的成本。

（4）专业背景。一般来说，知识专用性越强，则工作转换成本也越高。通常，经管专业背景的经理人知识通识性强，更容易被聘用；拥有工科学历背景的经理人知识专用性更高，专用性越高，转换成本越高。因此，低学历与工科背景的总经理在变更工作时，转换成本大，具有更高的防御程度。

2）工作转换成本

（1）在职消费。如果经理人的薪酬水平与经理人期望有差距，会导致经理人产生强烈的防御动机，致力于增加在职消费或其他消费以补偿薪酬的不足。经理人的管理权力越大,则受监督越弱,越有可能利用不确定性实施在职消费等机会主义行为(权小锋 等,2010)。因此,总经理的在职消费水平越高,则其管理防御水平越高。

(2)薪酬水平。经理薪酬水平是经理人固守职位的重要原因之一。由于薪酬业绩的敏感性,使得经理人薪酬激励越大,一般越会努力提高公司业绩,其目标与股东目标也趋于一致,侵害股东利益的自利行为就越少。因此,总经理薪酬越高,管理防御的动机相对就越低。

综上所述,选择总经理的年龄、任期、学历、专业背景、在职消费与薪酬水平等变量构建衡量管理防御的综合指数,具体见表 5－1。

表 5－1　管理防御指标设计说明

影响因素	变量名称	变量符号	变量说明
个人背景特征	年龄	A	总经理年龄
	任期	Inp	总经理实际任期取自然对数
	学历	Edu	博士、硕士、本科、大专及以下,分别取值 0、1、2、3
	专业背景	Ba	总经理专业是经管类为 0,非经管类为 1
工作转换成本	在职消费	MC	数据取自管理费用中扣除了董事和高管以及监事会成员薪酬、计提的坏账准备、存货跌价准备以及当年的无形资产摊销额等明显不属于在职消费的项目后的金额等
	薪酬水平	Sa	总经理实际薪酬取自然对数

CRITIC 法是一种客观赋权法,是以指标的变异性和冲突性为特征确定每个指标权重。变异性是指同一个指标在不同样本组中取值差距的大小,用标准差 σ_{ij} 表示,标准差越大说明波动越大,权重会越大。冲突性是指样本组内各指标之间相关性的强弱,可用相关系数进行表示,相关性越强说明冲突性越小,权重会越低。由于各指标量纲和数量级的标准差不能直接准确辨别指标之间的差异,且冲突性指标有可能存在指标之间负相关的情况进而导致其相关性存在度量上的偏差,所以,本书借鉴张立军、傅为忠等的改进 CRITITC 权重法来衡量管理防御程度。

首先对各数据指标进行 min-max 归一化处理,$x'=[x-\min(x)]/[\max(x)-\min(x)]$,然后利用公式(5－1)和公式(5－2)计算各指标权重,则第 k 个指标的权重 W_k 为

$$C_k = \frac{\sigma_k}{\mu_k} \sum_{i=1}^{n} (1 - |r_{ik}|), k = 1, 2, \cdots, n \tag{5-1}$$

$$W_k = \frac{C_k}{\sum_{i=1}^{n} C_i}, k = 1, 2, \cdots, n \tag{5-2}$$

利用本章所选样本计算得出，经理管理防御各评价指标权重结果见表 5－2，最后得到管理防御指数（MEI）模型 5.1，可以发现，指标权重较大的有总经理薪酬（Sa）、高管在职消费（MC）。然后，将样本公司各年度处理后数据代入，即可得出样本公司各年度经理管理防御水平值。

$$\begin{aligned} \text{MEI} = {} & 0.0328 \times A + 0.1571 \times \text{Inp} + 0.2483 \times \text{MC} + \\ & 0.2540 \times \text{Sa} + 0.1734 \times \text{Ba} + 0.1344 \times \text{Edu} \end{aligned} \quad \text{（模型 5.1）}$$

表 5－2　管理防御指数各评价指标权重

指标	σ_k / μ_k	$\sum_{i=1}^{n} (1 - \lvert r_{ik} \rvert)$	C_k	W_k
A	0.1329	6.3723	0.8468	0.0328
Inp	0.9492	6.4626	4.0566	0.1571
MC	0.9449	6.7883	6.4141	0.2483
Sa	1.0134	6.4749	6.5619	0.2540
Ba	0.6834	6.5546	4.4794	0.1734
Edu	0.5353	6.4848	3.4713	0.1344

被解释变量中，经理薪酬水平是反映上市公司对经理激励程度的一个重要指标，目前普遍的做法是考核整个经理层的业绩完成状况，来确定总经理当年的基本年薪，而其余副总经理及高管人员的年薪一般为总经理基本年薪的 60％～80％。因此，本研究选取总经理薪酬的自然对数作为代理变量。国泰安数据库中披露的高管变更原因有工作调动、退休、任期届满、控股权变动、辞职、解聘、健康原因、个人原因、完善公司法人治理结构、涉案和其他原因，本研究将“退休”“任期届满”“控股权变动”“健康原因”和“完善公司法人治理结构”所导致的高管变更划分为正常变更，除此之外则视为非正常变更。控股股东掏空是一种隐蔽行为，可根据可能发生的机会，选择公司当年其他应收款余额作为替代变量加以反映。

2. 解释变量:股权质押

本章研究的解释变量是控股股东股权质押,选取的度量指标与第 4 章一致。控股股东股权质押采用控股股东是否进行股权质押 P 和股权质押的比例 PR 来衡量。

3. 控制变量

为控制可能对经理管理防御影响的其他因素,参考刘银国等(2012)、陈德球等(2011)和实证分析中选取的控制变量,本章研究选取如下控制变量:资产负债率(Lev),公司账面市值比(BtM),净资产收益率(ROE),总经理持股比例(MS),第一大股东持股比例(CS),董事会规模(Board),独立董事占比(Inde),股权制衡度(Z),产权性质(Soe)等。主要变量的符号与含义具体见表 5-3。

表 5-3　变量定义表

变量类型	变量名称	变量符号	变量说明
被解释变量	管理防御指数	MEI	由 CRITIC 权重法确定的综合指标
	经理薪酬	ManSa	选取总经理薪酬的自然对数作为代理变量
	高管变更	ManLev	选取总经理非正常变更作为 1,否则为 0
	控股股东掏空	Tu	其他应收款余额/公司总资产
解释变量	控股股东是否质押	P	年度内控股股东是否有股权质押行为,有质押为 1,没有为 0
	控股股东股权质押比例	PR	年报中控股股东股权质押股数/控股股东总持股数
	资产报酬率	ROA	资产报酬率=(净利润+利息费用+所得税)/总资产
	控股股东股权质押与资产报酬率的交乘项	P·ROA	资产报酬率去中心化后与股权质押相乘
	控股股东股权质押比例与资产报酬率的交乘项	PR·ROA	股权质押比例与资产报酬率去中心化后相乘

续表

变量类型	变量名称	变量符号	变量说明
控制变量	资产负债率	Lev	总负债账面价值/总资产
	公司规模	Size	总资产的自然对数
	净资产收益率	ROE	公司税后利润/所有者权益
	账面市值比	BtM	公司的账面价值/市场价值
	成长性	G	主营业务收入增长率
	第一大股东持股比例	CS	第一大股东持股数量/总股本
	总经理持股比例	MS	总经理持股数量/总股本
	机构投资者持股比例	InS	机构投资者持股数量总和/总股本
	董事会规模	Board	董事会的董事总和
	独立董事占比	Inde	独立董事人数/董事会董事总和
	股权制衡度	Z	第二大股东到第十大股东的持股比例/第一大股东持股比例
	两职合一	D	董事长与总经理兼任取值为 1，否则为 0
	产权性质	Soe	国有公司为 1，非国有为 0
	行业	Ind	行业为哑变量，根据中国证监会行业分类标准划分。其中，制造业按二级子行业区分
	年度	Y	年度哑变量

5.2.3 模型设定

为了检验控股股东股权质押是否对经理管理防御程度产生影响，验证假设 5-1，本章借鉴吴建祥(2020)的研究设计回归模型，以管理防御指数 MEI 作为被解释变量，控股股东是否质押 P 和质押比例 PR 作为解释变量，同时控制年份和行业效应对管理防御的影响，构建模型 5.2、模型 5.3。

$$\text{MEI}_{i,t} = \alpha_0 + \alpha_1 P_{i,t} + \alpha_2 \text{Controls}_{i,t} + \alpha_3 Y_t + \alpha_4 \text{Ind}_i + \varepsilon_{i,t} \quad (\text{模型 } 5.2)$$

$$\text{MEI}_{i,t} = \alpha_0 + \alpha_1 \text{PR}_{i,t} + \alpha_2 \text{Controls}_{i,t} + \alpha_3 Y_t + \alpha_4 \text{Ind}_i + \varepsilon_{i,t} \quad (\text{模型 } 5.3)$$

其中，α_0 为回归的截距；α_1 为解释变量股权质押意愿 P 和股权质押比率 PR 的回归系数；α_2 为各控制变量 Controls 的回归系数；Y_t 和 Ind_i 分别代表年度固定效应和行业固定效应；$\varepsilon_{i,t}$ 代表回归的残差项。其中，模型 5.2 和模型 5.3 的控制变量包括公司规模(Size)、资产负债率(Lev)、公司账面市值比(BtM)、净资产收益率(ROE)、总经理持股比例(MS)、第一大股东持股比例(CS)、董事会规模(Board)、独立董事比例(Inde)、股权制衡度(Z)、两职合一(D)、产权性质(Soe)。若假设5-1成立，则控股股东股权质押意愿 P 和股权质押比例 PR 的回归系数应显著为正，表明控股股权质押能够明显地提升经理管理防御程度。

为了检验本书假设 5-2，借鉴现有文献对薪酬业绩敏感性问题的研究方法(刘晓晖 等，2021)，通过构建模型 5.4、模型 5.5 以及模型 5.6，来对控股股东股权质押与经理薪酬之间的关系进行实证检验，具体模型如下：

$$ManSa_{i,t} = \alpha_0 + \alpha_1 ROA_{i,t} + \alpha_2 Controls_{i,t} + \alpha_3 Y_t + \alpha_4 Ind_i + \varepsilon_{i,t} \quad \text{(模型 5.4)}$$

$$ManSa_{i,t} = \alpha_0 + \alpha_1 ROA_{i,t} + \alpha_2 P \cdot ROA_{i,t} + \alpha_3 P_{i,t} + \alpha_4 Controls_{i,t} + \alpha_5 Y_t + \alpha_6 Ind_i + \varepsilon_{i,t} \quad \text{(模型 5.5)}$$

$$ManSa_{i,t} = \alpha_0 + \alpha_1 ROA_{i,t} + \alpha_2 PR \cdot ROA_{i,t} + \alpha_3 PR_{i,t} + \alpha_4 Controls_{i,t} + \alpha_5 Y_t + \alpha_6 Ind_i + \varepsilon_{i,t} \quad \text{(模型 5.6)}$$

在模型 5.4、模型 5.5、模型 5.6 中，$ManSa_{i,t}$ 为被解释变量，代表总经理在公司 i 在 t 年的薪酬水平；$ROA_{i,t}$ 为解释变量，代表公司 i 在 t 年经营业绩的情况；$P \cdot ROA$ 和 $PR \cdot ROA$ 为解释变量，分别代表控股股东股权质押意愿与资产报酬率的交互项和控股股东股权质押比例与资产报酬率的交互项；Controls 代表所选取的控制变量，包括公司规模(Size)、资产负债率(Lev)、第一大股东持股比例(CS)、董事会规模(Board)、董事会会议次数(BM)、独立董事比例(Inde)、产权性质(Soe)。若假设 5-2 成立，则公司经营绩效 ROA 的回归系数应显著为正，而控股股东股权质押意愿与资产报酬率的交互项 $P \cdot ROA$ 和控股股东股权质押比例与资产报酬率的交互项 $PR \cdot ROA$ 的回归系数应显著为负，说明控股股东股权质押后，能够明显降低经理薪酬与公司经营绩效之间的敏感性。

为了检验本章研究的假设 5-3，本章构建了模型 5.7 和模型 5.8 来实证检验控股股东股权质押与控股股东掏空行为之间的关系以及非正常变更的经理人变更是否会加剧控股股东掏空行为，具体模型如下：

$$\mathrm{Tu}_{i,t} = \alpha_0 + \alpha_1 P_{i,t} + \alpha_2 \mathrm{Controls}_{i,t} + \alpha_3 Y_t + \alpha_4 \mathrm{Ind}_i + \varepsilon_{i,t} \quad (模型 5.7)$$

$$\mathrm{Tu}_{i,t} = \alpha_0 + \alpha_1 \mathrm{PR}_{i,t} + \alpha_2 \mathrm{Controls}_{i,t} + \alpha_3 Y_t + \alpha_4 \mathrm{Ind}_i + \varepsilon_{i,t} \quad (模型 5.8)$$

在模型 5.7 与模型 5.8 中，Tu 为被解释变量，代表控股股东的掏空程度指标；P 和 PR 为解释变量，代表控股股东的质押意愿和质押比例；Controls 为所选取的控制变量，包括：公司规模（Size）、资产负债率（Lev）、机构投资者持股比例（InS）、董事会规模（Board）、独立董事占比（Inde）、成长性（G）、股权制衡度（Z）、第一大股东持股比例（CS）、两职合一（D）、产权性质（Soe）。若假设 5-3 成立，控股股东股权质押的 P、PR 回归系数应显著为正，说明控股股东股权质押在加剧控股股东掏空方面具有促进作用，而在经理人是否为非正常变更的分组回归中，非正常变更组的股权质押 P、PR 系数应显著大于正常变更组股权质押的回归系数，说明控股股东股权质押能够通过非正常的经理人变更的作用机制，进而提高控股股东掏空程度。

5.3 实证结果分析

5.3.1 描述性统计与相关性分析

1. 描述性统计

本节实证检验所需主要变量的描述性统计见表 5-4。为防止各变量的极端值对回归结果造成影响，对连续变量进行 1%、99%的缩尾处理。由表 5-4 可知，经理管理防御指数的均值为 0.471，标准差为 0.143，最小值为 0.074，最大值为 0.957，这说明不同上市公司的经理管理防御程度差异较大，上市公司经理管理防御水平整体较高。经理薪酬的平均值、标准差、最大值、最小值分别为 13.067、1.18、3.767、15.349，这表明经理人之间的薪酬差距较大，但整体薪酬较高。控股股东掏空 Tu 的均值为 0.017，最小值为 0.008，最大值为 0.165，说明控股股东整体掏空程度不高，但仍有少部分掏空程度较高。控股股东股权质押意愿和质押比例的均值分别为 0.442 和 0.238，标准差为 0.494 和 0.339，虽然因研究问题导致样本数量有所差异，但差距不大。从其他的控制变量描述统计来看，也基本与以往学者的研究保持一致。

表 5-4　主要变量的描述性统计

变量	N	平均值	标准差	最小值	第 50 百分位数	最大值
MEI	20559	0.471	0.143	0.074	0.495	0.957
ManSa	20559	13.067	1.180	3.767	13.178	15.349
Tu	20559	0.017	0.026	0	0.008	0.165
P	20559	0.422	0.494	0	0	1
PR	20559	0.238	0.339	0	0	1
P · ROA	20559	−0.003	0.044	−0.314	0	0.155
PR · ROA	20559	−0.003	0.023	−0.239	−0.001	0.118
Size	20559	22.080	1.273	19.830	21.890	26.180
Lev	20559	0.426	0.202	0.053	0.420	0.876
ROA	20559	0.036	0.063	−0.278	0.036	0.192
ROE	20559	0.055	0.140	−0.817	0.067	0.310
G	20559	0.169	0.409	−0.593	0.106	2.505
BtM	20559	1.016	1.015	0.105	0.681	5.921
MS	20559	0.052	0.111	0	0	0.514
Board	20559	2.134	0.200	1.609	2.197	2.708
BM	20559	2.316	0.339	1.609	2.303	3.219
Inde	20559	0.374	0.053	0.308	0.333	0.571
InS	20559	0.366	0.242	0	0.356	3.267
CS	20559	0.345	0.149	0.088	0.321	0.742
Z	20559	0.942	0.796	0.041	0.730	3.999
D	20559	0.280	0.449	0	0	1
Soe	20559	0.350	0.477	0	0	1

2. 相关性分析

表 5-5 为本章的主要变量之间的相关性系数矩阵表。其中，斯皮尔曼(Spearman)相关系数检验结果和皮尔逊(Pearson)相关系数检验结果分别位于表 5-5 上、下三角部分。从表中可以初步看出被解释变量和解释变量的相关性，控股股东的股权质押变量(P、PR)与经理管理防御指数(MEI)之间在 5%水平上显著正相关，经理薪酬(ManSa)与公司经营业绩(ROA)显著正相关，股权质押与控股股东掏空程度显著正相关，说明在不控制其他变量的情况下，两者之间存在显著正相关关系。但由于表中的相关性检验分析只显示了两个变量间的相关程度，未考虑控制变量的影响，不反映变量之间的影响方向以及是否存在因果关系，因此还需进行下面的实证模型回归检验。由表中还可以看出，实证检验中的自变量、因变量以及控制变量之间两种方法的相关系数结果均小于 0.6，且在回归后的方差膨胀因子检验中，VIF 远小于 10，可以看出本章所设计的回归模型 5.2 至模型 5.8 不存在多重共线性问题。

表 5－5 主要变量相关性系数矩阵

变量	MEI	ManSa	Tu	P·ROA	PR·ROA	PR	P	Size	Lev	ROA	G	BtM	InS	MS	CS	Z	Soe	D
MEI	1	−0.31*	−0.01	0.07*	−0.07*	0.05*	0.04*	0.17*	0.02*	0.15*	0.03*	0.02*	0.08*	0.12*	0.04*	0.02*	−0.02*	0.40*
ManSa	−0.30*	1	−0.01*	0.12*	−0.07*	−0.03*	−0.02*	0.44*	0.06*	0.20*	−0.02*	0.08*	0.27*	0.08*	−0.03*	0.12*	−0.02*	0.02*
Tu	−0.03*	−0.06*	1	−0.12*	0.05*	0.10*	0.08*	0.04*	0.28*	−0.20*	−0.01*	0.15*	−0.05*	−0.05*	−0.11*	0.02*	0.02*	−0.03*
P·ROA	0.05*	0.08*	−0.15*	1	0.47*	−0.11*	−0.06*	−0.02*	−0.22*	0.60*	0.08*	−0.24*	0.06*	0.10*	0.07*	0.03*	−0.04*	0.02*
PR·ROA	−0.03*	−0.03*	−0.04*	0.69*	1	−0.06*	−0.03*	0.04*	0.14*	−0.26*	−0.02*	0.18*	−0.02*	−0.08*	−0.03*	−0.03*	0.12*	−0.03*
PR	0.06*	−0.04*	0.10*	−0.15*	−0.15*	1	0.95*	−0.03*	0.06*	−0.11*	0.00	−0.01*	−0.10*	0.13*	−0.12*	0.07*	−0.39*	0.11*
P	0.04*	−0.02*	0.06*	−0.07*	−0.09*	0.82*	1	−0.04*	0.04*	−0.08*	0.02*	−0.04*	−0.11*	0.17*	−0.10*	0.07*	−0.39*	0.12*
Size	0.19*	0.45*	0.02*	0.02*	0.03*	−0.05*	−0.07*	1	0.47*	−0.05*	−0.06*	0.58*	0.42*	−0.20*	0.14*	−0.11*	0.30*	−0.16*
Lev	0.02*	0.05*	0.23*	−0.20*	0.02*	0.08*	0.04*	0.47*	1	−0.41*	−0.04*	0.60*	0.16*	−0.26*	0.05*	−0.14*	0.28*	−0.14*
ROA	0.12*	0.15*	−0.21*	0.69*	0.15*	−0.13*	−0.08*	0.01	−0.35*	1	0.12*	−0.44*	0.11*	0.18*	0.12*	0.05*	−0.13*	0.04*
G	−0.01	−0.04*	−0.02*	0.04*	0.02*	0.03*	0.03*	−0.07*	−0.02*	0.04*	1	−0.16*	0.00	0.08*	0.01*	0.05*	−0.05*	0.03*
BtM	0.04*	0.12*	0.17*	−0.12*	0.06*	−0.02*	−0.06*	0.61*	0.58*	−0.24*	−0.08*	1	0.10*	−0.26*	0.07*	−0.14*	0.30*	−0.16*
InS	0.08*	0.27*	−0.06*	0.08*	0.01	−0.09*	−0.11*	0.44*	0.16*	0.13*	−0.01	0.15*	1	−0.31*	0.30*	−0.12*	0.30*	−0.14*
MS	0.16*	−0.01	−0.09*	0.05*	−0.03*	0.03*	0.11*	−0.22*	−0.23*	0.09*	0.04*	−0.20*	−0.28*	1	−0.19*	0.30*	−0.45*	0.37*
CS	0.05*	−0.02*	−0.08*	0.09*	0.03*	−0.14*	−0.11*	0.19*	0.05*	0.14*	0.00	0.09*	0.32*	−0.00	1	−0.77*	0.23*	−0.04*
Z	0.02*	0.12*	−0.01	−0.03*	−0.03*	0.03*	0.03*	−0.09*	−0.13*	−0.01*	0.03*	−0.11*	−0.13*	0.08*	−0.71*	1	−0.30*	0.08*
Soe	−0.02*	−0.03*	0.03*	−0.01	0.07*	−0.36*	−0.39*	0.32*	0.28*	−0.05*	−0.05*	0.31*	0.30*	−0.33*	0.24*	−0.26*	1	−0.28*
D	0.40*	0.03*	−0.04*	0	−0.02*	0.08*	0.12*	−0.16*	−0.14*	0.01*	0.02*	−0.14*	−0.14*	0.51*	−0.05*	0.05*	−0.28*	1

注：* 表示在 5%水平上显著，表中右上半部分为 Spearman 相关系数检验结果，左下半部分为 Pearson 相关系数检验结果。

5.3.2 实证结果

(1)表 5-6 是股权质押对经理管理防御程度影响效应的回归结果。从表中可以看出,股权质押(P)和质押比例(PR)对管理防御的影响效应呈显著正向作用。其中,列(1)是股权质押对管理防御的回归结果,股权质押的回归系数是 0.0155,并且在 1%的水平上显著,表明控股股东股权质押会使得经理管理防御程度增大。列(2)是股权质押比例对管理防御的回归结果,股权质押比例的回归系数是 0.0257,且在 1%的水平上显著,表明控股股东股权质押比例对管理防御程度具有显著正向影响效应。列(1)和列(2)的回归结果表明控股股东进行股权质押对经理管理防御起到了促进作用,本章假设 5-1 得到验证。

表 5-6　股权质押对管理防御影响效应检验

变量	(1) MEI	(2) MEI
P	0.0155***	
	(3.08)	
PR		0.0257***
		(3.46)
Size	0.0279***	0.0280***
	(5.97)	(6.00)
Lev	0.0831***	0.0824***
	(4.65)	(4.61)
ROE	0.0058	0.0061
	(0.38)	(0.40)
BtM	−0.0191***	−0.0190***
	(−5.77)	(−5.77)
MS	0.2388***	0.2394***
	(6.74)	(6.75)
Board	0.0618***	0.0614***
	(3.53)	(3.51)
Inde	0.0751	0.0762
	(1.38)	(1.40)

续表

变量	(1) MEI	(2) MEI
CS	−0.1936***	−0.1935***
	(−5.54)	(−5.54)
Z	−0.0249***	−0.0249***
	(−4.68)	(−4.69)
D	0.0910***	0.0912***
	(8.68)	(8.70)
Soe	−0.0076	−0.0058
	(−0.62)	(−0.47)
Constant	0.1852	0.1828
	(1.64)	(1.62)
样本数	20559	20559
R^2	0.059	0.059
公司固定效应	控制	控制
行业固定效应	控制	控制

注：***、** 和 * 分别表示在1%、5%和10%水平上显著，括号内为 t 值，且在公司层面进行了聚类调整。

(2)表 5－7 为股权质押对经理薪酬激励有效性的回归结果。表中列(1)是未加入股权质押变量、股权质押和公司业绩交乘项的回归结果，从中可以看出公司的业绩(ROA)对高管薪酬(ManSa)的回归系数为 0.690，且在 1%水平上显著，表明公司业绩对经理薪酬具有显著正向影响作用，即上市公司经营业绩越好，经理薪酬水平越高。列(2)是加入股权质押虚拟变量与交乘项(P·ROA)的回归结果，其中 ROA 的回归系数降低为 0.452，且在 1%的水平上显著统计；P·ROA 的回归系数为−0.283，并且在 5%的水平上显著，说明公司的经营业绩，通过控股股东股权质押的作用，降低了对经理薪酬的影响，这表明控股股东股权质押后，公司的业绩对经理薪酬业绩敏感性显著降低。列(3)是加入股权质押比例与其交乘项的回归结果，其中 ROA 的回归系数降低为 0.488，并且在 1%水平上显著；PR·ROA 是股权质押比例与 ROA 的交乘项，回归系数为−0.561，且在 1%水平上显著，这表明在控股股东股权质押比例越高的情况下，公司的薪酬业绩敏感性越低。表 5－7 的回归结果表明，存在股权质押的公司，其薪酬业绩敏感性会显著降低，经理薪酬与公司经营状况之间的关系减弱，会导致经理层谋取私利的可能性增大，本章假设 5-2 得到验证。

表 5-7　股权质押对经理薪酬激励有效性的回归分析

变量	(1) ManSa	(2) ManSa	(3) ManSa
ROA	0.690***	0.452***	0.488***
	(6.33)	(4.58)	(5.23)
P		−0.108***	
		(−6.20)	
P·ROA		−0.283**	
		(−2.15)	
PR			−0.118***
			(−4.91)
PR·ROA			−0.561***
			(−3.68)
Size	0.296***	0.258***	0.258***
	(31.89)	(35.70)	(35.74)
Lev	−0.148***	−0.290***	−0.288***
	(−2.80)	(−8.37)	(−8.30)
Board	0.104**	0.202***	0.198***
	(2.09)	(4.62)	(4.53)
Inde	−0.260	−0.144	−0.157
	(−1.49)	(−0.91)	(−1.00)
BM	0.083***	0.046*	0.045*
	(2.95)	(1.88)	(1.86)
CS	−0.0251***	−0.0132**	−0.0130***
	(−4.90)	(−2.24)	(−2.64)
Soe	−0.095***	−0.163***	−0.155***
	(−4.96)	(−8.78)	(−8.39)
Constant	5.116***	5.785***	5.784***
	(21.07)	(28.47)	(28.66)
样本数	20559	20559	20559
R^2	0.561	0.562	0.562
公司固定效应	控制	控制	控制
行业固定效应	控制	控制	控制

注：***、** 和 * 分别表示在 1%、5%和 10%水平上显著，括号内为 t 值，且在公司层面进行了聚类调整。

(3)表 5－8 为股权质押对控股股东掏空行为的影响作用及高管非正常变更的调节作用回归结果。列(1)和列(2)为股权质押对大股东掏空行为的影响作用,核心解释变量控股股东是否股权质押的回归系数为 0.0065,且在 1%水平上显著,而控股股东股权质押比例的回归系数为 0.0094,且在 1%的水平上显著。这表明,股权质押和质押比例显著影响了控股股东掏空行为,控股股东股权质押后会加大其掏空力度。列(3)到列(6)是按照高管是否为正常变更的分组检验回归结果,在列(3)和列(4)中,控股股东是否股权质押的回归系数分别为 0.0051 和 0.0076,并且在 5%和 1%的水平上显著,通过系数差异检验可以看出,高管非正常变更组与正常变更组系数有明显差异,说明高管的非正常变更加剧了控股股东股权质押对公司掏空行为的正向影响。在列(5)和列(6)中,控股股东质押比例的回归系数分别为 0.0063 和 0.0114,并且在 10%和 1%的水平上显著,且系数差异检验说明两组系数存在明显差异,反映了高管的非正常变更加剧了股权质押比例对控股股东掏空行为的正向作用。通过对高管非正常变更的分组检验,可以看出控股股东的股权质押行为,通过高管非正常变更这一因素的作用机制,提升了控股股东掏空程度,这也表明控股股东对于不配合其掏空行为的经理人进行了更换。可见,表 5－8 的回归结果支持了假设 5－3。

表 5－8　控股股东股权质押影响掏空行为的作用机制检验

变量	(1) Tu	(2) Tu	(3) Tu 高管正常变更	(4) Tu 高管非正常变更	(5) Tu 高管正常变更	(6) Tu 高管非正常变更
P	0.0065***		0.0051**	0.0076***		
	(4.11)		(2.10)	(3.19)		
PR		0.0094***			0.0063*	0.0114***
		(3.85)			(1.68)	(3.15)
Size	－0.0052***	－0.0052***	－0.0045***	－0.0054***	－0.0045***	－0.0055***
	(－6.64)	(－6.58)	(－3.34)	(－4.23)	(－3.40)	(－4.49)
Lev	0.0457***	0.0454***	0.0364***	0.0507***	0.0354***	0.0495***
	(7.14)	(7.08)	(3.38)	(5.06)	(3.38)	(5.02)
ROA	－0.0599***	－0.0594***	－0.0328	－0.0670***	－0.0320	－0.0690***
	(－3.99)	(－3.96)	(－1.35)	(－3.40)	(－1.38)	(－3.57)

续表

变量	(1) Tu	(2) Tu	(3) Tu 高管正常变更	(4) Tu 高管非正常变更	(5) Tu 高管正常变更	(6) Tu 高管非正常变更
InS	0.0026	0.0021	0.0067	−0.0001	0.0064	0.0003
	(0.90)	(0.71)	(1.47)	(−0.03)	(1.48)	(0.08)
Board	−0.0080*	−0.0080*	−0.0144**	−0.0059	−0.0141**	−0.0053
	(−1.93)	(−1.92)	(−2.11)	(−1.09)	(−2.14)	(−0.98)
Inde	0.0079	0.0080	−0.0221	0.0093	−0.0208	0.0187
	(0.50)	(0.51)	(−1.06)	(0.39)	(−1.00)	(0.77)
G	−0.0017	−0.0017	−0.0026	−0.0017	−0.0023	−0.0015
	(−1.24)	(−1.26)	(−0.98)	(−1.20)	(−0.87)	(−1.04)
Z	0.0010	0.0012	−0.0014	0.0014	−0.0010	0.0019
	(0.77)	(0.90)	(−0.73)	(0.76)	(−0.52)	(0.99)
D	0.0027	0.0028	0.0003	0.0033	0.0005	0.0039
	(1.40)	(1.45)	(0.12)	(1.29)	(0.19)	(1.48)
CS	−0.0086*	−0.0078	−0.0263***	−0.0095	−0.0312***	−0.0031
	(−1.90)	(−1.61)	(−3.43)	(−0.50)	(−3.22)	(−0.34)
Soe	−0.0031*	−0.0029*	−0.0039	−0.0036	−0.0027	−0.0029
	(−1.84)	(−1.70)	(−1.39)	(−1.37)	(−1.07)	(−1.19)
Constant	0.1852***	0.1832***	0.2208***	0.1966***	0.1975***	0.1821***
	(8.91)	(8.84)	(5.75)	(6.17)	(5.63)	(6.27)
样本数	6158	6158	2104	4054	2104	4054
R^2	0.227	0.227	0.260	0.257	0.241	0.236
公司固定效应	控制	控制	控制	控制	控制	控制
行业固定效应	控制	控制	控制	控制	控制	控制
			Pledge 系数差异检验		PledgeRate 系数差异检验	
χ^2			13.25***		14.33***	
P 值			0.000		0.000	

注：***、** 和 * 分别表示在 1%、5% 和 10% 水平上显著；括号内为 *t* 值，且在公司层面进行了聚类调整。

5.4 稳健性检验

为了提高本章实证分析回归结果的可靠性，增强研究结论的稳健性，本节从改变因变量、自变量的衡量方式以及减弱内生性影响等方面来增强研究结论的稳健性。

1. 改变自变量的测度方法

通过改变股权质押的度量指标，借鉴已有学者研究，使用另一种方式来衡量控股股东股权质押行为，以控股股东已质押的股数与公司总股数的比值(PR2)作为衡量股权质押的代理变量，重新对假设5-1、假设5-2以及假设5-3进行回归检验，回归结果见表5-9。表5-9中列(1)呈现的是更换控股股东股权质押变量后对经理管理防御程度的回归结果，股权质押比例(PR2)系数为0.0603，且在1%水平上显著，其余列的回归结果也与前文的研究结论基本一致。

表5-9 控股股东股权质押对经理管理防御影响机制的稳健性检验(改变自变量度量)

变量	(1) MEI	(2) ManSa	(3) Tu	(4) Tu 高管正常变更	(5) Tu 高管非正常变更
PR2	0.0603***	−0.4010***	0.0174**	0.0116***	0.0193***
	(2.87)	(−5.72)	(2.19)	(2.36)	(3.34)
PR2 · ROA		−0.9297***			
		(−4.56)			
Constant	0.1594*	6.8701***	0.4831***	0.4652***	0.4598***
	(1.72)	(35.23)	(7.20)	(6.85)	(7.06)
控制变量	控制	控制	控制	控制	控制
R^2	0.057	0.091	0.673	0.094	0.094
公司固定效应	控制	控制	控制	控制	控制
行业固定效应	控制	控制	控制	控制	控制

注：***、**和*分别表示在1%、5%和10%水平上显著；括号内为t值，且在公司层面进行了聚类调整。

2. 改变因变量经理管理防御的度量方式

本章前文构建的综合衡量指标是从经理人自身动机角度来衡量管理防御程度的大小，在本节稳健性检验中，从代理成本的角度来考虑经理管理防御程度，已有学者选取管理费用率和总资产周转率来衡量经理层的代理成本。其中，总资产周转率主要反映经理层管理公司效率的高低，但会受到市场环境、宏观经济形势等外界因素的强烈影响。管理费用主要反映公司因管理生产经营活动等发生的费用，主要包括公司的招待费、咨询费、差旅费、办公费等各项费用，而这些费用与经理层的代理行为存在密切联系(万寿义 等，2017)。管理费用率越高，表明经理在公司经营中的代理成本越高，管理成本越高。借鉴杨丹等(2018)已有研究文献，采用管理费用 MEI2 作为代理成本的度量变量，用来衡量经理管理防御程度。通过改变经理管理防御程度的度量方法，重新检验控股股东股权质押与经理管理防御之间的关系，结果见表 5－10。由表 5－10 可知，控股股东股权质押意愿和质押比例(P、PR)系数仍然为正，且在 10%、1%的水平上显著，假设 5－1 再次得到验证，与前文结论一致。

表 5－10　控股股东股权质押对经理管理防御影响的稳健性检验(改变因变量度量)

变量	(1) MEI2	(2) MEI2
P	0.0019*	
	(1.86)	
PR		0.0054***
		(3.68)
Size	−0.0096***	−0.0096***
	(−17.98)	(−18.02)
Lev	−0.0756***	−0.0764***
	(−24.85)	(−25.13)
ROE	−0.1171***	−0.1165***
	(−31.36)	(−31.16)
BtM	−0.0034***	−0.0034***
	(−4.87)	(−4.82)

续表

变量	(1) MEI2	(2) MEI2
MS	−0.0104**	−0.0092*
	(−2.17)	(−1.93)
Board	−0.0014	−0.0013
	(−0.51)	(−0.48)
Inde	0.0201**	0.0209**
	(2.02)	(2.10)
CS	−0.0004***	−0.0004***
	(−10.12)	(−9.78)
Z	−0.0025***	−0.0022***
	(−3.02)	(−2.74)
D	0.0024**	0.0024**
	(2.12)	(2.05)
Soe	0.0043***	0.0051***
	(3.68)	(4.33)
Constant	0.3629***	0.3613***
	(28.35)	(28.23)
R^2	0.307	0.307
公司固定效应	控制	控制
行业固定效应	控制	控制

注：***、** 和 * 分别表示在1%、5%和10%水平上显著；括号内为 t 值，且在公司层面进行了聚类调整。

3. 更换模型进行检验

控股股东股权质押与经理管理防御之间的关系还可能受到其他无法控制的因变量影响，其中可能包括不随时间变化的因素，因此采用固定效应模型重新对假设5－1、假设5－2、假设5－3进行检验，而对于假设5－3调节机制的检验，则通过更换检验调节作用的模型，来增强假设5－3检验结果的稳健性。选取对控制变量约束更为严格的交乘项加入回归模型，来检验经理人的变更是否会加剧控股股东股权质押对企业的掏空程度。具体检验结果见表5－11、表5－12、表5－13，从表中可以看出，回归结果与前文的研究结论基本一致。

表 5-11　控股股东股权质押对经理管理防御影响的稳健性检验(更换模型)

变量	(1) MEI	(2) MEI
P	0.0115***	
	(2.72)	
PR		0.0232***
		(2.76)
Size	0.0238***	0.0240***
	(4.49)	(4.55)
Lev	0.0916***	0.0913***
	(4.52)	(4.51)
ROE	0.0044	0.0047
	(0.25)	(0.27)
BtM	−0.0229***	−0.0229***
	(−6.11)	(−6.13)
MS	0.2890***	0.2893***
	(7.20)	(7.20)
Board	0.0598***	0.0594***
	(3.02)	(3.00)
Inde	0.0680	0.0686
	(1.10)	(1.11)
CF	0.0029	0.0027
	(0.24)	(0.22)
CS	−0.0021***	−0.0021***
	(−5.54)	(−5.56)
Z	−0.0277***	−0.0278***
	(−4.60)	(−4.62)
D	−0.0788***	−0.0790***
	(−11.32)	(−11.35)
Soe	0.0054	0.0068
	(0.39)	(0.49)
Constant	0.3402***	0.3362***
	(2.66)	(2.63)
R^2	0.049	0.049
时间固定效应	控制	控制
行业固定效应	控制	控制
公司固定效应	控制	控制

注：*** 表示在 1%水平上显著，括号内为 t 值。

表 5-12 控股股东股权质押对经理薪酬激励有效性的稳健性检验(更换模型)

变量	(1) ManSa	(2) ManSa	(3) ManSa
ROA	0.411***	0.139*	0.163**
	(3.94)	(1.86)	(2.26)
$P \cdot$ ROA		−0.219**	
		(−2.17)	
P		0.002	
		(0.09)	
PR · ROA			−0.392***
			(−3.09)
PR			0.004
			(0.15)
Size	0.234***	0.235***	0.235***
	(13.95)	(21.48)	(21.60)
Lev	−0.099	−0.167***	−0.164***
	(−1.47)	(−4.71)	(−4.62)
Board	0.212***	0.171***	0.167***
	(3.02)	(2.92)	(2.86)
Inde	−0.038	−0.051	−0.063
	(−0.17)	(−0.28)	(−0.34)
BM	0.107***	0.034	0.034
	(3.46)	(1.29)	(1.29)
CS	−0.003***	−0.002**	−0.002**
	(−3.16)	(−2.52)	(−2.53)
Soe	−0.049	−0.096***	−0.095***
	(−1.19)	(−2.97)	(−2.94)
Constant	6.241***	6.515***	6.516***
	(13.72)	(18.69)	(18.72)
R^2	0.637	0.615	0.615
时间固定效应	控制	控制	控制
行业固定效应	控制	控制	控制
公司固定效应	控制	控制	控制

注:***、**和*分别表示在1%、5%和10%水平上显著,括号内为 t 值。

表 5－13　控股股东股权质押影响掏空行为作用机制的稳健性检验(更换模型)

变量	(1) Tu	(2) Tu	(3) Tu	(4) Tu
P	0.0089***		0.0086***	
	(3.76)		(3.61)	
P · ManLev			0.0074**	
			(2.09)	
PR		0.0089***		0.0093***
		(2.81)		(2.94)
PR · ManLev				0.0130***
				(2.79)
ManLev			0.0018	0.0010
			(1.00)	(0.59)
Size	−0.0026*	−0.0041***	−0.0045***	−0.0023*
	(−1.86)	(−2.97)	(−3.26)	(−1.66)
Lev	0.0312***	0.0367***	0.0369***	0.0318***
	(6.38)	(7.50)	(7.55)	(6.49)
ROA	−0.0533***	−0.0529***	−0.0518***	−0.0520***
	(−6.45)	(−6.41)	(−6.28)	(−6.27)
InS	0.0028	0.0009	0.0006	0.0028
	(0.50)	(0.16)	(0.11)	(0.51)
Board	−0.0160**	−0.0157**	−0.0155**	−0.0165**
	(−2.24)	(−2.19)	(−2.16)	(−2.32)
Inde	−0.0024	0.0066	0.0058	−0.0023
	(−0.10)	(0.29)	(0.25)	(−0.10)
G	−0.0024**	−0.0025**	−0.0026***	−0.0025**
	(−2.48)	(−2.53)	(−2.61)	(−2.57)
Z	0.0039*	0.0058**	0.0058**	0.0038*
	(1.70)	(2.54)	(2.55)	(1.65)
D	0.0021	0.0023	0.0024	0.0022
	(0.96)	(1.04)	(1.08)	(1.01)
CS	−0.0002	−0.0001	−0.0001	−0.0002
	(−1.32)	(−0.47)	(−0.55)	(−1.26)
Soe	0.0043	0.0028	0.0024	0.0043
	(1.08)	(0.72)	(0.61)	(1.08)
Constant	0.1952***	0.1895***	0.1964***	0.1892***
	(4.96)	(5.25)	(5.43)	(4.82)
R^2	0.222	0.184	0.186	0.223
时间固定效应	控制	控制	控制	控制
行业固定效应	控制	控制	控制	控制
公司固定效应			控制	控制

注：***、** 和 * 分别表示在 1%、5%和 10%水平上显著，括号内为 t 值。

4. 工具变量和二阶段最小二乘法

虽然经过了前文多个稳健性回归检验，证明文章的研究结论具有一定的可信性，但仍可能存在遗漏变量、反向因果等内生性问题。因此，在此采用工具变量(IV)和二阶段最小二乘法(2SLS)，以减少内生性对结论产生的影响。仍然选取同行业其他控股股东股权质押比例 PR · Ind 作为股权质押的工具变量，再次对假设5－1、假设 5－2 以及假设 5－3 进行检验，发现与之前得到的结论基本一致，结果见表5－14。

表 5－14　工具变量的 2SLS 回归结果

变量	(1) PR	(2) MEI	(3) ManSa	(4) Tu
PR		0.0275**		0.0102**
		(1.99)		(2.25)
ROA			0.174**	
			(2.16)	
PR · Ind	0.2264***			
	(2.95)			
PR · ROA			−0.298**	
			(−2.53)	
PR · ManLev				0.0161**
				(2.19)
Constant	−1.5386***	0.2716***	7.6293***	0.2183***
	(−9.37)	(2.73)	(8.56)	(6.85)
Controls	控制	控制	控制	控制
R^2	0.151	0.017	0.015	0.019
时间固定效应	控制	控制	控制	控制
行业固定效应	控制	控制	控制	控制
公司固定效应	控制	控制	控制	控制

注：***、** 和 * 分别表示在 1%、5%和 10%水平上显著，括号内为 t 值。

5.5　本章小结

本章主要探讨控股股东股权质押对经理管理防御行为的影响作用与作用路径。在控股股东股权质押后，首先从经理自身因素来反映管理防御程度，考虑公司控股股东与经理人之间的代理问题。理论分析控股股东股权质押后对经理管理防御的作用路径，一方面，控股股东放松对经理层的监督，降低了经理薪酬业绩敏感性，使得经理人配合其自利行为。另一方面，控股股东对于不配合的经理人，将利用自己在董事会的地位与影响力进行更换，选择愿意合谋的经理人。控股股东通过放松对经理人监督的“奖励”措施与更换经理人的“惩罚”措施，来达到与经理人合谋，进而损害公司利益谋取私利。然后进一步以 A 股上市公司为样本，实证检验了控股股东股权质押对经理层管理防御程度的影响效应及作用机制，回归结果表明，控股股东股权质押后，经理管理防御程度显著上升。而且，经理薪酬业绩敏感性下降，非正常的方式更换经理人后，控股股东的掏空行为有明显上升趋势。最后经过一系列稳健性的测试，发现检验结果保持不变，可见，研究结论具有可靠性。

第6章 经理管理防御对公司会计信息披露质量的影响

随着现代公司规模不断扩大和商业模式的创新，经理层已处于公司运营管理的中心地位，而且在重要决策中发挥着导向作用。经理层从公司会计信息生成阶段开始将影响自身利益的因素纳入日常管理决策之中，直到会计信息披露反馈回复等全过程。本章将分析与检验经理管理防御对公司会计信息披露质量的影响，并进一步探讨了公司会计剩余控制权在两者之间的中介效应。

6.1 理论分析与研究假设

经理层在公司中权力越大，就越有能力在经营决策中体现多的自利因素，这会导致会计信息披露质量问题更加严重。为了探索经理管理防御对公司会计信息披露质量影响的具体传导路径，本研究仍将会计信息披露质量划分为信息生成阶段质量和信息披露阶段质量，信息生成阶段采用会计数字信息＋文本信息作为替代变量，信息披露阶段仍选择披露时点作为研究对象来进行分析检验。

6.1.1 经理管理防御与公司会计数字信息披露质量

现代企业中，当股东将日常经营管理权交于经理层时，就意味着经理已经具有公司日常运营事务的处理权，存在“道德风险”和“逆向选择”机会主义行为。已有证据表明，经理层操纵会计数字信息披露的行为普遍存在(Healy et al.，2001)，且主要通过多种方式开展盈余管理来实现。这是由于在经理日常管理活动中，对于从公司经济业务发生取得凭证到编制会计报表的信息生成阶段全程直接管理，且对会计信息传输到信息解读、反馈阶段又密切参与。对于经理来说，开展盈余管理既有“机会”又有“优势”。盈余管理行为降低了会计信息质量已是一个公认结论。目前已有研究成果将盈余管理方式划分为应计盈余管理和真实盈余管理两大类，前者主要通过会计政策和会计估计的变更来改变盈余在不同会计期间的分布；后者主要借助改变公司正常经营活动影响当期现金流的盈余管理。应计盈余管理和真实盈余管理操作方式不同，前者通常不影响当期现金流和正常经营活动，但在大部分上市公司章程中，这类事项都需通过董事会专项批准，独立董事发表独立意见并对市场进行披露；后者通常需要变更财务预算，对当期现金流产生影响，但不易被外部信息使用者发现，因为这些操作会被“淹没”在大量日常经营业务数据之中，很难评价其合理性。随着监管措施的不断完善，管理层盈余管理方式有从应计盈余管理转向隐蔽性较强的真实盈余管理的趋势，但不论以上哪种形式，都通过影响会计信息的可靠性来实现自身利益最大化目标，从而影响会计数字信息披露质量。基于此，提出如下假设：

假设 6－1：经理管理防御程度上升会降低公司会计数字信息披露质量。

6.1.2　经理管理防御与公司会计文本信息披露质量

会计文本信息披露质量的高低受到数字信息操纵空间大小、经理激励水平和公司内外部治理机制等因素的影响。首先，为了规避操纵会计数字信息所带来的风险，经理层通常会选择操纵文本信息披露作为补充手段。Huang 等(2014)以美国公司业绩快报为对象，考察公司盈余管理空间大小对会计文本语气披露策略的影响，发现当公司盈余管理空间较小时，管理层操纵文本语气的程度上升。其次，在经理层持股比较普遍的情况下，公司股价与管理层财富紧密相关，经理层同样有动机通过操纵会计文本信息来提振公司股价；当总经理兼任董事长时，削弱了董事会对经理层的监管力度，使得操纵会计文本信息披露的程度更强。

不完全反应假说认为，价格反映信息的程度取决于信息的解读成本(Bloomfield，2002)，经理层通过操纵会计文本信息的复杂性来提高外部信息使用者的解析成本，引导市场对经理层能力和公司价值等做出有利的判断。虽然操纵文本信息复杂性无法改变盈余数字信息，但解读成本越高，越难判断公司未来真实的价值和经理层能力，也有利于隐藏有关经理层的坏消息，从而降低了会计文本信息质量，导致公司股价信息含量较低。基于此，提出如下假设：

假设 6－2：经理管理防御程度上升会降低公司会计文本信息披露质量。

6.1.3 经理管理防御与公司会计年度信息披露时间

公司财务报告的具体披露时间点是公司管理层在证监会要求的时间区间内可以自主选择和决定的。目前从我国上市公司年报、季报实际披露时间的统计结果来看，选择披露时间存在着“前松后紧”的分布状态，大多数公司披露时间集中在截止月份的月底。从上市公司会计报告信息披露过程来看，披露时间选择既会受到不同类型公司报告披露流程、公司变更审计师、审计意见、财务重述以及完成时间的影响，也会受到股权集中度、高管持股、产权性质、公司规模、以往披露时间等因素影响。但从财务报告披露时间选择的决策来看，首先是公司经理层提供披露时间点或备选方案，再由董事会或控股股东“代言人”批准或修正时间即可，可以看出，在经理层提供方案时，就已经包含了自身动机和目标。因此，在公司经营状况不佳的情况下，经理层管理防御动机和行为会选择对年报进行择时披露，以降低外部信息使用者对“坏消息”的关注度，极大地利用“好消息”来提高媒体和投资者的关注度，来维护自身利益或保持公司股价稳定。

当经理管理防御行为与动机越强，对作为公司会计信息结晶的财务报告的操纵程度越大，上市公司财务报告中隐藏的风险隐患点就越多，经理层担心投资者开展充分挖掘研究，以免发现或者过分解读负面信息，会选择在外界关注度有限的时间点进行会计信息披露；在当经理层通过操纵公司会计文本信息的复杂性来提高外部信息使用者的解读成本进行管理防御时，选择财务报告的择时延后披露正是一组配套组合策略方式。基于此，提出如下假设：

假设 6－3：经理管理防御程度上升会更倾向于择机选择披露公司财务报告的时间。

6.1.4 经理管理防御、会计剩余控制权与会计信息披露质量

会计契约的不完备性产生了会计剩余控制权，而会计剩余控制权安排不同会产出不同的会计信息质量，引发不同的经济后果。与此同时，会计信息又是公司内外部治理机制发挥作用的基石，使得公司会计信息既是公司治理的输出结果，又是公司契约和治理机制的输入变量。因此，会计信息披露质量的影响因素众多、机制关系复杂。

经理层有动机和能力运用会计剩余控制权来实施其自身的机会主义行为。首

先，经理层拥有企业日常经营的大量数据信息，同时处在经营活动的市场前沿，掌握着市场丰富的第一手资料信息，对于所从事的行业和业务的决策最具有发言权，在会计信息披露过程中，其通过职业判断在会计信息生成过程和通过规划交易操纵会计报告编制披露来实现防御行为具有天然优势。其次，公司会计信息通常被作为制定债务契约、高管报酬契约等重要契约的依据。一方面，经理层在公司中拥有实际会计剩余控制权，信息优势使得其使用会计剩余控制权进行决策的准确性大幅提高；另一方面，公司的许多投融资活动存在着期权特性，相应的会计处理业务具有一定的灵活性。如适当调整投资发生的时点和金额，推迟确认损失，提前确认收入等。因此，经理层管理防御越强，会计剩余控制权使用越多，公司会计信息披露质量就越差；同时，依据会计信息披露结果缔约下一期契约（如公司经营业绩、经理层考核目标、公司融资计划等）的偏差就越大。如果不存在外部冲击（如监管机构问询函、投资者做空等）的情况，这种循环机制会产生“多米诺骨牌效应”，导致公司蕴含巨大的经营风险和财务风险。因此，随着经理层管理防御的增强，经理使用会计剩余控制权的程度越大，公司会计信息披露质量越差。基于此，提出如下假设：

假设 6－4：会计剩余控制权在经理管理防御对会计信息披露质量的影响中起到中介作用。

6.2　研究设计

6.2.1　样本选择与数据来源

本章以我国沪深 A 股上市公司 2000—2020 年度数据为初始研究样本，并对得到的样本进行了如下筛选：①剔除样本中金融行业的上市公司；②剔除样本中在此期间内被 ST、*ST 的公司；③剔除相关数据存在缺失的公司；④剔除样本中上市年限不满一年的公司；⑤文本信息数据筛选方法与第 4 章一致。通过以上数据处理后，最终得到 19514 个样本观测值，同时对所有连续型变量进行了上下 1%的缩尾处理，以消除极端值对实证结果的影响。本书的数字信息数据来源于国泰安（CSMAR）数据库，年报文本数据则使用万得（Wind）数据库。数据处理和分析使用 Python 3.0、Excel 2016 以及 Stata 16 完软件成。

6.2.2 变量定义

1. 被解释变量

本章的被解释变量为会计数字信息质量、会计文本信息质量与会计信息披露时间。会计数字信息质量与第 4 章一样，使用应计盈余操纵（AEQ）和真实盈余操纵（REQ）进行度量。会计文本信息质量仍使用异常操纵语调（AbTone）和可读性（Re）两个指标衡量。会计信息披露时间则继续选取公司年报披露时滞时间的对数（TL）和披露时间是否在交易日（TD）来衡量。6 个代理变量的定义与计算方法同第 4 章。对于会计信息披露总体质量的衡量方法较多，学者们从各取所需角度去构建衡量体系以便适合自己研究问题的特殊性，也有学者使用国内外机构评级指标如国际财务分析和研究中心（CIFAR）的信息披露质量评级、普华永道的不透明指数、深交所的信息披露考评指数等进行研究。本书从会计信息的可靠性、及时性、公平性、充分性、真实性等几个特征考虑，去综合衡量会计信息的披露质量，并借鉴已有研究（陈运森，2012；丁俊 等，2016）的衡量方法，选择深圳证券交易所对上市公司的会计信息披露评级指标，避免使用盈余质量、公司违规等单一代理变量的片面性。深圳证券交易所对上市公司信息披露考核分为 A、B、C、D 四个等级，其中 A 为优秀、B 为良好、C 为及格、D 为不合格。根据深圳证券交易所考核结果，定义会计信息披露质量为二元虚拟变量，将考核优秀和良好定义为信息披露质量高，将考核及格和不及格定义为信息披露质量低。

2. 解释变量

本章的解释变量为经理管理防御程度，使用改进的 CRITIC 法从经理人的个人背景特征、工作转换成本两个方面构建经理管理防御指数，并以 MEI 表示。具体的经理管理防御程度的定义与计算方法同第 5 章。

3. 中介变量

本章选取会计剩余控制权为中介变量。根据前文对会计剩余控制权界定的内涵，我们假定：同一行业的上市公司主营业务相似，运用的会计规则剩余控制权应是一致的；而且在公司规模、成长性等特征相似时，会计政策选择也应相似，就是具有相同大小的会计剩余控制权。当某家上市公司的会计剩余控制权显著高于同行业平均水平时，便认定差额部分为该企业过度使用了会计剩余控制权。

借鉴宋文娟等(2014)衡量企业会计剩余控制权的方法构建模型6.1和模型6.2。依据经理层使用会计剩余控制权的动机主要是影响公司利润,而营业收入和营业成本是利润形成的主要部分,又是企业现金流入和现金流出的重要组成部分,可分别将其视为函数关系。而不能用函数解释的残差部分,就是过度使用会计剩余控制权的结果。为了防止个别公司对营业收入和营业成本同向操作的抵消效应,在此采用分别对现金流入和现金流出按照行业进行分年度回归的方式。

$$\frac{\mathrm{CFI}_{i,t}}{\mathrm{Asset}_{i,t-1}} = \beta_0 + \beta_1 \frac{\mathrm{Rev}_{i,t}}{\mathrm{Asset}_{i,t-1}} + \beta_2 \mathrm{Controls}_{i,t} + \beta_3 Y_t + \beta_4 \mathrm{Ind}_i + \varepsilon_{i,t}$$

(模型6.1)

其中,$\mathrm{CFI}_{i,t}$表示经营活动产生的现金流入;$\mathrm{Rev}_{i,t}$表示营业收入;$\mathrm{Controls}_{i,t}$是一组控制变量,包括:企业规模$\mathrm{Size}_{i,t}$,由上年年末总资产的自然对数计算得到,公司成长性$\mathrm{MtB}_{i,t}$,由市场价值与账面价值之比计算得到;Y_t是年度虚拟变量;Ind_i是行业虚拟变量;残差项$\varepsilon_{i,t}$表示经理层使用会计剩余控制权在现金流入项的表现。

$$\frac{\mathrm{CFO}_{i,t}}{\mathrm{Asset}_{i,t-1}} = \beta_0 + \beta_1 \frac{\mathrm{Cos}_{i,t}}{\mathrm{Asset}_{i,t-1}} + \beta_2 \mathrm{Controls}_{i,t} + \beta_3 Y_t + \beta_4 \mathrm{Ind}_i + \varepsilon_{i,t}$$

(模型6.2)

其中,$\mathrm{CFO}_{i,t}$表示经营活动的现金流出;$\mathrm{Cos}_{i,t}$是营业成本;残差项$\varepsilon_{i,t}$表示经理层使用会计剩余控制权在现金流出项的表现。会计剩余控制权ARC则为模型6.1回归残差$\varepsilon_{i,t}$的绝对值与模型6.2回归残差$\varepsilon_{i,t}$的绝对值之和。

4. 控制变量

因本章选取的被解释变量与第4章相同,故选择的一系列控制变量也同第4章,在此不再赘述。

6.2.3 模型设计

为了验证本章的假设6-1、假设6-2以及假设6-3,探究经理管理防御程度与公司会计数字信息质量、文本信息质量、披露时间之间的关系,构建模型6.3来验证经理管理防御对会计信息披露质量的影响效应。

$$\begin{aligned}&\mathrm{AEQ}_{i,t}/\mathrm{REQ}_{i,t}/\mathrm{AbTone}_{i,t}/\mathrm{Re}_{i,t}/\mathrm{TL}_{i,t}/\mathrm{TD}_{i,t}\\&= \alpha_0 + \alpha_1 \mathrm{MEI}_{i,t} + \alpha_2 \mathrm{Controls}_{i,t} + \alpha_3 Y_t + \alpha_4 \mathrm{Ind}_i + \varepsilon_{i,t}\end{aligned}$$

(模型6.3)

在模型 6.3 中，$AEQ_{i,t}$、$REQ_{i,t}$、$AbTone_{i,t}$、$Re_{i,t}$、$TL_{i,t}$、$TD_{i,t}$为被解释变量，分别为 i 公司在 t 年的应计盈余操纵、真实盈余操纵、异常语调操纵、可读性、披露的时滞以及披露交易日选择；$Controls_{i,t}$代表一系列的控制变量，具体控制变量选取与第 4 章相同；Y_t 和 Ind_i 为年度和行业的固定效应。

为了进一步探究经理层管理防御对会计信息披露质量影响的机制与路径，采用中介检验模型，检验会计剩余控制权在管理防御对会计信息质量影响中的中介作用。借鉴温忠麟等(2014)的中介模型分析检验步骤，构建如下的三步法检验步骤，如图 6－1 所示。

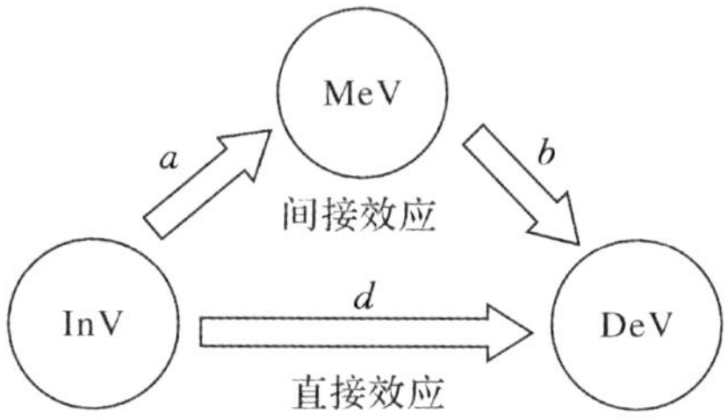

图 6－1　中介效应检验模型

$$DeV = \beta_1 + c\text{InV} + \varepsilon_1 \tag{6-1}$$

$$MeV = \beta_2 + a\text{InV} + \varepsilon_2 \tag{6-2}$$

$$DeV = \beta_3 + d\text{InV} + b\text{MeV} + \varepsilon_3 \tag{6-3}$$

其中，DeV 是因变量；InV 是自变量；MeV 是中介变量。中介效应成立的判断条件：第一，方程(6－1)中 InV 的回归系数 c 显著性统计；第二，方程(6－2)中 InV 的回归系数 a 显著性统计；第三，方程(6－3)中 MeV 的回归系数 b 显著性统计；第四，方程(6－3)中 InV 的回归系数 d 的绝对值小于方程(6－1)中 InV 的回归系数 c 的绝对值。当系数 d 不显著时，则 MeV 起到完全中介效应；当系数 d 显著时，MeV 起到部分中介效应。

按照上述中介模型检验的步骤，构建模型 6.4、模型 6.5 以及模型 6.6。首先，运用模型 6.4 检验经理层管理防御对会计信息质量的影响，具体模型如下：

$$QuaInfo_{i,t} = \alpha_0 + \alpha_1 MEI_{i,t} + \alpha_2 Controls_{i,t} + \alpha_3 Y_t + \alpha_4 Ind_i + \varepsilon_{i,t}$$

(模型 6.4)

其中，$QuaInfo_{i,t}$为会计信息质量的综合指标，采用深交所的年度评价指标进行度量；$MEI_{i,t}$为经理管理防御程度指标；借鉴已有文献选取控制变量，包括公司规模(Size)、公司偿债能力(Lev)、公司的销售增长率(G)、盈利能力(ROE)、总经理持股比例(MS)、控股股东持股比例(CS)、董事会规模(Board)、独立董事比例(Inde)、机构持股比例(InS)、股权制衡度(Z)、产权性质(Soe)。

若经理管理防御对会计信息质量存在显著影响,进一步采用模型 6.5 检验管理防御与会计剩余控制权之间的关系,具体模型如下:

$$\mathrm{ARC}_{i,t} = \alpha_0 + \alpha_1 \mathrm{MEI}_{i,t} + \alpha_2 \mathrm{Controls}_{i,t} + \alpha_3 Y_t + \alpha_4 \mathrm{Ind}_i + \varepsilon_{i,t}$$

(模型 6.5)

其中,$\mathrm{ARC}_{i,t}$为被解释变量,代表公司 i 在 t 年的会计剩余控制权;$\mathrm{MEI}_{i,t}$为管理防御指数;控制变量选取公司规模(Size)、公司偿债能力(Lev)、公司的销售增长率(G)、盈利能力(ROE)、总经理持股比例(MS)、控股股东持股比例(CS)、董事会规模(Board)、独立董事比例(Inde)、机构持股比例(InS)、股权制衡度(Z)、产权性质(Soe)。

最后,采用模型 6.6 来观察经理管理防御和公司会计剩余控制权对会计信息质量的影响作用,来判别会计剩余控制权是否在经理管理防御对会计信息的影响作用中起到中介效应,具体模型如下:

$$\mathrm{QuaInfo}_{i,t} = \alpha_0 + \alpha_1 \mathrm{MEI}_{i,t} + \alpha_2 \mathrm{ARC}_{i,t} + \alpha_3 \mathrm{Controls}_{i,t} + \alpha_4 Y_t + \alpha_5 \mathrm{Ind}_i + \varepsilon_{i,t}$$

(模型 6.6)

其中,$\mathrm{QuaInfo}_{i,t}$为被解释变量;$\mathrm{MEI}_{i,t}$和 $\mathrm{ARC}_{i,t}$为解释变量;控制变量为公司规模(Size)、公司偿债能力(Lev)、公司的销售增长率(G)、盈利能力(ROE)、总经理持股比例(MS)、控股股东持股比例(CS)、董事会规模(Board)、独立董事比例(Inde)、机构持股比例(InS)、股权制衡度(Z)、产权性质(Soe)。当上市公司信息披露评价等级为“优秀”“良好”时,赋值为 1;否则,取值为 0。

6.3　实证结果分析

6.3.1　描述性统计与相关性分析

1. 描述性统计

表 6 - 1 中列示了本章中进行经理层管理防御对会计信息质量的影响及其影响路径的检验所用到的主要变量的描述性统计结果。同时,为减少异常值对研究

结论的影响，对主要变量均进行上下1%的缩尾处理。由表6-1可知，AEQ、REQ分别表示公司的应计盈余操纵和真实盈余操纵，代表会计数字信息的质量，其均值分别为0.070、0.141，标准差为分别为0.069和0.144，可以看出上市各公司中真实盈余的波动差异较大。AbTone为公司的异常语调操纵值指标，均值为0.062，标准差为0.043，最大值为0.277，最小值为0，说明异常语调操纵的范围差异较大。Re为公司年报文本可读性的指标，均值为2.024，标准差为0.190，表明文本的可读性差异不大。TL为公司年度信息的披露时滞指标，均值为4.552，最小值为2.708，最大值为4.963，说明公司对于年报信息披露的时间普遍较晚，靠近披露规定的截止时间。TD为公司年度信息披露是否在非交易日指标，均值为0.185，标准差为0.388，说明有接近五分之一的公司选择在非交易日进行披露。MEI为经理管理防御程度指标，均值为0.470，标准差为0.143，表明上市公司经理层整体管理防御程度较高，分布差异较大。其余控制变量基本与前文保持一致。

会计剩余控制权ACR的最小值为0.035，最大值为2.735，均值为0.613，说明公司会计剩余控制权使用整体水平不高，但极值较大。

表6-1 主要变量的描述性统计

变量	N	平均值	标准差	最小值	第50百分位数	最大值
AEQ	19514	0.070	0.069	0	0.048	0.326
REQ	19514	0.141	0.144	0.002	0.098	0.799
AbTone	19514	0.062	0.043	0	0.057	0.277
Re	19514	2.024	0.190	1.836	2.287	2.619
TL	19514	4.552	0.242	2.708	4.625	4.963
TD	19514	0.185	0.388	0	0	1
MEI	19514	0.470	0.143	0.074	0.492	0.957
ACR	19514	0.613	0.486	0.035	0.507	2.735
Size	19514	22.178	1.279	19.832	21.996	26.179
Lev	19514	0.433	0.201	0.053	0.428	0.876
ROE	19514	0.053	0.142	−0.817	0.066	0.310

续表

变量	N	平均值	标准差	最小值	第 50 百分位数	最大值
ROA	19514	0.034	0.064	−0.278	0.035	0.192
TaT	19514	0.610	0.416	0.074	0.516	2.494
G	19514	0.162	0.412	−0.593	0.100	2.505
BtM	19514	1.037	1.037	0.105	0.694	5.921
InS	19514	0.384	0.240	0	0.383	3.267
Ret	19514	0.204	0.668	−0.709	0.029	3.171
MS	19514	0.048	0.106	0	0	0.514
Board	19514	2.133	0.199	1.609	2.197	2.708
Inde	19514	0.375	0.054	0.308	0.333	0.571
CS	19514	0.341	0.148	0.088	0.318	0.742
Z	19514	0.931	0.790	0.041	0.721	3.999
Soe	19514	0.359	0.480	0	0	1
Lo	19514	0.106	0.308	0	0	1

2. 相关性分析

本章主要变量的相关性统计结果见表 6－2。其中，右上三角部分为斯皮尔曼(Spearman)相关系数检验结果，左下三角部分为皮尔逊(Pearson)相关系数检验结果。可以看出，无论是皮尔逊相关检验，还是斯皮尔曼相关检验，主要变量之间的系数相关性均小于 0.6，这说明模型构建的变量之间不存在较为严重的共线性问题。此外，本章的主要因变量经理管理防御程度(MEI)与数字信息质量、文本信息质量之间的相关系数均为正，且在 5%的水平上显著，初步表明经理管理防御与会计信息质量之间存在正相关关系，但仍需要控制其他变量，来检验两者之间是否存在因果关系。

表 6-2　主要变量的相关性系数表

变量	AEQ	REQ	AbTone	Re	TL	TD	MEI	Size	Lev	ROE	ROA	TaT	G	BtM	InS	Ret	MS	Board	Inde	CS	Z	Lo	Soe
AEQ	1	0.08*	0.01	-0.05*	-0.07*	-0.00	0.02*	0.03*	-0.08*	0.28*	0.28*	-0.02*	0.06*	-0.06*	0.05*	0.03*	0	0.04*	-0.03*	0.06*	-0.03*	-0.27*	0.01
REQ	0.10*	1	0.01	-0.03*	-0.02*	0.01	0.05*	-0.03*	0	0.15*	0.13*	0.13*	0.05*	-0.12*	0.05*	0.05*	0	-0.01	0	0	0.02*	-0.01	-0.04*
AbTone	0.01	0.01	1	0.03*	-0.02*	-0.03*	0.01	0.03*	0.04*	0	-0.01	0	0.00	0.03*	0.03*	-0.01	-0.02*	0	0.02*	0.01	-0.02*	0	0.06*
Re	-0.04*	-0.02*	0.04*	1	0.12*	-0.05*	0.11*	0.43*	0.17*	0.05*	-0.01	-0.03*	0.03*	0.16*	0.14*	0.12*	0.08*	0.02*	0.04*	-0.02*	0.11*	-0.02*	-0.01
TL	-0.06*	-0.04*	-0.02*	0.12*	1	-0.05*	-0.01	0.03*	0.02*	-0.16*	-0.15*	-0.07*	-0.09*	0.04*	-0.08*	-0.09*	0.08*	-0.07*	0.05*	-0.08*	0.07*	0.14*	-0.15*
TD	-0.00	0.00	-0.03*	-0.05*	-0.03*	1	0.01	0.01	0.02*	-0.01*	-0.02*	-0.01	-0.01	0.03*	0.03*	-0.01*	-0.06*	0.01	0.00	0.00	-0.04*	0.01	0.05*
MEI	0.02*	0.06*	0.02*	0.11*	0.01	0.01	1	0.23*	0.05*	0.17*	0.13*	0.08*	0.01	0.05*	0.12*	0.02*	0.10*	0.01	0.05*	0.04*	0.01	-0.06*	-0.01
Size	0.04*	-0.03*	0.05*	0.46*	0.05*	0.00	0.24*	1	0.48*	0.16*	-0.02*	0.01	-0.04*	0.51*	0.41*	-0.06*	-0.19*	0.22*	-0.01	0.17*	-0.10*	-0.08*	0.31*
Lev	-0.06*	0.02*	0.06*	0.18*	0.02*	0.02	0.05*	0.48*	1	-0.06*	-0.39*	0.12*	-0.04*	0.60*	0.17*	-0.03*	-0.25*	0.15*	-0.01	0.06*	-0.13*	0.15*	0.27*
ROE	0.38*	0.12*	0.01	0.02*	-0.13*	0.01*	0.11*	0.12*	-0.17*	1	0.92*	0.27*	0.12*	-0.21*	0.20*	0.17*	0.07*	0.06*	-0.03*	0.16*	-0.02*	-0.53*	-0.02*
ROA	0.39*	0.16*	-0.01	-0.02*	-0.13*	0.00	0.11*	0.03*	-0.32*	0.90*	1	0.22*	0.11*	-0.41*	0.11*	0.16*	0.16*	0.02*	-0.03*	0.12*	0.03*	-0.53*	-0.12*
TaT	-0.02*	0.16*	0.03*	-0.02*	-0.03*	0.01	0.07*	0.03*	0.14*	0.13*	0.12*	1	-0.07*	-0.01	0.07*	0.05*	-0.01	0.06*	-0.04*	0.09*	-0.08*	-0.12*	0.06*
G	0.05*	0.06*	0	-0.01	-0.08*	-0.01	-0.02*	-0.07*	-0.03*	0.05*	0.03*	-0.10*	1	-0.16*	0.01*	0.14*	0.08*	-0.02*	0.01	0.01	0.04*	-0.09*	-0.05*
BtM	-0.02*	-0.09*	0.04*	0.20*	0.05*	0.02*	0.07*	0.53*	0.58*	-0.10*	-0.22*	-0.03*	-0.09*	1	0.14*	-0.33*	-0.23*	0.17*	-0.02*	0.08*	-0.13*	0.07*	0.29*
InS	0.05*	0.06*	0.03*	0.15*	-0.05*	0.03*	0.12*	0.43*	0.17*	0.15*	0.13*	0.09*	-0.01	0.18*	1	0.06*	-0.36*	0.18*	-0.05*	0.37*	-0.16*	-0.09*	0.34*
Ret	0.03*	0.07*	-0.01	0.02*	-0.13*	-0.01	0.01	-0.08*	0	0.14*	0.14*	0.02*	0.15*	-0.24*	0.02*	1	0.01	0	-0.01	0.02*	0	-0.11*	-0.01
MS	-0.01	0.01	-0.02*	-0.01	0.04*	-0.04*	0.14*	-0.22*	-0.21*	0.02*	0.07*	-0.06*	0.04*	-0.18*	-0.32*	0.01	1	-0.18*	0.07*	-0.20*	0.30*	-0.06*	-0.45*
Board	0.04*	-0.01	0.02*	0.04*	-0.05*	0.01	0.02*	0.25*	0.16*	0.06*	0.04*	0.05*	-0.03*	0.15*	0.19*	0.01	-0.17*	1	-0.58*	0.02*	-0.01	-0.03*	0.28*
Inde	-0.02*	0	0.02*	0.04*	0.03*	0.00	0.06*	0.02*	-0.01	-0.02*	-0.03*	-0.04*	0.01	0.03*	-0.04*	-0.01	0.11*	-0.54*	1	0.03*	-0.01*	0.02*	-0.08*
CS	0.07*	0.02*	0.02*	0	-0.05*	0.00	0.04*	0.21*	0.07*	0.15*	0.14*	0.09*	0	0.10*	0.39*	0.01	-0.01	0.03*	0.04*	1	-0.77*	-0.11*	0.24*
Z	-0.04*	0.01	-0.02*	0.09*	0.05*	-0.03*	0	-0.07*	-0.12*	-0.05*	-0.03*	-0.07*	0.02*	-0.09*	-0.16*	-0.01	0.08*	0	-0.02*	-0.70*	1	0.02*	-0.29*
Lo	-0.29*	-0.03*	0	-0.02*	0.11*	0.02*	-0.06*	-0.08*	0.16*	-0.70*	-0.68*	-0.08*	-0.01	0.06*	-0.09*	-0.08*	-0.04*	-0.04*	0.02*	-0.10*	0.02*	1	0
Soe	0.02*	-0.05*	0.07*	0	-0.10*	0.05*	-0.01	0.32*	0.27*	0	-0.05*	0.08*	-0.05*	0.30*	0.34*	0	-0.32*	0.28*	-0.08*	0.24*	-0.26*	0	1

注：* 表示在 5%水平上显著；表中右上半部分为 Spearman 相关系数检验结果，左下半部分为 Pearson 相关系数检验结果。

6.3.2 实证结果

(1)为了检验经理管理防御程度对会计数字信息质量的影响，本书利用模型6.3进行了混合OLS回归和个体固定效应回归，回归结果见表6-3。在表6-3中，列(1)和列(2)为经理管理防御程度(MEI)对会计数字信息中应计盈余操纵(AEQ)的影响效应，在未控制公司个体效应时，经理管理防御程度(MEI)的系数为0.0023，且在5%的水平上显著，而在进一步使用公司个体固定效应模型检验时，经理管理防御程度(MEI)的回归系数为0.0026，仍在10%的水平下显著，这表明经理管理防御程度对应计盈余操纵有显著的正向影响作用。列(3)和列(4)是经理管理防御程度(MEI)与真实盈余操纵(REQ)之间关系的混合OLS检验和固定效应模型检验结果，经理管理防御程度(MEI)的回归系数分别为0.0069和0.0015，且分别通过了在1%和10%水平上的显著性检验。这说明经理管理防御程度对真实盈余操纵具有正向影响，经理管理防御程度越高，对公司应计盈余和真实盈余的操纵就越多，从而降低会计数字信息的质量。可见，研究结果验证了假设6-1。

表 6-3　经理管理防御程度对会计数字信息质量的影响检验

变量	(1) AEQ	(2) AEQ	(3) REQ	(4) REQ
MEI	0.0023**	0.0026*	0.0069***	0.0015*
	(2.01)	(1.81)	(2.74)	(1.74)
Size	−0.0038***	−0.0008	−0.0038**	0.0129***
	(−5.72)	(−0.52)	(−2.14)	(2.93)
Lev	0.0187***	0.0244**	0.0256**	0.0614***
	(4.38)	(4.14)	(2.56)	(4.23)
ROA	−0.0782***	−0.1265***	−0.1557***	−0.0966***
	(3.87)	(6.45)	(−7.42)	(−4.31)
G	0.0017	−0.0007	0.0184***	0.0159***
	(1.20)	(0.52)	(5.88)	(4.79)
TaT	0.0040**	0.0148***	0.0533***	0.0575***
	(2.07)	(4.79)	(8.54)	(6.20)
Board	−0.0090**	−0.0076	−0.0007	0.0008
	(−2.31)	(−1.28)	(−0.16)	(0.13)

续表

变量	(1) AEQ	(2) AEQ	(3) REQ	(4) REQ
Inde	−0.0039	0.0106	0.0008	0.0081
	(0.30)	(0.58)	(0.22)	(0.25)
CS	0.0080*	0.0138	0.0235**	0.0302
	(1.79)	(1.31)	(2.04)	(1.31)
Soe	−0.0097***	−0.0027	−0.0163***	−0.0027
	(−6.47)	(−0.66)	(−4.17)	(−0.33)
Lo	0.0214***	0.0164***	0.0435***	0.0226***
	(8.23)	(6.49)	(8.29)	(4.88)
BtM	−0.0113***	−0.0092***	−0.1767***	−0.0107***
	(−5.26)	(−4.99)	(−7.42)	(−4.31)
Constant	0.1887***	0.0930**	0.1805***	0.0906**
	(10.40)	(2.40)	(4.05)	(2.12)
样本数	19514	19514	19514	19514
R^2	0.100	0.054	0.144	0.098
时间固定效应	控制	控制	控制	控制
行业固定效应	控制	控制	控制	控制
公司固定效应		控制		控制

注：***、**和*分别表示在1%、5%和10%水平上显著，括号内为t值。

(2)为了检验经理管理防御程度对会计文本信息质量的影响效应，运用模型6.3对经理管理防御与会计文本信息质量之间关系进行了混合OLS检验和固定效应模型检验，研究结果见表6-4。其中，列(1)和列(2)是经理管理防御程度对异常语调操纵影响的回归结果，从中可以看出，在控制公司个体固定前后，经理管理防御程度的系数分别为0.0022和0.0030，且分别在10%和5%水平上显著，表明经理管理防御程度对公司的异常语调操纵存在正向影响效应，经理管理防御程度越高，则公司异常语调操纵越大。列(3)和列(4)是经理管理防御程度对公司年报文本信息可读性影响的检验结果，经理管理防御程度(MEI)的回归系数分别为0.0054和0.0069，且分别在5%和1%的水平上统计显著，这表明经理管理防御程度对年报可读性存在显著的正向影响效应，经理管理防御程度越高，年报文本信息的可读性就越低。从表 6－4 的检验结果可以看出，经理管理防御程度越高，则会计文本信息质量越低。可见，研究结果支持假设 6－2。

表 6－4　经理管理防御程度对会计文本信息质量的影响检验

变量	(1) AbTone	(2) AbTone	(3) Re	(4) Re
MEI	0.0022*	0.0030**	0.0054**	0.0069***
	(1.76)	(2.27)	(1.82)	(2.64)
Size	0.0021**	0.0013**	0.1044***	0.1202***
	(3.11)	(1.73)	(25.80)	(28.41)
Lev	−0.0018	−0.0041	0.0839***	0.0164
	(−1.08)	(−1.37)	(4.52)	(1.46)
ROA	−0.0101**	−0.0132**	−0.0565***	−0.0573***
	(−1.78)	(−2.25)	(−3.65)	(−6.07)
G	−0.0004	−0.0009	0.0150***	0.0015
	(−0.46)	(−1.15)	(3.43)	(0.50)
BtM	0.0001	−0.0001	−0.0179***	−0.0097***
	(0.19)	(0.83)	(−3.99)	(−4.62)
CeoS	0.0027	0.0088	0.0866***	−0.0185
	(1.36)	(1.54)	(3.16)	(−0.90)
Board	00013	−0.0001	0.0100	0.0506***
	(0.47)	(0.23)	(0.57)	(4.57)
Inde	0.0111	0.0032	0.0298	0.0697**
	(1.13)	(0.37)	(0.47)	(2.05)
Ret	−0.0005	−0.0003	−0.0046*	−0.0006*
	(−0.95)	(−0.07)	(−1.65)	(−1.88)
CS	0.0122***	0.0022	0.0194	0.0006***
	(2.70)	(0.39)	(0.65)	(2.68)
InS			−0.0105	−0.0141**
			(−0.83)	(−2.04)
Soe	0.0001	0.0005	−0.0274***	0.0003
	(0.11)	(0.23)	(−3.52)	(0.14)

续表

变量	(1) AbTone	(2) AbTone	(3) Re	(4) Re
Constant	0.0210	−0.0100*	9.3641***	8.9433***
	(1.39)	(−1.66)	(49.91)	(36.69)
样本数	19514	19514	19514	19514
R^2	0.106	0.108	0.609	0.625
时间固定效应	控制	控制	控制	控制
行业固定效应	控制	控制	控制	控制
公司固定效应		控制		控制

注：***、** 和 * 分别表示在 1%、5%和 10%水平上显著，括号内为 t 值。

(3)为了检验经理管理防御行为对公司年度会计信息披露时机的影响，采用模型 6.3 进行了混合 OLS 回归和固定效应模型回归，具体检验结果见表 6－5。在表 6－5列(1)中，经理管理防御程度(MEI)的系数为 0.0246，且在 1%水平上显著，表明经理管理防御程度对公司年报披露时点选择滞后存在正向影响作用。进一步控制公司个体效应后，列(2)中经理管理防御程度(MEI)的回归系数为 0.0180，且在 5%的水平上显著，说明经理管理防御程度越高，公司披露年度会计信息的时间越晚。列(3)和列(4)是经理管理防御程度对披露日期是否为交易日的两种 Probit 回归检验结果，列(3)中经理管理防御程度(MEI)的回归系数为 0.0895，且在 10%的水平上显著，说明经理管理防御程度会对披露日期是否在交易日产生正向影响作用，管理防御程度越高，则越倾向于在非交易日公布公司年报。在控制公司个体效应后发现，经理管理防御程度的回归系数为 0.0601，仍然在 10%的水平上显著，进一步表明经理管理防御程度会对披露时间选择是否在交易日存在正向影响。可见，回归检验结果支持了假设 6－3。

表 6-5 经理管理防御程度对会计信息披露时间影响的回归结果

变量	(1) TL	(2) TL	(3) TD	(4) TD
MEI	0.0246***	0.0180**	0.0895*	0.0601*
	(2.72)	(2.12)	(1.76)	(1.68)
Size	0.0143***	0.0494***	−0.0228	−0.0116
	(4.71)	(10.82)	(−1.43)	(−0.72)
Lev	−0.0111	−0.0281	0.1372	0.1676*
	(−0.69)	(−1.57)	(1.46)	(1.92)
ROE	−0.1794***	−0.2065***	0.0051	0.0315
	(−12.22)	(−13.93)	(0.06)	(0.33)
G	−0.0386***	−0.0272***	−0.0215	−0.0061
	(−7.32)	(−6.43)	(−0.84)	(−0.22)
MS	0.0056	−0.0423	−0.4107***	−0.4372***
	(0.25)	(−1.22)	(−3.19)	(−3.03)
Board	0.0102	0.0404**	−0.0666	−0.0582
	(0.64)	(2.22)	(−0.77)	(−0.66)
Inde	0.0469	0.0863	0.1893	0.2280
	(0.82)	(1.53)	(0.66)	(0.76)
InS	−0.0359***	−0.0296***	0.0878	0.0939
	(−2.89)	(−2.58)	(1.41)	(1.42)
CS	−0.0000	−0.0018***	−0.0014	−0.0022**
	(−0.05)	(−5.27)	(−1.41)	(−2.08)
Z	−0.0007	−0.0083	−0.0007	−0.0083
	(−0.16)	(−1.51)	(−0.16)	(−1.51)
Soe	−0.0322***	−0.0199	0.1013***	0.1092***
	(−4.08)	(−0.155)	(2.68)	(2.84)
Constant	4.155***	3.3454***	−0.2302	−0.6199
	(58.25)	(29.77)	(−0.63)	(−1.55)
样本数	19514	19514	19514	19514
R^2	0.091	0.088		
对数似然			−9403	−9403
时间固定效应	控制	控制	控制	控制
行业固定效应	控制	控制	控制	控制
公司固定效应		控制		控制

注：***、** 和 * 分别表示在1%、5%和10%水平上显著，括号内为 t 值。

(4)根据前文介绍的中介检验模型，运用模型 6.4、模型 6.5 以及模型 6.6 使用逐步因果法来进行检验，具体检验结果见表 6－6。列(1)是经理管理防御程度对会计信息质量影响作用的 Probit 模型回归结果，经理管理防御程度(MEI)的回归系数为－0.629，且在 5%水平上显著，表明经理管理防御程度对会计信息质量存在显著负向影响效应，经理管理防御程度越高，则公司会计信息披露质量越低。列(2)测度经理管理防御程度(MEI)对会计剩余控制权(ARC)的影响效应，经理管理防御程度的系数为 0.0353，且在 5%的水平上显著，说明经理管理防御行为确实会增加会计剩余控制权的操纵程度。列(3)是经理管理防御程度和会计剩余控制权对会计信息披露质量的共同影响作用，经理管理防御程度的回归系数为－0.0607，且在 5%的水平上显著，会计剩余控制权的回归系数为－0.2820，且在 1%的水平上显著，这表明经理管理防御行为通过会计剩余控制权的操纵，进而降低公司的会计信息披露质量。会计剩余控制权在经理管理防御程度对会计信息披露质量的影响中起到了部分中介作用，经理管理防御程度越高，经理层使用会计剩余控制权的程度越大，公司会计信息披露质量越低。可见，假设 6－4 得到了验证。

表 6－6 经理管理防御程度对会计信息披露质量的中介效应检验

变量	(1)	(2)	(3)
	QuaInfo	ARC	QuaInfo
MEI	－0.0629**	0.0353**	－0.0607**
	(－2.17)	(2.82)	(－1.97)
ARC			－0.2820***
			(－3.47)
Size	0.1795***	－0.0921***	0.1714***
	(6.91)	(－5.20)	(5.00)
Lev	－0.9463***	0.1235**	－0.9063
	(－7.91)	(2.46)	(－5.59)
ROE	5.7619***	0.2707***	5.8150***
	(19.92)	(4.95)	(16.94)
G	0.2305***	0.1046***	0.2389***
	(3.75)	(5.71)	(4.78)
MS	0.6536***	－0.0867	0.6378***
	(3.50)	(－1.63)	(2.84)

续表

变量	(1) QuaInfo	(2) ARC	(3) QuaInfo
Board	0.2486**	0.0842	0.2599*
	(2.10)	(1.55)	(2.84)
Inde	−0.1748	0.4541**	0.0154
	(−0.14)	(2.30)	(1.03)
InS	0.1231	−0.0426	0.1154
	(1.28)	(−1.30)	(1.02)
CS	0.5981***	−0.0399	0.6125**
	(3.08)	(−0.66)	(2.39)
Z	0.0730		0.0757*
	(2.26)		(1.94)
Soe	0.2439***	0.0033***	0.2515***
	(5.27)	(0.13)	(3.98)
Constant	−4.6651***	1.8055***	−4.5308***
	(−7.33)	(4.40)	(4.88)
R^2/伪 R^2	0.154	0.244	0.156
时间固定效应	控制	控制	控制
行业固定效应	控制	控制	控制

注：***、** 和 * 分别表示在 1%、5%和 10%水平上显著，括号内为 t 值。

6.4　稳健性检验

虽然在前文中，本章对经理管理防御行为对会计信息质量的影响作用及其作用路径进行了实证检验，检验结果支持提出的研究假设 6－1、假设 6－2、假设 6－3、假设 6－4。为了进一步确保研究结论的可靠性，在本节对以上研究假设进行稳健性检验测试。

1. 更换自变量经理管理防御的度量方法

通过改变经理管理防御指数的衡量方法，使用代理成本作为经理管理防御程度的替代变量（MEI2），并进一步控制了公司个体固定效应后，对假设 6－1、假设

6－2、假设 6－3、假设 6－4 重新进行回归，具体回归结果见表 6－7。从表中可以看出，经理管理防御程度的回归系数均为正的，且至少在 10%水平上显著，表明经理管理防御对应计盈余操纵、真实盈余操纵、异常语调操纵、可读性、披露时滞以及披露交易日选择均存在正向影响效应。这说明随着经理层管理防御程度增加，会计数字信息和会计文本信息披露质量均呈下降趋势，年报披露的时间越晚，也越倾向于在非交易日披露，与上文的研究结论基本一致。

表 6－7 经理管理防御对会计信息披露质量的稳健性检验(改变自变量度量)

变量	(1) AEQ	(2) REQ	(3) AbTone	(4) Re	(5) TL	(6) TD
MEI2	0.0371*	0.0166**	0.0133**	0.0549**	0.1504***	0.4439*
	(1.89)	(2.01)	(1.97)	(2.18)	(3.49)	(1.80)
Size	−0.0014	0.0142***	0.0017**	0.1217***	0.0512***	−0.0217
	(0.92)	(4.46)	(2.30)	(30.73)	(11.18)	(−1.11)
Lev	0.0233***	0.0882***	−0.0026	0.0208*	0.0225	0.3028***
	(3.96)	(7.25)	(−0.94)	(1.83)	(1.25)	(2.94)
ROA	−0.1326***	0.4082***	−0.0022	−0.0543***	−0.1933***	0.0626
	(8.77)	(8.22)	(−0.93)	(−5.64)	(−5.98)	(0.59)
G	−0.0001	0.0195***	−0.0006	−0.0001	−0.0300***	0.0063
	(−0.11)	(6.13)	(−0.86)	(0.30)	(6.95)	(0.18)
TaT	0.0059*	0.0588***				
	(1.66)	(9.11)				
BtM	−0.0101***		0.0002	−0.0116***		
	(5.38)		(0.40)	(−5.13)		
MS			0.0086*	−0.0056	−0.0307	−0.3778**
			(1.76)	(−0.32)	(−0.89)	(−2.49)
Board	−0.0122*	−0.0152	0.0015	0.0523***	0.0417**	−0.0956
	(−1.90)	(−1.31)	(0.55)	(4.72)	(2.29)	(−0.98)
Inde	0.0036	−0.0081	0.0044	0.0705**	0.0865	0.1341
	(0.19)	(0.23)	(0.53)	(2.08)	(1.53)	(0.41)
Ret			−0.0005	−0.0050**		
			(−1.07)	(−2.35)		

续表

变量	(1) AEQ	(2) REQ	(3) AbTone	(4) Re	(5) TL	(6) TD
CS	1.3546	2.1420	0.0024	0.0066***	−0.0018***	−0.0014
	(1.48)	(1.15)	(0.30)	(3.30)	(−3.26)	(−1.16)
Soe	−0.0028	0.0041	0.0006	−0.0006	−0.0206	0.1300***
	(−0.67)	(0.49)	(0.31)	(0.18)	(−1.60)	(3.07)
Lo	0.01712***	0.0445***				
	(4.76)	(3.77)				
InS				−0.0129*	−0.0301***	0.1046
				(−1.87)	(−2.63)	(1.42)
Constant	−0.1653***	−0.2706***	−0.0145	8.906***	3.3037***	−0.8762**
	(−4.57)	(−3.11)	(−0.80)	(31.94)	(29.21)	(−2.17)
R^2	0.090	0.072	0.108	0.661	0.088	
对数似然						−9768
时间固定效应	控制	控制	控制	控制	控制	控制
行业固定效应	控制	控制	控制	控制	控制	控制
公司固定效应	控制	控制	控制	控制	控制	控制

注：***、** 和 * 分别表示在 1%、5%和 10%水平上显著，括号内为 t 值。

在改变对经理管理防御的度量方式后，采用模型 6.4、模型 6.5 以及模型 6.6 重新对经理管理防御影响会计信息披露质量的作用路径进行了检验，回归结果见表 6－8。在使用面板 Probit 模型控制了公司个体固定效应后，列(1)经理管理防御对会计信息披露质量的回归系数为－1.609，且在 1%的水平上显著，说明经理管理防御程度越大，会计信息披露质量越差。列(2)经理管理防御对会计剩余控制权的回归系数为 0.265，且在 1%水平上显著，说明经理管理防御程度越高，会计剩余控制权操纵越大。列(3)经理管理防御的系数为－1.575，且在 1%的水平上显著，会计剩余控制权的系数为－0.129，且在 10%的水平上显著，表明会计剩余控制权在经理管理防御影响会计信息披露质量中发挥部分中介作用，经理管理防御程度越高，导致会计剩余控制权过度使用越大，进而降低会计信息披露质量。这一检验结果与前文得到的研究结论一致。

表 6－8　经理管理防御对会计信息披露质量中介效应的稳健性检验（改变自变量度量）

变量	(1) QuaInfo2	(2) ARC	(3) QuaInfo2
MEI2	－1.609***	0.265***	－1.575***
	(－4.69)	(3.05)	(－4.38)
ARC			－0.129*
			(－1.87)
Size	0.099***	0.061***	0.128***
	(3.38)	(4.91)	(4.07)
Lev	－1.147***	0.173***	－1.177***
	(－7.46)	(3.88)	(－7.17)
ROE	2.350***	0.012	2.379***
	(14.44)	(0.39)	(13.35)
G	0.199***		0.218***
	(4.25)		(3.68)
MS	0.788***	－0.037	0.752***
	(3.81)	(－0.66)	(3.50)
Board	0.225	0.091**	0.279*
	(1.53)	(2.18)	(1.75)
Inde	－0.143	0.085	0.270
	(－0.28)	(0.69)	(0.48)
InS	0.167		0.189
	(1.57)		(1.64)
CS	0.007***	0.000	0.009***
	(2.60)	(0.35)	(3.20)
Z	0.050	－0.004	0.085**
	(1.26)	(－0.36)	(2.01)
Soe	0.244***	－0.042*	0.201***
	(3.88)	(－1.77)	(3.05)
Constant	－1.655**	－1.443***	－2.588***
	(－2.20)	(－4.92)	(－3.23)
对数似然	－4701.800		－3752.057
R^2		0.102	
时间固定效应	控制	控制	控制
行业固定效应	控制	控制	控制
公司固定效应	控制	控制	控制

注：***、** 和 * 分别表示在 1%、5% 和 10% 水平上显著，括号内为 t 值。

2. 更换因变量的度量方法

通过对会计数字信息质量、文本信息质量以及披露时间的度量方式的变更，再次对假设 6－1、假设 6－2、假设 6－3 进行检验，以增强研究结论的说服力。应计盈余信息操纵衡量指标更换为 DD 模型回归残差的绝对值；真实盈余操纵衡量指标更换为正向的真实盈余操纵程度；异常语调操纵衡量指标更换为正向语调操纵程度；可读性更换为年报中语句数量；披露时间衡量指标更换为距年报首次预告的时间长度；改变披露是否为交易日的衡量标准，选择周一到周四为交易日。采用模型 6.4 进行检验，在进一步控股公司个体固定效应后，得到如下回归结果，见表 6－9。

表 6－9　经理管理防御对会计信息披露质量的稳健性检验(更换因变量衡量)

变量	(1) AEQ	(2) REQ	(3) AbTone	(4) Re	(5) TL	(6) TD
MEI2	0.0028*	0.0055*	0.0041***	0.0025**	0.0247**	0.3139*
	(－1.49)	(1.91)	(2.59)	(1.99)	(2.52)	(1.77)
Constant	－0.0928**	－0.5760***	－0.1133***	4.3317***	3.3898***	－0.7335*
	(－2.23)	(－3.78)	(－3.15)	(21.30)	(23.42)	(－1.79)
控制变量	控制	控制	控制	控制	控制	控制
R^2	0.053	0.081	0.091	0.673	0.093	
对数似然						－9403
时间固定效应	控制	控制	控制	控制	控制	控制
行业固定效应	控制	控制	控制	控制	控制	控制
公司固定效应	控制	控制	控制	控制	控制	控制

注：***、** 和 * 分别表示在 1%、5%和 10%水平上显著，括号内为 t 值。

通过更换对会计信息披露质量衡量的代理变量，表 6－10 列示了会计剩余控制权在经理管理防御对会计信息质量影响中的中介效应检验结果。采用深交所的评级指标，对应 A、B、C、D 定义为 1、2、3、4 的序列变量，4 为质量最高评分，1 为质量最低评分，分数越大，会计信息披露质量越高。采用这两种会计信息披露质量的衡量方式，以增强实证结果的稳健性。

列(1)是对模型 6.3 进行有序 logit 回归的结果，检验经理管理防御(MEI)对会计信息质量(QuaInfo4)的影响效应，经理管理防御的回归系数为－0.1773，并且在 1%的水平上显著，说明经理管理防御显著降低了公司的会计信息质量。列(2)

是测度经理管理防御对企业会计剩余控制权的影响作用，经理管理防御的回归系数为0.0353，且在5%的水平上显著，说明经理管理防御对会计剩余控制权存在正向显著的影响作用，当经理管理防御的程度越大时，使用公司会计剩余控制权就越大。列(3)利用模型6.5，以经理管理防御和会计剩余控制权为解释变量、会计信息披露质量为被解释变量进行有序logit回归，结果显示经理管理防御的回归系数为−0.126，且在5%的水平上显著，说明控制了会计剩余控制权这一中介变量后，经理管理防御程度与会计信息披露质量仍然呈显著负向关系，对会计剩余控制权的回归系数为−0.180，且在1%的水平上显著，说明会计剩余控制权对会计信息披露质量存在负向显著影响效应，这也表明会计剩余控制权的使用会降低公司的会计信息披露质量。经理管理防御的回归系数由列(1)的−0.1773增大到列(3)的−0.126，而且均统计显著，且列(2)经理管理防御回归系数与列(3)会计剩余控制权的回归系数成绩为负，与列(3)经理管理防御的回归系数同号，说明会计剩余控制权在经理管理防御与会计信息披露质量之间发挥中介作用，且随着经理管理防御程度增强，使用会计剩余控制权程度增大，会降低公司的会计信息披露质量。可见，研究结果再次验证了假设6-4。

表6-10 经理管理防御对会计信息披露质量影响作用路径的稳健性检验(更换因变量)

变量	(1) QuaInfo4	(2) ARC	(3) QuaInfo4
MEI	−0.1773***	0.0353**	−0.126**
	(−3.90)	(2.82)	(−2.53)
ARC			−0.180***
			(−2.83)
Size	0.4225***	−0.0921***	0.445***
	(18.38)	(−5.20)	(17.76)
Lev	−2.1901***	0.1235**	−2.250***
	(−18.07)	(2.46)	(−16.75)
ROE	4.5623***	0.2707***	4.590***
	(26.01)	(4.95)	(23.56)
G	0.1759***	0.1046***	0.255***
	(3.84)	(5.71)	(4.20)
MS	0.7021***	−0.0867	0.532***
	(4.24)	(−1.63)	(2.97)

续表

变量	(6) QuaInfo4	(2) ARC	(7) QuaInfo4
Board	0.4892***	0.0842	0.475***
	(4.03)	(1.55)	(3.55)
Inde	0.3174	0.4541**	0.379
	(0.74)	(2.30)	(0.82)
InS	0.6480***	−0.0426	0.685***
	(6.52)	(−1.30)	(6.35)
CS	0.0091***	−0.0399	0.011***
	(4.54)	(−0.66)	(4.80)
Z	0.0582*		0.098***
	(1.70)		(2.59)
Soe	0.2920***	0.0033***	0.217***
	(6.10)	(0.13)	(4.15)
Constant		1.8055***	
		(4.40)	
Cut1	6.3152		6.8029
Cut2	9.0105	12643	9.5251
Cut3	12.7198		13.2919
R^2		0.244	
时间固定效应	控制	控制	控制
行业固定效应	控制	控制	控制
伪 R^2	0.109		0.111

注：***、** 和 * 分别表示在 1%、5%和 10%水平上显著，括号内为 t 值。

3. 选取工具变量和二阶段最小二乘法

虽然在进行更换了因变量和自变量的衡量方法后，再次对前文的研究结论进行了验证，也通过使用固定效应模型进一步减少了内生性的问题，但仍可能存在遗漏变量、反向因果等问题。因此，选取同行业其他公司经理管理防御水平均值 MeiMean 作为经理管理防御的工具变量进行二阶段最小二乘法，再次对研究结论进行检验，具体检验结果见表 6 - 11。

表 6-11 工具变量二阶段 OLS 稳健性检验

变量	(1) MEI	(2) AEQ	(3) REQ	(4) AbTone	(5) Re	(6) TL	(7) TD
MEI		0.0667**	0.1447**	0.0369**	0.0246*	0.0895*	0.0110*
		(2.34)	(2.46)	(2.16)	(1.82)	(1.75)	(1.78)
MeiIMean	0.3326***						
	(5.92)						
Constant	−1.964***	0.2048***	0.0522***	0.0043*	9.0304***	3.5352***	0.4110***
	(7.46)	(2.98)	(2.66)	(1.70)	(13.79)	(13.55)	(3.60)
控制变量	控制	控制	控制	控制	控制	控制	控制
R^2	0.16	0.019	0.018	0.011	0.026	0.017	0.010
时间固定效应	控制	控制	控制	控制	控制	控制	控制
行业固定效应	控制	控制	控制	控制	控制	控制	控制
公司固定效应	控制	控制	控制	控制	控制	控制	控制

注：***、** 和 * 分别表示在 1%、5% 和 10% 水平上显著，括号内为 t 值。

6.5 本章小结

本章主要研究了经理管理防御对公司会计信息披露质量的影响作用机制与路径。首先，从会计数字信息、文本信息、披露时间选择方面，系统分析了经理层管理防御与公司会计信息披露质量之间的影响关系与作用机制。其次，阐述了基于会计剩余控制权的经理管理防御对会计信息披露质量作用的传导路径，并提出相应的研究假设，即随着经理管理防御程度的增大，会使用更多的会计剩余控制权来改变会计信息的披露质量。再次，构建了具体影响机制检验模型，运用上市公司样本，进行实证检验并得出，经理管理防御对公司会计数字信息、文本信息披露质量均存在负向影响作用，且经理管理防御程度越高，则会计数字信息与文本信息的披露质量越低；同时，经理管理防御对于年度会计信息披露时间的策略更倾向于推迟发布和非交易日公布。影响机制检验结果表明，会计剩余控制权在经理管理防御对会计信息披露的影响中，起到了显著的中介效应。最后，经过再次对本章假设的稳健性检验后，得到了与前文一致的研究结论。

第7章 控股股东股权质押、经理管理防御对公司会计信息披露质量的影响

控股股东并不直接参与企业日常经营管理活动，但通过实证研究发现，控股股东质押行为显著影响公司会计信息披露质量。探讨其影响机制、路径发现，股权质押的控股股东对经理层采取激励(合谋、互惠)与惩罚(更换)方式，导致经理管理防御行为动机加剧。然而，经理层天然拥有公司会计剩余控制权，对会计信息披露质量会产生直接经济后果。本章将讨论在控股股东质押背景下，经理管理防御对会计信息披露质量影响的机制。

7.1 理论分析与研究假设

剩余控制权是实现公司目标的一个工具，是公司契约各方不断博弈而实现局部均衡的结果，而会计剩余控制权作为剩余控制权核心内容，其配置方式将会对公司会计信息产生重要影响，从而产出不同的会计信息质量。控股股东股权质押融资会对公司治理环境产生重要影响，导致经理层在与控股股东互动过程中影响公司会计信息披露质量。

7.1.1 控股股东股权质押、经理管理防御与公司会计信息披露质量

经过前述分析可知，不论是在控股股东准备筹划股权质押融资之前还是在股权质押融资完成后，被质押公司股票价格走势都成为其实施这些活动的重要因素。因此，控股股东股权质押后会围绕提振或维稳公司股价的主线，影响公司治理活动与经理层动机与行为，并依据有效资本市场机制，通过影响企业会计信息披露的质量影响公司股票价格，从而实现其目标。

公司披露的会计信息是市场上众多投资者对公司评价估值的重要来源，通过分析披露信息做出是否交易等决策。在一个有效资本市场中，公司股票价格与其会计信息披露密切相关，会计报告中盈余质量的优劣直接影响其股票发行价格，从一定时期来看，公司披露的会计盈余与其股票价格走势显著相关。因

此，利润优良的上市公司，其股票市场交易活跃且股价走势稳健，也是管理层开展盈余管理粉饰报表的重要原因。由于现代企业的两权分离设计，多数控股股东受专业能力、精力和时间等限制，不能事必躬亲直接参与公司经营管理，而是委托经理层负责企业日常经营，其会计信息披露的操纵行为必须要取得公司管理层的配合。而经理层对会计信息生成到披露前的规定流程全程参与，具有得天独厚的天然优势，因此，控股股东必然会选择经理层作为互惠合作的对象，采取激励（如降低薪酬业绩敏感性、放松监管等）与惩罚（对不配合经理进行更换等）方式，使得经理使用其自身的职业经验和专业技能来实施机会主义行为，如事先安排好的真实交易和财务数据的精心编制。从信息效率来看，会计数字信息最容易被外部投资者所理解，如公司每股收益（EPS）、净资产收益率（ROE）等指标，信息效率高成为操纵会计信息实现暂时提高或影响企业价值及股票价格的首选方式和直接通道。由此可以看出，公司会计信息操纵行为的实质是代理冲突的一种表现形式。公司控股股东与经理层之间通过隐蔽或明显的合作来操纵公司的会计信息披露，由此获取私人收益，补偿由契约摩擦造成的经济损失，以至对公司的会计数字信息产生影响，进而稳定或提升公司市场股价。基于此，提出如下假设：

假设 7-1：经理管理防御在控股股东股权质押对会计数字信息披露质量影响中发挥中介作用。

7.1.2 控股股东股权质押、经理管理防御对公司会计文本信息披露质量的影响

股权质押的控股股东希望通过盈余管理、操纵信息披露来进行上市公司市值管理，以便有利于开展高估值的股权质押与质押后维稳股价，此时控股股东需要经理层的密切配合，这就形成了控股股东与经理运用会计剩余控制权开展讨价还价的操作空间。随着外部监管规制的不断完善和违规处罚力度的加大，加之大数据、人工智能、物联网和云计算等技术的发展，也使得会计数字信息的易得性、可靠性、可验证性与透明度等不断提高，企业与社会的数字治理生态逐步形成，这会逐步缓解公司内外部信息的不对称程度，提升公司会计数字信息披露质量，也增加了管理层操纵强制性信息披露内容中会计数字信息（如公司财务报表、投资绩效评价等）的难度。因此，控股股东与经理层只能通过“软性文本信息”披露来引导与投资者的沟通效果。

相较于公司会计数字信息而言，会计文本信息通过语言文字表达多样性和可准确理解性，向投资者和资本市场传递公司本期财务数据变动原因、未来的发展机遇和可能存在的风险；不像数字信息报告具有规定的表格形式，会计文本信息主要反映本期的财务数据主要来源与形成过程，具备在既定规则下分析与计算结果的精准性与唯一性。现以上市公司年报中管理层讨论与分析部分为例加以说明。年报中管理层讨论与分析是管理层对公司本会计期间经营业绩与管理现状的总结，以及面对未来发展的愿景描绘，主要以文本信息形式呈现，虽然它是报告中应有栏目，但披露内容繁简程度差异很大，属于非强制性披露信息。一般情况下，管理层存在着“报喜不报忧”的现象，特别在公司存在困难、不足时，会尽可能使用信息含量低或可信度低的语言加以描述(Brown et al.，2011)，尤其是汉语语言环境中文本会掺杂部分无实际意义的表述，或者使用复杂生僻语句扰乱信息接收者的清晰判断。已有研究成果表明，公司的 ESG 报告、CSR 报告等会对公司股价波动造成重要影响。因此，从公司会计文本信息生成过程来看，首先，由经理层对相关资料进行归集梳理，形成写作文本提纲，在经理充分考虑自身利益基础上权衡信息披露成本与收益，做出基于经理管理防御的文本信息披露方案；其次，在公司董事会层面，控股股东考虑股权质押所带来的潜在风险与经理层进行博弈，均衡的结果必然趋于双方互惠来操纵会计文本信息，以降低公司信息透明度(Hutton et al.，2009)，提高了外部投资者判断公司真实情况的难度，进而对公司股价产生误判，规避公司股价短期内下跌的情形(肖土盛 等，2017)。所以，在信息不对称环境下，公司会计信息披露质量的偏差直接影响资本市场估值的准确性，会计信息披露质量越差，投资者对公司股票定价的偏差程度越大。基于此，提出如下假设：

假设 7－2：经理管理防御在控股股东股权质押对会计文本信息披露质量影响中发挥中介作用。

7.1.3　控股股东股权质押、经理管理防御对公司会计年度信息披露时间的影响

随着我国资本市场注册制试点工作的不断扩大，信息披露规制就成为市场监管最重要的环节。公司财务报告作为反映一定时期公司财务状况和经营业绩的重要信息载体，披露时具有信息和风险的双重属性。在股权质押期间，控股股东更加偏好公司市值管理，在公司治理与决策事项过程中会更加关注对股价的影响，控股

股东与管理层在所拥有的剩余控制权范围内来操纵会计信息，但在对外披露会计信息之前，双方会在权衡风险与收益的互动过程中达到均衡。

经理层掌握着公司会计信息生成过程中的主动权，基于自利性防御动机的经理层会利用盈余管理手段来“美化”企业财务报告，进而影响自身利益。目前相关研究成果将公司盈余管理的手段主要划分为操纵应计盈余和真实盈余两种方式，作为经理层而言，两种方法均可使用，且经理任期有限（绩效考核期较短），相比较而言，利用应计盈余操纵考核期业绩来影响经理绩效薪酬的效果会更直接一些；但对于控股股东而言，由于控股股东股权质押事件本身就引起了市场的高度关注，而且采取应计盈余操纵虽改变了本期盈余水平，但通常需要在后期冲回导致盈余回落，特别是在资本市场机构投资者不断增加的情况下，其对会计信息的挖掘研究能力不断增强，使得公司采取应计盈余操纵的方式更容易被发现，进而引起公司股价波动。因此，在控股股东股权质押情景下，双方博弈的结果使得上市公司在盈余管理行为中优先选择真实盈余管理方式操纵会计信息。

依据有限关注假说和管理层机会主义动机，投资者和媒体在不同时间段的关注度存在明显差异。饶育蕾等(2012)实证研究发现，当业绩较差时，上市公司倾向于在周末、与第一季度季报重叠披露，以及与其他公司一起集中披露，因为这会降低投资者的注意力，使得市场参与者对上市公司“坏消息”的关注程度下降，从而促使负面信息披露的市场反应小一些。相反，在监管部门规定披露时间内提前披露年度会计信息，不仅公司披露家数少、关注度高而且投资者具有充足的时间去研究挖掘，相当于将公司披露信息置于聚光灯之下来探视，很可能会放大公司存在的某些“缺陷”或“不足”，从而加大市场参与者的风险感知，引发利益相关者对公司价值的负面判断，引发股价下跌甚至出现“崩盘”，进而对公司控股股东和经理层产生重大影响。因此，当业绩突出并且管理优秀的公司比业绩和管理均差的公司进行会计年度信息披露的时间早时，不仅能够供投资者仔细解读消化，而且会提振年报披露预热期的市场信心。一方面优秀企业无惧市场检验，另一方面交易所也期望市场能启动一波“年报行情”。相反，业绩差，特别是控股股东股权质押比例较高、经理管理防御较强、会计信息质量较差的上市公司，由于本身存在机会主义行为，为降低市场注意力，规避公司股价发生大幅下跌，在会计年度信息披露的时间选择上会倾向于延后披露和非交易日披露。基于此，提出如下假设：

假设 7-3：经理管理防御在控股股东股权质押对会计信息披露时间影响中发挥中介作用。

7.2　研究设计

7.2.1　样本选择与数据来源

本章以我国沪深 A 股上市公司 2000—2020 年度数据为初始研究样本，并对得到的样本进行筛选，筛选方法与第 4 章一致。本章的数字信息数据来源于国泰安(CSMAR)数据库，年报文本数据则使用万得(Wind)数据库。数据处理和分析使用 Python 3.0、Excel 2016 与 Stata 16 软件。

7.2.2　变量定义

1. 被解释变量

本章的被解释变量仍为会计数字信息质量、会计文本信息质量与会计信息披露时间。会计数字信息质量与第 4 章一样，使用应计盈余操纵(AEQ)和真实盈余操纵(REQ)进行度量。会计文本信息质量仍使用异常操纵语调(AbTone)与可读性(Re)两个指标衡量。会计信息披露时间继续选取公司年报披露时滞时间的对数(TL)和年报披露是否在交易日(TD)来衡量。6 个代理变量的定义与计算方法同第 4 章。

2. 解释变量

本章选取控股股东年末是否存在股权质押(P)来衡量控股股东的质押意愿，并选取控股股东的质押比例(PR)作为衡量控股股东质押的稳健性检验替代变量。

3. 中介变量

本章的中介变量为经理管理防御程度，使用改进的 CRITIC 法从个人背景特征、工作转换成本两个方面构建经理管理防御指数，并以 MEI 表示。具体的 MEI 定义与计算方法同第 5 章。

4. 控制变量

因本章的被解释变量与第 4 章一致，所以一系列控制变量的选取与第 4 章相同，这里不再赘述。

7.2.3　模型设定

为了检验本章的假设 7-1、假设 7-2、假设 7-3，探讨经理管理防御的中介作用，采用同第 6 章一样的逐步因果法。构建模型 7.1、模型 7.2、模型 7.3、模型 7.4、模型 7.5 以及模型 7.6 进行回归检验。

$$AEQ_{i,t}/REQ_{i,t}/AbTone_{i,t}/Re_{i,t}/TL_{i,t}/TD_{i,t}/QuaInfo_{i,t}$$
$$= \alpha_0 + \alpha_1 P_{i,t} + \alpha_2 Controls_{i,t} + \alpha_3 Y_t + \alpha_4 Ind_i + \varepsilon_{i,t} \quad （模型 7.1）$$
$$AEQ_{i,t}/REQ_{i,t}/AbTone_{i,t}/Re_{i,t}/TL_{i,t}/TD_{i,t}/QuaInfo_{i,t}$$
$$= \alpha_0 + \alpha_1 PR_{i,t} + \alpha_2 Controls_{i,t} + \alpha_3 Y_t + \alpha_4 Ind_i + \varepsilon_{i,t} \quad （模型 7.2）$$

在检验经理管理防御中介效应的步骤中，第一步首先运用模型 7.1 和模型7.2 检验控股股东股权质押对会计信息披露质量影响的总效应。其中，应计盈余操纵 $AEQ_{i,t}$和真实盈余操纵 $REQ_{i,t}$用来衡量会计数字信息质量；异常语调操纵 $AbTone_{i,t}$和可读性 $Re_{i,t}$用来衡量会计文本信息质量；年报披露时滞 $TL_{i,t}$和披露时间是否在非交易日 $TD_{i,t}$用来衡量年度会计信息披露时间；深交所评级质量 $QuaInfo_{i,t}$用来衡量整体的会计信息披露质量；$P_{i,t}$和 $PR_{i,t}$分别代表控股股东股权质押意愿和控股股东的股权质押比例；$Controls_{i,t}$为控制变量，选取的控制变量与第 4 章相同；Y_t 和 Ind_i 分别为年度固定效应和行业固定效应；$\varepsilon_{i,t}$为回归残差。若经理管理防御存在中介效应，则控股股东股权质押对会计信息披露质量的代理变量应存在显著影响作用。

$$MEI_{i,t} = \alpha_0 + \alpha_1 P_{i,t} + \alpha_2 Controls_{i,t} + \alpha_3 Y_t + \alpha_4 Ind_i + \varepsilon_{i,t} \quad （模型 7.3）$$
$$MEI_{i,t} = \alpha_0 + \alpha_1 PR_{i,t} + \alpha_2 Controls_{i,t} + \alpha_3 Y_t + \alpha_4 Ind_i + \varepsilon_{i,t} \quad （模型 7.4）$$

根据中介检验的程序，第二步检验解释变量股权质押意愿 $P_{i,t}$、质押比例 $PR_{i,t}$和中介变量经理管理防御 $MEI_{i,t}$之间的关系。$Controls_{i,t}$为一系列控制变量，选取与第 5 章相同的控制变量组；Y_t 和 Ind_i 分别为年度固定效应和行业固定效应；$\varepsilon_{i,t}$为回归残差。

$$AEQ_{i,t}/REQ_{i,t}/AbTone_{i,t}/Re_{i,t}/TL_{i,t}/TD_{i,t}/QuaInfo_{i,t}$$
$$= \alpha_0 + \alpha_1 P_{i,t} + \alpha_2 MEI_{i,t} + \alpha_3 Controls_{i,t} + \alpha_4 Y_t + \alpha_5 Ind_i + \varepsilon_{i,t}$$
（模型 7.5）

$$AEQ_{i,t}/REQ_{i,t}/AbTone_{i,t}/Re_{i,t}/TL_{i,t}/TD_{i,t}/QuaInfo_{i,t}$$
$$= \alpha_0 + \alpha_1 PR_{i,t} + \alpha_2 MEI_{i,t} + \alpha_3 Controls_{i,t} + \alpha_4 Y_t + \alpha_5 Ind_i + \varepsilon_{i,t}$$
（模型 7.6）

第三步是检验中介变量经理管理防御 $MEI_{i,t}$和解释变量控股股东股权质押意愿 $P_{i,t}$、质押比例 $PR_{i,t}$，对被解释变量会计信息披露质量（$AEQ_{i,t}$、$REQ_{i,t}$、$AbTone_{i,t}$、$Re_{i,t}$、$TL_{i,t}$、$TD_{i,t}$）共同的影响作用。选择第一步检验中对被解释变量存在显著影响作用的进行第三步检验，若第一步检验不显著，则中止中介检验流程，说明不存在中介影响作用。$\text{Controls}_{i,t}$为控制变量，选取的控制变量与第4章、第5章相同，一起加入回归模型；Y_t 和 Ind_i 分别为年度固定效应和行业固定效应；$\varepsilon_{i,t}$为回归残差。若经理管理防御 $\text{MEI}_{i,t}$存在中介作用，则中介变量 $\text{MEI}_{i,t}$和解释变量 $P_{i,t}$、$\text{PR}_{i,t}$均应统计显著。

7.3 实证结果分析

7.3.1 描述性统计与相关性分析

1. 描述性统计

表7-1列示了本章中关于检验经理管理防御中介作用所需主要变量的描述性统计分析结果，并对所有变量进行了1%上下的缩尾处理。因为中介变量与因变量的数据合并，故样本筛选后数量有所减少。经理管理防御程度(MEI)的均值、标准差分别为0.471和0.143，表明上市公司的经理管理防御程度普遍不低。控股股东股权质押意愿均值为0.439，标准差为0.496，表明上市公司的控股股东进行股权质押的意愿较大，波动也较大。股权质押比例均值为0.250，标准差为0.345，说明控股股东对所持股票进行质押的比例整体接近四分之一，分布差异较大。其余主要变量的统计数据变化不大，与前文基本保持一致。

表7-1　主要变量描述性统计

变量	N	平均值	标准差	最小值	第50百分位数	最大值
AEQ	19073	0.070	0.069	0	0.048	0.326
REQ	19073	0.141	0.144	0.002	0.098	0.799
AbTone	19073	0.049	0.036	0	0.042	0.288
Re	19073	2.125	0.157	1.853	2.110	2.624
TL	19073	4.552	0.242	2.708	4.625	4.963
TD	19073	0.183	0.379	0	0	1
MEI	19073	0.471	0.143	0.074	0.496	0.957
P	19073	0.439	0.496	0	0	1
PR	19073	0.250	0.345	0	0	1
Size	19073	22.178	1.279	19.832	21.996	26.179

续表

变量	N	平均值	标准差	最小值	第 50 百分位数	最大值
Lev	19073	0.421	0.201	0.053	0.428	0.876
ROE	19073	0.053	0.142	−0.817	0.066	0.31
ROA	19073	0.034	0.064	−0.278	0.035	0.192
TaT	19073	0.610	0.416	0.074	0.516	2.494
G	19073	0.162	0.412	−0.593	0.101	2.505
BtM	19073	1.025	1.016	0.105	0.688	5.921
InS	19073	0.384	0.239	0	0.383	3.267
Ret	19073	0.206	0.681	−0.709	0.028	3.171
MS	19073	0.048	0.106	0	0	0.514
Board	19073	2.137	0.199	1.609	2.197	2.708
Inde	19073	0.374	0.053	0.308	0.333	0.571
CS	19073	0.343	0.148	0.088	0.321	0.742
Z	19073	0.915	0.785	0.041	0.704	3.999
Soe	19073	0.367	0.482	0	0	1
Lo	19073	0.100	0.300	0	0	1

2. 相关性分析

表 7－2 为本章主要变量的相关性统计。表中的右上三角部分为斯皮尔曼(Spearman)相关系数检验结果，左下三角部分为皮尔逊(Pearson)相关系数检验结果。从表中可以初步看出各个变量之间的关系，股权质押意愿 P、质押比例 PR 与会计文本信息质量(AbTone、Re)、披露时间(TL、TD)等相关系数为正，且在 5%水平上显著，中介变量经理管理防御 MEI 与控股股东股权质押意愿 P、质押比例 PR 在没有控制变量的情况下存在正相关关系，MEI 与会计数字信息质量(REQ)、会计文本信息质量(Re)等正相关。表中除了股权质押意愿 P 与质押比例 PR、ROA 与 ROE 之间的相关系数较高外，其余变量与变量间的相关系数小于等于 0.6，表明此回归模型中包含的变量之间没有较大的共线性。

表 7－2　主要变量相关性统计

变量	AEQ	REQ	AbTone	Re	TL	TD	MEI	P	PR	Size	Lev	ROE	ROA	TaT	G	BtM	InS	Ret	MS	Board	Inde	CS	Z	Lo	Soe
AEQ	1	0.16*	−0.02*	−0.03*	0.02*	−0.00	−0.01	0.04*	0.05*	−0.06*	0.06*	0.04*	0	0.01	0.02*	−0.07*	−0.03*	0.01	−0.01	−0.03*	0	−0.01	−0.01	0.12*	−0.04*
REQ	0.24*	1	−0.02*	−0.01	−0.02*	0.01	0.05*	0.01	0.01	−0.02*	0	0.16*	0.14*	0.12*	0.06*	−0.13*	0.05*	0.05*	0	−0.01	0	0	0.02*	−0.02*	−0.04*
AbTone	−0.02*	−0.02*	1	0.08*	0.06*	−0.02*	0.01	0.06*	0.06*	0.07*	0	−0.02*	−0.01	−0.04*	−0.01	0.05*	0	−0.09*	0.05*	−0.04*	0.04*	0	0.04*	0	−0.04*
Re	−0.03*	−0.01	0.07*	1	0.08*	−0.04*	0.12*	0.06*	0.05*	0.42*	0.17*	0.06*	0	−0.03*	0.03*	0.15*	0.15*	0.12*	0.08*	0.04*	0.04*	0.01	0.09*	−0.04*	0.01
TL	0.01	−0.04*	0.07*	0.09*	1	−0.06*	0.00	0.12*	0.12*	0.04*	0.02*	−0.15*	−0.14*	−0.07*	−0.09*	0.05*	−0.08*	−0.10*	0.08*	−0.06*	0.04*	−0.07*	0.06*	0.13*	−0.14*
TD	−0.00	0.00	−0.02*	−0.05*	−0.02*	1	0.02	0.01*	0.00*	0.01	0.02*	−0.02*	−0.02*	−0.01	−0.01	0.03*	0.03*	−0.01*	−0.05*	0.01	0.00	0.00	−0.04*	0.01*	0.05*
MEI	−0.01	0.06*	0.01	0.13*	0.01	0.01	1	0.03*	0.04*	0.23*	0.05*	0.17*	0.13*	0.08*	0.01	0.05*	0.12*	0.02*	0.10*	0.02*	0.05*	0.03*	0.01	−0.06*	−0.01
P	0.05*	−0.01	0.06*	0.06*	0.08*	−0.00	0.03*	1	0.95*	−0.06*	0.01	−0.06*	−0.07*	−0.10*	0.03*	−0.05*	−0.14*	−0.03*	0.18*	−0.13*	0.04*	−0.10*	0.09*	0.04*	−0.43*
PR	0.06*	0.01	0.05*	0.02*	0.07*	−0.02	0.05*	0.82*	1	−0.05*	0.04*	−0.09*	−0.10*	−0.12*	0.02*	−0.03*	−0.13*	−0.04*	0.15*	−0.12*	0.03*	−0.12*	0.09*	0.06*	−0.43*
Size	−0.06*	−0.02*	0.08*	0.46*	0.06*	0.01	0.24*	−0.09*	−0.07*	1	0.48*	0.16*	−0.03*	0.02*	−0.05*	0.62*	0.41*	−0.08*	−0.19*	0.22*	−0.01	0.17*	−0.11*	−0.08*	0.30*
Lev	0.08*	0.03*	0.01	0.18*	0.02*	0.01*	0.05*	0.01*	0.06*	0.48*	1	−0.05*	−0.39*	0.13*	−0.04*	0.60*	0.18*	−0.02*	−0.25*	0.15*	−0.01	0.07*	−0.15*	0.15*	0.28*
ROE	−0.14*	0.13*	−0.02*	0.03*	−0.12*	0.01	0.11*	−0.06*	−0.09*	0.12*	−0.15*	1	0.91*	0.26*	0.12*	−0.19*	0.20*	0.15*	0.07*	0.07*	−0.04*	0.16*	−0.01	−0.52*	−0.02*
ROA	−0.14*	0.16*	−0.03*	−0.01	−0.12*	0.01	0.11*	−0.07*	−0.12*	0.03*	−0.32*	0.89*	1	0.21*	0.11*	−0.40*	0.11*	0.14*	0.16*	0.02*	−0.04*	0.12*	0.04*	−0.52*	−0.11*
TaT	0.01	0.15*	−0.03*	−0.01	−0.03*	0.01	0.07*	−0.10*	−0.11*	0.03*	0.15*	0.12*	0.12*	1	−0.07*	0	0.08*	0.04*	−0.01	0.07*	−0.05*	0.09*	−0.08*	−0.10*	0.07*
G	0.03*	0.06*	−0.02*	−0.02*	−0.08*	−0.01	−0.02*	0.04*	0.03*	−0.07*	−0.03*	0.05*	0.03*	−0.10*	1	−0.16*	0.01	0.14*	0.08*	−0.02*	0.01	0.01	0.04*	−0.08*	−0.06*
BtM	−0.06*	−0.08*	0.05*	0.19*	0.05*	0.02*	0.07*	−0.07*	−0.04*	0.63*	0.58*	−0.10*	−0.23*	−0.02*	−0.08*	1	0.15*	−0.32*	−0.23*	0.16*	−0.01	0.08*	−0.13*	0.06*	0.29*
InS	−0.03*	0.07*	0.01	0.16*	−0.04*	0.03*	0.12*	−0.14*	−0.12*	0.43*	0.18*	0.15*	0.13*	0.10*	−0.01	0.18*	1	0.05*	−0.35*	0.17*	−0.05*	0.37*	−0.16*	−0.08*	0.34*
Ret	0.04*	0.07*	−0.10*	0.02*	−0.14*	−0.01	0	−0.02*	−0.03*	−0.11*	0	0.12*	0.12*	0.02*	0.15*	−0.23*	0.01	1	0	0	−0.01	0.02*	−0.01	−0.09*	−0.01
MS	−0.01	0	0.03*	−0.01	0.04*	−0.03*	0.13*	0.13*	0.04*	−0.21*	−0.22*	0.02*	0.07*	−0.06*	0.04*	−0.18*	−0.32*	0.01	1	−0.17*	0.07*	−0.19*	0.30*	−0.06*	−0.45*
Board	−0.04*	−0.01	−0.04*	0.06*	−0.04*	0.01	0.03*	−0.13*	−0.11*	0.24*	0.16*	0.05*	0.04*	0.05*	−0.03*	0.15*	0.18*	0	−0.17*	1	−0.57*	0.01	0	−0.02*	0.27*
Inde	0.01	0	0.04*	0.04*	0.03*	0.00	0.05*	0.04*	0.02*	0.02*	−0.01	−0.03*	−0.03*	−0.05*	0.01	0.03*	−0.04*	−0.01*	0.12*	−0.53*	1	0.03*	−0.02*	0.02*	−0.08*
CS	−0.01	0.02*	0	0.02*	−0.05*	0.00	0.04*	−0.11*	−0.14*	0.22*	0.08*	0.14*	0.13*	0.09*	0	0.10*	0.38*	0.01	0	0.02*	0.04*	1	−0.56*	−0.10*	0.23*
Z	0.01	0.01	0.04*	0.08*	0.05*	−0.03	0	0.04*	0.05*	−0.08*	−0.13*	−0.04*	−0.02*	−0.08*	0.02*	−0.09*	−0.16*	−0.02*	0.08*	0	−0.03*	−0.60*	1	0.02*	−0.30*
Lo	0.14*	−0.03*	0.01	−0.04*	0.10*	0.01*	−0.06*	0.04*	0.07*	−0.08*	0.16*	−0.69*	−0.67*	−0.06*	−0.01	0.06*	−0.08*	−0.07*	−0.04*	−0.03*	0.02*	−0.09*	0.02*	1	0.01
Soe	−0.04*	−0.04*	−0.05*	0.02*	−0.09*	0.04*	−0.01	−0.43*	−0.40*	0.32*	0.28*	0	−0.05*	0.09*	−0.05*	0.29*	0.33*	0	−0.32*	0.28*	−0.08*	0.23*	−0.26*	0.01	1

注：* 表示在 5%水平上显著，表中右上半部分为 Spearman 相关系数检验结果，左下半部分为 Pearson 相关系数检验结果。

7.3.2 实证结果

(1)在探讨经理管理防御中介作用时,首先检验其在控股股东股权质押对会计数字信息披露质量影响中的作用。在采用模型 7.1 和模型 7.2,以控股股东股权质押意愿 P 和股权质押比例 PR 为自变量,应计盈余操纵为因变量,控制了公司个体固定效应、年度和行业固定效应后,发现 P 和 PR 的回归系数分别为 0.0010、−0.0007,且统计不显著(见表 7-3),表明控股股东股权质押对公司应计盈余的操纵改变不明显。这也与第 4 章的检验结果一致,即中介检验流程中止,经理管理防御在股权质押对应计盈余的操纵中未起到中介作用。

表 7-4 为检验控股股东股权质押对真实盈余操纵影响效应中发挥中介作用的检验结果。逐步因果法第一步,运用模型 7.1 和模型 7.2 检验股权质押对真实盈余的影响作用,得到回归结果列(1)和列(2);控股股东的股权质押意愿回归系数为 0.0035,且在 1%的水平上显著,股权质押比例回归系数为 0.0107,且在 1%水平上显著,说明在控制公司个体、年度、行业的固定效应后,控股股东的股权质押意愿和质押比例对真实盈余操纵存在正向影响作用,这一结果与第 4 章检验结果相符。第二步,运用模型 7.3 和模型 7.4,以控股股东股权质押意愿和质押比例为自变量,经理管理防御为因变量,检验两者关系,得到回归结果列(3)和列(4);股权质押意愿的系数为 0.0255,且在 5%水平上显著,说明控股股东股权质押意愿对经理管理防御程度存在正向影响作用;股权质押比例的系数为 0.0274,且在 5%的水平上显著,说明股权质押比例越大,经理管理防御程度越高。第三步,运用模型 7.5 和模型 7.6,检验经理管理防御和控股股东股权质押对真实盈余操纵的共同影响作用,得到回归结果列(5)和列(6);列(5)中,股权质押意愿的回归系数为0.0033,且在 5%水平上显著,经理管理防御程度回归系数为 0.0077,且在 5%水平上显著,表明股权质押意愿和经理管理防御对真实盈余操纵存在显著正向影响,结合列(1)和列(3)的检验结果对经理管理防御的中介作用进行分析,列(5)股权质押意愿回归系数小于列(1)质押意愿回归系数,且回归系数均统计显著,并且影响方向一致,说明经理管理防御程度在股权质押对真实盈余操纵影响中存在部分中介效应。列(6)中,股权质押比例的系数为 0.0106 且在 5%水平上显著,经理管理防御程度的系数为 0.0077 且在 5%水平上显著,同理分析可知,经理管理防御程度确实在控股股东股权质押对真实盈余操纵的影响作用中,起到部分中介作用。

表 7－3　控股股东股权质押对应计盈余操纵的回归结果

变量	(1) AEQ	(2) AEQ
P	0.0010	
	(0.46)	
PR		−0.0007
		(−0.22)
MEI		
Size	0.0050**	0.0051**
	(2.23)	(2.28)
Lev	0.0313***	0.0316***
	(3.55)	(3.58)
ROA	−0.1144***	−0.1146***
	(−4.05)	(−4.06)
G	−0.0015	−0.0015
	(−0.69)	(−0.69)
BtM	−0.0118***	−0.01187***
	(−8.12)	(−8.16)
Board	−0.0153**	−0.0154**
	(−2.18)	(−2.19)
Inde	−0.0042	−0.0046
	(0.21)	(−0.22)
TaT	0.0121***	0.0121***
	(2.67)	(2.67)
CS	0.0197**	0.0027
	(2.01)	(0.21)
Soe	−0.0008	−0.0010
	(−0.13)	(−0.18)
Lo	0.0219***	0.0219***
	(6.87)	(6.87)
Constant	−0.0047	−0.0060
	(0.80)	(−0.10)
样本数	19073	19073
R^2	0.062	0.063
时间固定效应	控制	控制
行业固定效应	控制	控制
公司固定效应	控制	控制

注：***、** 和 * 分别表示在 1%、5%和 10%水平上显著，括号内为 t 值。

表 7－4　控股股东股权质押对真实盈余操纵影响中经理管理防御的中介效应检验

变量	(1) REQ	(2) REQ	(3) MEI	(4) MEI	(5) REQ	(6) REQ
P	0.0035***		0.0255**		0.0033**	
	(2.86)		(2.30)		(2.43)	
PR		0.0107***		0.0274**		0.0106**
		(2.78)		(2.11)		(2.32)
MEI					0.0077**	0.0077**
					(1.97)	(2.16)
Size	0.0259***	0.0259***	0.1328***	0.1350***	0.0265***	0.0267***
	(6.14)	(6.72)	(12.71)	(12.98)	(6.81)	(6.87)
Lev	0.0896***	0.0108	−0.0231	−0.0193	0.0098	0.0107
	(5.42)	(0.72)	(−0.58)	(−0.49)	(0.66)	(0.71)
ROA	−0.1386***	−0.6284***	0.0446	0.0445	−0.6264	−0.6275***
	(−9.66)	(−6.97)	(1.40)	(1.39)	(−6.91)	(−6.94)
G	0.0284***	0.0346***	−0.0183*	−0.0180*	0.0345***	0.0346***
	(8.44)	(8.92)	(−1.78)	(−1.75)	(8.89)	(8.91)
BtM			−0.0341***	−0.0348***	0.0113***	0.0112***
			(−4.73)	(−4.82)	(4.27)	(4.23)
Board	−0.0032	0.0063	−0.0926**	−0.0953**	0.0059	0.0059
	(−0.22)	(0.44)	(−2.40)	(−2.47)	(0.41)	(0.41)
Inde	−0.0025	−0.0436	0.1687	0.1627	−0.0413	−0.0424
	(−0.16)	(−1.02)	(1.44)	(1.39)	(−0.96)	(−0.99)
TaT	−0.0466**	−0.0395***			−0.0393***	−0.0393***
	(−4.63)	(−5.19)			(−5.15)	(−5.15)
CS	0.0374	0.0272	−0.0528	−0.0665	0.0280	0.0275
	(1.28)	(1.18)	(0.70)	(−0.87)	(1.22)	(1.20)
Soe	0.0055	0.0065	−0.189	−0.0214	0.0076	0.0063
	(0.57)	(0.64)	(−0.69)	(−0.78)	(0.75)	(0.62)
Lo	−0.0135***	−0.0388***			−0.0387***	−0.0388***
	(−2.72)	(−6.25)			(−6.25)	(−6.25)

续表

变量	(1) REQ	(2) REQ	(3) MEI	(4) MEI	(5) REQ	(6) REQ
Z			−0.0185	−0.0198*	−0.0047	−0.0048
			(−1.57)	(−1.68)	(−1.02)	(−1.05)
MS			1.2119***	1.2106***	0.0348	0.0342
			(6.14)	(6.12)	(1.19)	(1.17)
Constant	−0.5857***	−0.6009***	−2.4413***	−2.4649***	−0.6121***	−0.6152
	(−5.79)	(−5.44)	(−9.36)	(−9.45)	(−5.53)	(−5.56)
样本数	19073	19073	19073	19073	19073	19073
R^2	0.090	0.091	0.059	0.058	0.091	0.91
时间固定效应	控制	控制	控制	控制	控制	控制
行业固定效应	控制	控制	控制	控制	控制	控制
公司固定效应	控制	控制	控制	控制	控制	控制

注：***、**和*分别表示在1%、5%和10%水平上显著，括号内为 t 值。

(2)经理管理防御在控股股东股权质押对会计文本信息披露质量影响中的中介作用回归结果见表7-5。表中使用年报异常语调操纵和年报可读性来衡量会计文本信息的披露质量，并分别进行了经理管理防御的中介效应检验。列(1)和列(2)为控股股东股权质押意愿和质押比例对年报异常语调的回归结果，股权质押意愿系数为0.0013且在5%水平上显著，股权质押比例系数为0.0021且在10%水平上显著，表明控股股东股权质押对异常语调有显著的正向影响，这也与第4章得到的实证结论保持一致。由列(3)和列(4)可知，在股权质押对经理管理防御程度影响的回归中，股权质押意愿和质押比例的系数分别为0.0157和0.0167，且均在1%水平上统计显著，说明股权质押对经理管理防御程度有显著正向影响。列(5)和列(6)为经理管理防御程度与股权质押对异常语调共同影响的回归结果，列(5)经理管理防御程度的系数为0.0030且在5%水平上显著，股权质押意愿系数为0.0012且在10%水平上显著，结合列(1)、列(2)的回归结果可知，经理管理防御程度能够在控股股东股权质押对年报异常语调影响中起到正向的中介作用。

控股股东股权质押与年报文本可读性间的回归结果见列(7)和列(8)，股权质押意愿和质押比例的系数分别为0.0070和0.0118，且分别在5%水平上和1%水平上显著，表明控股股东股权质押后，年报文本可读性下降。关于股权质押意愿和质押比例对经理管理防御程度影响的检验结果因样本量和控制变量未发生变化，结果列(3)和列(4)一致。在控制了经理管理防御程度下，股权质押对年报文本可读性影响作用的回归结果为列(9)和列(10)，列(9)中经理管理防御程度的系数为0.0038，且在1%的水平上显著，股权质押意愿回归系数小于列(7)中的质押意愿系数，为0.0069，且在5%水平上显著，说明股权质押意愿越大，经理管理防御程度越高，进而年报文本的可读性越低。同理，列(10)中股权质押比例和经理管理防御的回归系数均显著为正，结合列(8)、列(4)分析，在股权质押程度对年报可读性的影响作用中，经理管理防御程度存在正向的中介作用。

综合分析可知，经理管理防御在控股股东股权质押对会计文本信息披露质量的影响中，存在部分中介效应。可见，研究结果支持假设7-2。

表7-5 控股股东股权质押对会计文本信息质量影响中经理管理防御的中介效应检验

变量	(1) AbTone	(2) AbTone	(3) MEI	(4) MEI	(5) AbTone	(6) AbTone	(7) Re	(8) Re	(9) Re	(10) Re
P	0.0013**		0.0157***		0.0012*		0.0070**		0.0069**	
	(2.04)		(3.28)		(1.79)		(2.25)		(2.43)	
PR		0.0021*		0.0167***		0.0020*		0.0118***		0.0116***
		(1.82)		(2.77)		(1.84)		(2.56)		(2.79)
MEI					0.0030**	0.0025**			0.0038***	0.0038***
					(2.38)	(2.00)			(2.65)	(2.73)
Size	0.0013*	0.0014**	0.0182***	0.0186***	0.0014**	0.0013*	0.1203***	0.1204***	0.1198***	0.1194***
	(1.84)	(1.89)	(4.27)	(4.83)	(1.86)	(1.80)	(15.27)	(16.25)	(14.31)	(14.46)
Lev	−0.0043	−0.0031	0.0161	0.0170	−0.0043	−0.0037	0.167	0.0163	0.0159	0.0164
	(−1.53)	(−1.13)	(0.97)	(1.02)	(−1.53)	(−1.33)	(1.48)	(1.44)	(1.40)	(1.45)
ROA	−0.0035	−0.0028	0.0121	0.0122	−0.0024	−0.0032	−0.0526***	−0.525***	−0.0512***	−0.541***
	(−1.51)	(−1.19)	(0.92)	(0.98)	(−1.10)	(−1.42)	(−5.54)	(−5.53)	(−5.34)	(−5.66)
G	−0.0002	−0.0003	0.0142***	0.0142***	−0.0002	−0.0004	0.0021	0.0020	0.0024	0.0019
	(−0.25)	(−0.38)	(4.24)	(4.24)	(−0.26)	(−0.57)	(0.72)	(0.70)	(0.80)	(0.65)
BtM	0.0004	0.0002			0.0003	0.0002	−0.0111***	−0.0110***	−0.104***	−0.00104***
	(0.67)	(0.34)			(0.70)	(0.40)	(−5.17)	(−5.16)	(−4.82)	(−4.84)
MS	0.0083*	0.0083*	0.2135***	0.2128***	0.0052	0.0061	−0.0056	−0.0053	−0.0161	−0.0169
	(1.70)	(1.71)	(6.40)	(6.38)	(0.97)	(1.14)	(−0.35)	(−0.27)	(−0.78)	(−0.82)

续表

变量	(1) AbTone	(2) AbTone	(3) MEI	(4) MEI	(5) AbTone	(6) AbTone	(7) Re	(8) Re	(9) Re	(10) Re
Board	0.0011	0.0015	0.0435**	0.0427**	0.0010	0.0016	0.0528***	0.0525***	0.0529***	0.0510***
	(0.39)	(0.57)	(2.54)	(2.49)	(0.38)	(0.59)	(4.77)	(4.75)	(4.76)	(4.60)
Inde	0.0062	0.0046	0.0169	0.0157	0.0054**	0.0039	0.0709**	0.0718**	0.0720**	0.0712**
	(0.75)	(0.56)	(0.32)	(0.30)	(0.64)	(0.47)	(2.10)	(2.12)	(2.11)	(2.10)
Ret	−0.0010*	−0.0008*			−0.0010*	−0.0009	−0.0056**	−0.0055**	−0.0053**	−0.0050**
	(−1.69)	(−1.77)			(−1.76)	(−1.61)	(−2.41)	(−2.37)	(−2.27)	(−2.17)
CS	−0.0000	0.0000	−0.0016***	−0.0016***	0.0000	0.0000	0.0007***	0.0007***	0.0007***	0.0006***
	(0.12)	(0.36)	(−4.94)	(−5.00)	(0.18)	(0.46)	(3.37)	(3.37)	(3.19)	(2.86)
Soe	0.0005	0.0010	−0.0019	−0.0013	0.0006	0.0011	0.0010	0.0019	0.0022	0.0027
	(0.73)	(0.49)	(−0.15)	(−0.10)	(0.32)	(0.54)	(0.13)	(0.23)	(0.27)	(0.32)
Z			−0.0297***	−0.0302***	0.0023***	0.0027***				
			(−5.96)	(−6.05)	(2.69)	(3.33)				
D			0.0873***	0.0876***	0.0013	0.0008				
			(15.12)	(15.25)	(1.36)	(1.59)				
lnS	−0.0129*	−0.0128*	−0.0130*	−0.0128*						
	(−1.87)	(−1.85)	(−1.87)	(−1.86)						
Constant	0.0111	−0.0082	0.3430***	0.3392***	0.0085	−0.0067	8.9306***	8.9315***	8.9359***	8.9370***
	(0.57)	(−0.46)	(3.15)	(3.11)	(0.43)	(−0.78)	(11.97)	(11.98)	(11.28)	(11.30)
样本数	19073	19073	19073	19073	19073	19073	19073	19073	19073	19073
R^2	0.119	0.108	0.069	0.063	0.119	0.109	0.562	0.561	0.562	0.562
时间固定效应	控制	控制	控制	控制	控制	控制	控制	控制	控制	控制
行业固定效应	控制	控制	控制	控制	控制	控制	控制	控制	控制	控制
公司固定效应	控制	控制	控制	控制	控制	控制	控制	控制	控制	控制

注：***、** 和 * 分别表示在 1%、5%和 10%水平上显著，括号内为 t 值。

(3)为了验证假设 7－3，探究经理管理防御在控股股东股权质押与会计信息披露时间之间的影响作用，进行中介效应的检验流程，具体回归结果见表 7－6。列(1)和列(2)为第一步模型 7.1 和模型 7.2 的回归检验，控股股东股权质押意愿和质押比例的系数分别为 0.0111 和 0.0160，且均在 5%水平上显著，说明控股股东的股权质押会使得年度会计信息披露时间推迟。由列(3)和列(4)可知，在第二步模型 7.3 和模型 7.4 的回归检验中，股权质押意愿和质押比例对经理管理防御程度的回归系数分别为 0.0146 和 0.0271，且均在 1%水平上显著统计，表明股权质押对经理管理防御程度的提升存在显著的促进作用。在样本量产生变化后，第一步和第二步的检验结果基本与第4章的回归结果相同，因此提升了第4章中实证结论的稳健程度，而且在样本量相同的情况下，对控制变量进行了细微调整后，回归结果仍与表7-5基本一致，说明研究结论稳健可信。第三步，运用模型7.5和模型7.6检验中介变量MEI和自变量P、PR对因变量的共同影响，得到列(5)和列(6)，列(5)中经理管理防御系数为0.0182且在5%水平显著，股权质押意愿系数为0.0108且在5%水平上显著，结合列(1)、列(3)回归结果，符合逐步因果法的中介作用判定条件，说明经理管理防御程度在控股股东股权质押意愿与会计信息披露时滞的关系中，起到部分中介的作用。同理，因列(6)中经理管理防御回归系数与股权质押比例回归系数均显著为正，结合列(2)、列(4)的检验结果可知，在股权质押比例对会计信息披露时滞的影响中，经理管理防御起到部分的中介作用。同理，根据列(7)、列(8)与列(4)的结果可知，在股权质押比例对非交易日选择性披露的影响中，经理管理防御存在部分中介效应。以上分析结果表明，经理管理防御存在中介效应，控股股东股权质押后，经理管理防御程度上升，进一步导致会计信息披露时间的择机选择。可见，研究检验结果支持假设7-3。

表7-6 控股股东股权质押对年度会计信息披露时间影响中经理管理防御的中介效应检验

变量	(1) TL	(2) TL	(3) MEI	(4) MEI	(5) TL	(6) TL	(7) TD	(8) TD
P	0.0111**		0.0146***		0.0108**			
	(2.12)		(2.86)		(2.07)			
PR		0.0160**		0.0271***		0.0122**	0.0510*	0.0409*
		(1.99)		(3.54)		(1.97)	(1.81)	(1.66)
MEI					0.0182**	0.0183**		0.0637*
					(2.15)	(2.14)		(1.77)
Size	0.0481***	0.0460***	0.0263***	0.0251***	0.0477***	0.0480***	−0.0104	−0.0118
	(10.57)	(9.22)	(5.63)	(5.24)	(10.48)	(10.56)	(−0.65)	(−0.73)
Lev	−0.0286	−0.0460**	0.0793***	0.0765***	−0.0290	−0.0277	0.1513*	0.1559*
	(−1.60)	(−2.37)	(4.38)	(4.16)	(−1.62)	(−1.54)	(1.72)	(1.77)
ROA	−0.1636***	−0.1807***	0.0149	0.0176	−0.1640***	−0.1692***	0.0375	0.0355
	(−12.72)	(−12.55)	(1.11)	(1.30)	(−12.75)	(−13.20)	(0.40)	(0.38)

续表

变量	(1) TL	(2) TL	(3) MEI	(4) MEI	(5) TL	(6) TL	(7) TD	(8) TD
G	−0.0224***	−0.0225***	0.0121**	0.0135***	−0.0227***	−0.0222***	−0.0062	−0.0067
	(−6.22)	(−6.10)	(2.18)	(3.18)	(−6.29)	(−6.16)	(−0.22)	(−0.24)
BtM			−0.0165***	−0.0152***	0.0029	0.0037		0.0350
			(−5.64)	(−5.01)	(0.87)	(0.91)		(1.63)
MS	−0.0362	−0.0356	0.4486***	0.4452***	−0.0437	−0.0439	−0.4160***	−0.4290***
	(−1.04)	(−0.99)	(13.29)	(13.02)	(−1.25)	(−1.26)	(−2.89)	(−2.97)
Board	0.0414**	0.0644***	0.0541***	0.0573***	0.0406**	0.0402**	−0.0561	−0.0567
	(2.28)	(3.41)	(3.07)	(3.20)	(2.24)	(2.21)	(−0.64)	(−0.65)
Inde	0.0871	0.1162**	0.0979*	0.0992*	0.0863	0.0859	0.0965	0.0939
	(1.56)	(2.00)	(1.81)	(1.81)	(1.55)	(1.54)	(1.46)	(1.42)
InS	−0.3200***	−0.0278**	−0.0206*	−0.0214*	−0.0317***	−0.0315***	0.2336	0.2344
	(−2.79)	(−2.30)	(−1.83)	(−1.87)	(−2.77)	(−2.75)	(0.78)	(0.78)
CS	−0.0019***	−0.0021***	−0.0019***	−0.0019***	−0.0018***	−0.0018***	−0.0022**	−0.0022**
	(−5.48)	(−5.92)	(−5.56)	(−5.38)	(−5.38)	(−5.40)	(−2.07)	(−2.03)
Z	−0.0087	−0.0147**	−0.0222***	−0.0208***	−0.0082	−0.0085		−0.0116***
	(−1.59)	(−2.50)	(−4.04)	(−3.73)	(−1.50)	(−1.55)		(−3.31)
Soe	−0.0176	−0.0128	−0.0153	−0.0139	−0.0174	−0.0168	0.1188***	0.1210***
	(−1.37)	(−0.96)	(−1.24)	(−1.08)	(−1.35)	(−1.30)	(2.95)	(3.00)
Constant	3.3754***	3.3032***	0.0682	0.0784	3.3714***	3.3682***	−0.6206	−0.6362
	(30.21)	(27.42)	(0.61)	(1.08)	(30.17)	(30.15)	(−1.55)	(−1.59)
样本数	19073	19073	19073	19073	19073	19073	19073	19073
R^2	0.086	0.089	0.054	0.057	0.086	0.090		
对数似然							−8692	−8692
时间固定效应	控制	控制	控制	控制	控制	控制	控制	控制
行业固定效应	控制	控制	控制	控制	控制	控制	控制	控制
公司固定效应	控制	控制	控制	控制	控制	控制	控制	控制

注：***、** 和 * 分别表示在 1%、5% 和 10% 水平上显著，括号内为 *t* 值。

7.4 稳健性检验

在7.3.2节中，对经理管理防御程度是否在控股股权质押对会计数字信息披露质量、文本信息披露质量、披露时间的影响中存在中介效应进行了检验，并验证了假设7-1、假设7-2以及假设7-3。为了增强本章研究结论的可靠性，本节再次对假设7-1、假设7-2、假设7-3从改变被解释变量、中介变量和解释变量的衡量方式，以及更换中介效应检验模型等方面进行稳健性检验。

1. 改变被解释变量会计信息质量度量方法

本节通过更换对被解释变量会计数字信息披露质量、会计文本信息披露质量、年度会计信息披露时间的衡量方法，再次检验经理管理防御的中介作用。借鉴已有研究成果，重新选取衡量会计数字信息质量、文本信息质量、披露时间与综合质量的代理变量，更换应计盈余的衡量方法，参考DD模型计算应计盈余操纵。具体更换如下：以真实盈余的正操纵值来衡量公司向上操纵盈余的真实盈余管理程度；以异常语调操纵的正值部分来衡量公司向上操纵积极语气的程度；选取文本信息中语句的数量来衡量可读性（Luo et al，2018）；选取上一年会计年度结束日与年报首次预告日之间的时间间隔取自然对数来衡量年度会计信息的披露时间；改变披露是否为交易日的衡量标准，选择周一到周四为交易日；以深交所披露的A、B、C、D评级结果，作为衡量会计信息披露质量的序数变量。然后再次对假设7-1、假设7-2、假设7-3进行回归检验，回归结果见表7-7。

表 7－7　稳健性检验一(更换因变量)

变量	(1)	(2)	(3)	(4)	(5)	(6)	(7)	(8)	(9)	(10)	(11)	(12)	(13)	(14)	(15)	(16)	(17)	(18)	(19)	(20)	(21)	(22)	(23)	(24)
	AEQ2	AEQ2	REQ2	REQ2	REQ2	REQ2	AbTone2	AbTone2	AbTone2	AbTone2	Re2	Re2	Re2	Re2	TL2	TL2	TL2	TL2	TD2	TD2	QuaInfo4	QuaInfo4	QuaInfo4	QuaInfo4
P	0.0001		0.0201***		0.0198**		0.0053***		0.0052***		0.0108**		0.0106*		0.0151**		0.0150**				−0.246***			−0.242***
	(0.13)		(3.10)		(2.49)		(5.14)		(4.56)		(2.05)		(1.88)		(2.34)		(2.13)				(−5.99)			(−5.90)
PR		0.0173		0.0189**		0.0188**		0.0076***		0.0075***		0.0156**		0.0155*		0.0125*		0.0122**	0.2446**	0.0235*		−0.724***	−0.719***	
		(1.25)		(2.42)		(2.03)		(4.93)		(3.87)		(2.36)		(1.95)		(1.85)		(1.97)	(2.01)	(1.85)		(−12.39)	(−12.29)	
MEI					0.0105**	0.0104**			0.0081**	0.0084**			0.0063**	0.0065**			0.0226*	0.0222*		0.0362*			−0.151***	−0.161***
					(2.16)	(2.21)			(2.31)	(2.37)			(2.56)	(2.42)			(1.81)	(1.79)		(1.99)			(−3.31)	(−3.54)
Constant	0.6287	−0.3612	−0.2164**	−0.2675**	−0.2251**	−0.2816**	0.0547**	0.0492**	0.0512**	0.0497**	2.1657***	2.2628***	2.157***	2.2545***	4.6289***	4.8260***	4.5527***	4.9172***	−0.3128*	−0.3224*				
	(1.08)	(−1.21)	(−2.35)	(−2.28)	(−2.07)	(−1.99)	(2.51)	(2.20)	(2.44)	(2.28)	(31.52)	(32.61)	(30.31)	(31.77)	(35.41)	(36.35)	(35.93)	(36.86)	(−1.73)	(−1.79)				
Cut1																					6.929	6.785	6.826	6.973
Cut2																					9.627	9.485	9.529	9.675
Cut3																					13.334	13.223	13.269	13.384
控制变量	控制	控制	控制	控制	控制	控制	控制	控制	控制	控制	控制	控制	控制	控制	控制	控制	控制	控制	控制	控制	控制	控制	控制	控制
R^2	0.046	0.045	0.121	0.109	0.121	0.110	0.210	0.198	0.210	0.198	0.582	0.587	0.583	0.587	0.153	0.155	0.154	0.155	0.153	0.155	0.108	0.113	0.109	0.114
似然对数																			−8395	−8395				
时间固定效应	控制	控制	控制	控制	控制	控制	控制	控制	控制	控制	控制	控制	控制	控制	控制	控制	控制	控制	控制	控制	控制	控制	控制	控制
行业固定效应	控制	控制	控制	控制	控制	控制	控制	控制	控制	控制	控制	控制	控制	控制	控制	控制	控制	控制	控制	控制	控制	控制	控制	控制
公司固定效应	控制	控制	控制	控制	控制	控制	控制	控制	控制	控制	控制	控制	控制	控制	控制	控制	控制	控制	控制	控制	控制	控制	控制	控制

注：***、** 和 * 分别表示在 1%、5%和 10%水平上显著，括号内为 t 值。

2. 更换中介变量与解释变量的衡量方法

通过更换中介变量经理的管理防御程度与解释变量股权质押的测度方式，进一步验证研究结论的稳健性。以代理成本作为经理管理防御程度的替代变量(MEI2)，控股股东已质押的股份数量占公司总股份数的比例(PledgeRate2)作为衡量股权质押的代理变量，再次对假设 7－1、假设 7－2、假设 7－3 进行回归检验，具体结果见表 7－8。

表 7－8　稳健性检验二(更换自变量与中介变量)

变量	(1) AEQ	(2) MEI2	(3) REQ	(4) REQ	(5) AbTone	(6) AbTone	(7) Re	(8) Re	(9) TL	(10) TL	(11) TD	(12) TD
PR2	－0.0036	0.0541**	0.0133**	0.0132**	0.0062**	0.0062**	0.0211*	0.0211*	0.0513***	0.0512***	0.0576*	0.0568*
	(－1.01)	(2.32)	(2.27)	(2.15)	(2.55)	(2.46)	(1.77)	(1.70)	(2.98)	(2.62)	(1.74)	(1.69)
MEI2				0.0101*		0.0117***		0.0095**		0.3482***		0.3884**
				(1.93)		(2.83)		(1.96)		(2.85)		(2.35)
Constant	0.0594***	0.3095***	－0.6875***	－0.6842***	0.7061***	0.6924***	9.6526***	9.5340***	4.0253***	3.9816***	－0.3912	－0.3930
	(2.77)	(12.21)	(－8.60)	(－8.41)	(4.24)	(4.79)	(18.65)	(18.87)	(28.61)	(28.19)	(－1.04)	(－1.33)
控制变量	控制	控制	控制	控制	控制	控制	控制	控制	控制	控制	控制	控制
R^2	0.055	0.206	0.068	0.068	0.101	0.102	0.641	0.641	0.094	0.095		
对数似然											－9403	－9403
时间固定效应	控制	控制	控制	控制	控制	控制	控制	控制	控制	控制	控制	控制
行业固定效应	控制	控制	控制	控制	控制	控制	控制	控制	控制	控制	控制	控制
公司固定效应	控制	控制	控制	控制	控制	控制	控制	控制	控制	控制	控制	控制

注：***、**和*分别表示在1%、5%和10%水平上显著，括号内为 t 值。

3. 更换中介效应检验模型

通过更换中介效应的检验方法，再次检验经理管理防御是否存在中介作用。采用 Bootstrap 抽样法进行 5000 次随机抽样并计算出模型 7.3 中控股股东股权质押意愿回归系数与模型 7.5 中经理管理防御回归系数之乘积的估计值，发现系数乘积的检验结果与前文中介效应检验结果基本保持一致，查看使用 BCa 方法构建的置信区间包括 0，表明经理管理防御确实存在中介效应。

4. 多时点 PSM-DID 模型检验

为进一步减少因变量与自变量的反向因果、遗漏变量等可能存在的内生性问题，通过将股权质押视为事件发生时点，构建多时点 PSM-DID 模型，再次对假设 7－1、假设 7－2、假设 7－3 进行检验。本书借鉴已有学者的研究（冯晓晴 等，2020），采用多时点倾向得分匹配双重差分的方法（PSM-DID）进行检验。在此选取对控股股东股权质押的影响因素包括公司规模 Size、盈利能力 ROA、负债水平 Lev、资产周转率 TaT、企业性质 Soe、控股股东持股比例 CS，通过 1∶1 最近邻有放回匹配的方法，共获得 5306 个样本。最终，多时点 PSM-DID 回归的检验结果与前文结论基本保持一致。

7.5　本章小结

本章的主要内容是在探究控股股东股权质押与公司会计信息披露质量的关系中，经理管理防御是否存在中介作用。在前文研究了控股股东股权质押与经理管理防御、经理管理防御与会计信息披露质量之间的关系后，进一步深入研究经理管理防御在两者中的中介作用。在理论分析经理管理防御在股权质押对会计信息披露质量影响中所起的路径作用后，以 A 股市场上市公司为数据样本，使用逐步因果法分析经理管理防御在控股股东股权质押对会计数字信息质量、文本信息质量、披露时间影响中的作用。实证检验结果表明，控股股东股权质押行为通过对经理管理防御程度产生显著影响，进而会影响会计信息披露质量，这一作用路径确实存在。在更换被解释变量、解释变量与中介变量的衡量方式，更换中介效应检验模型，使用多时点 PSM-DID 模型等一系列稳健性检验后，回归结果仍与前文基本保持一致，说明了研究结论的可靠性。

第8章 研究结论与展望

本章就控股股东股权质押对上市公司经理层管理防御和会计信息披露质量影响机制以及传导具体路径进行研究结论的梳理归纳，提供可供选择的管理建议，指出本书研究的局限性和未来的研究展望。

8.1 主要研究结论

股权质押从诞生的那一天起，就存在着资本效率与金融安全的“跷跷板”效应，要实现融资创新与发展，就需要处理好二者间的均衡关系。股权质押融资作为隐形杠杆融资方式，由于其融资速度快、成本较低、盘活存量资本且不影响企业控制权等优点，成为目前我国上市公司控股股东青睐的融资方式之一。但相对于英美经济体系的公司而言，我国资本市场上机构投资者占比较低，公司股权相对集中，普遍存在大股东，使得控股股东发生股权质押行为通常会引起市场的高度关注，这不仅会扩大公司控制权与现金流权的分离程度，加剧公司第二类代理冲突；而且在控股股东面临因股价下跌而导致潜在控制权转移风险时，加大了其进行市值管理的动机，进而聚积了市场风险，降低了市场信息透明度，从而会对上市公司的治理结构、经理层管理防御和信息披露质量产生重要影响。特别是不确定环境下，公司控股股东股权质押不仅影响企业创新能力和资源配置效率，而且极易引发系统性金融风险和经济危机。尽管现有文献对大股东股权质押的动机以及带来的经济后果研究较多，但对于控股股东股权质押后对于上市公司经理层管理防御行为动机产生的影响、对于公司会计信息披露质量的影响机制与路径鲜有涉及。本书试图以我国资本市场为背景，探讨控股股东股权质押对上市公司经理层管理防御和会计信息披露质量的影响机制以及传导的具体路径。本书从不完全契约理论出发，股权质押的控股股东和具有防御动机的经理层会利用契约的不完全性进行机会主义行为，加之会计准则的制定本身也存在着“公共领域”，使得公司控股股东、经理层、审计师等都可能借助这些天然的“公共领域”开展寻租来操纵企业会计信息披露质量;依据会计剩余控制权的特性,阐述了现代公司制企业股东与经理层之间关于企业会计剩余控制权的博弈过程,然后,通过实证检验验证了股权质押的控股股东对经理层采取激励(合谋、互惠)与惩罚(更换)方式导致经理管理防御行为动机加剧,从而对会计信息披露质量会产生直接经济后果。具体研究结论如下:

(1)基于不完全契约理论阐明了企业会计剩余控制权在以控股股东为代表的股东与以经理人为代表的管理层之间的配置过程。契约是用于约束当事人行为的局限条件,但契约总是存在不完全性,使得契约当事人可以利用其开展机会主义行为。公司会计剩余控制权不是一项客观的用来实现企业经济利益的权利,而是相关缔约主体实现自己目标的工具,会计剩余控制权制度安排会直接影响公司会计信息披露质量以及相关利益集团的收益分配结果。依据会计剩余控制权配置的合法性、效率性、权力与能力匹配性等原则,在我国制度背景下,公司会计剩余控制权的配置对象包括股东、董事会和经理层,而影响配置的主要因素有公司组织形式、股权集中度和财务状况等。本书在借鉴 Rubin-Stein 轮流出价还价模型的基础上,引入不完全信息情景下的三种类型分析了控股股东与经理就企业会计剩余控制权争夺的博弈过程。在初始阶段,由于经理层的人力资本缺乏有效的信号显示机制,控股股东占据明显的先动优势,拥有企业绝对的剩余控制权,而经理层仅享有特定控制权;但经过重复博弈后,当经理人才能不断得到发挥体现后,经理人的谈判实力不断提升,分享公司会计剩余控制权的份额逐渐增大,特别在一些技术壁垒较强的高科技行业或新兴产业,会计剩余控制权几乎全部委托给公司管理层独占使用。总之,随着经理人力资本价值的提升,经理分享企业会计剩余控制权份额逐步增大。

(2)控股股东进行股权质押后,会降低公司会计信息的披露质量;进一步研究发现,控股股东采用真实盈余管理的方式来降低会计数字信息披露质量,采取调整文本语调和增加文本复杂性来降低会计文本信息披露质量,且在年度会计报告披露时采用延后公布的方式来缓解外部压力。依据控制权理论,控股股东股权质押后具有规避股价下跌带来的损失或控制权转移风险的动机,其会通过控制权操纵、干预管理层盈余管理或会计信息披露质量来提振或维稳股价。会计信息是企业信息的核心部分,其作为价格生成依据引导着资本市场的资源配置,决定着配置的效率。控股股东股权质押属于上市公司信息披露重要事项,容易引起资本市场的高度关注。为了挖掘控股股东股权质押对会计信息影响的具体方式,本书将会计信息披露质量按照特殊商品划分为会计信息生成过程的质量和会计信息披露过程的质量，其中生成过程质量包含会计数字信息质量和会计文本信息质量。进一步分析得出，在股权质押期间，控股股东不仅会对会计数字信息进行盈余管理，而且会操纵会计文本信息的异常语调与可读性，且为了降低市场关注度或不利信息对公司股价的影响，还会采用选择在年报披露截止日前“扎堆”披露和非交易日披露的策略。

本书利用我国沪深A股上市公司2000—2020年的年度数据为初始研究样本，实证检验了控股股东股权质押对公司会计信息披露质量的影响作用。研究结果表明：①控股股东股权质押会对公司的会计披露质量产生负面影响。②控股股东股权质押可能会减少对公司的应计盈余操纵，更热衷于使用真实盈余操纵方式来降低公司的会计数字信息披露质量。③运用Python程序对公司的会计文本信息分析后发现，控股股东股权质押对年度会计文本信息的异常语调和文本可读性均存在显著的影响。即控股股东股权质押后，文本信息异常语调操纵程度加剧，文本可读性下降。④在年度会计报表披露时间的选择上，股权质押会使控股股东更倾向于公司披露年报的时间推迟和在非交易日披露。经过工具变量2SLS回归、倾向得分匹配回归、替换衡量的代理变量等多种方式的稳健性检验后，实证检验结论依旧成立。

(3)控股股东股权质押会加大控股股东机会主义行为与动机，对公司治理及经理层会产生重要影响。这为经理层通过拥有的部分剩余控制权与控股股东博弈提供了更大的空间，因而会显著加剧经理层管理防御动机与行为。由于控股股东不参与企业日常经营管理活动，在其股权质押后，无论是通过控制权来操纵盈余管理、规避纳税，还是采取过滤不利信息、年报择时披露等手段规避控制权转移风险，其实施过程都需要公司高管的配合才能完成。一方面，控股股东会放松对经理层的监督，降低经理人的薪酬业绩敏感性，使得经理人配合其机会主义行为。另一方面，控股股东对于不配合的经理人，会利用控股股东在董事会的地位与影响力进行更换，选择愿意合谋的经理人。控股股东通过放松对经理人监督的“奖励”措施与更换经理人的“惩罚”措施，来达到与经理层的“互惠共赢”(合谋)。因此，控股股东股权质押会对公司治理机制产生负面影响，加剧公司经理层管理防御行为和动机，不仅增大了“第一类”委托代理成本，而且会加剧“第二类”委托代理冲突。

本书选取2000—2020年控股股东实施过股权质押的沪深A股上市公司为初始研究样本，构建经理管理防御指数后，运用回归分析方法检验了控股股东股权质押对经理管理防御程度的影响作用。实证结果表明：①控股股东股权质押意愿和质押程度会提高经理层管理防御程度。②进一步检验了股权质押后控股股东对经理管理防御的影响机制，控股股东股权质押会降低经理人的薪酬业绩敏感性，从而加剧经理管理防御程度；采用非正常的方式更换经理人后，控股股东的掏空行为有明显上升趋势，进而会加剧经理管理防御程度。在采用工具变量 2SLS 回归、倾向得分匹配回归等方法检验后，以上结论仍然成立。

(4)本书进一步明确了经理层管理防御对公司会计信息披露质量的影响机制及具体作用路径。随着科技进步和企业规模扩大，经理层位于公司管理实践的核心地位，不仅提出建议和执行决策，而且在重大决策过程中发挥着关键性的导向作用，经理层从会计信息生成阶段就将影响自身利益因素纳入日常管理决策之中；随着原则导向型会计准则留下的“公共领域”越来越大，使得经理层采用会计剩余控制权开展寻租的操作空间越来越广阔，且随着经理管理防御程度的提升，会降低公司会计信息披露的质量。具体而言，经理层可以采取应计盈余管理和真实盈余管理等方式来影响公司会计数字信息披露质量，对于会计文本信息采用异常语调和提高文本复杂性来达到自利的目的，并且使用延后披露和非交易日披露策略来降低资本市场关注度。在机制分析中发现，经理层管理防御程度越大，使用的会计剩余控制权越多，对会计信息披露质量的影响越大。

实证结果表明：①经理层管理防御程度越高，则会计数字信息与文本信息的披露质量越低。经理管理防御程度的上升会加大对公司的应计盈余和真实盈余的操纵，同时会加剧会计文本信息语调失真和提高文本阅读的复杂程度，而且经理管理防御对于年度会计信息发布时间的策略更倾向于推迟披露和非交易日披露。②经理管理防御程度升高后，会使用更多的会计剩余控制权，从而降低公司的会计信息披露质量，即在经理管理防御对会计信息披露质量的影响中，经理人使用的会计剩余控制权起到了部分中介的作用。为了减弱内生性影响，使用工具变量、更换代理变量、改变回归模型等稳健性的检验后，研究结论仍然成立。

(5)本书探明了在控股股东股权质押影响公司会计信息披露质量的关系中，经理层管理防御程度发挥着中介效应。在前文验证控股股东股权质押影响经理层管理防御行为、经理层管理防御影响会计信息披露质量关系的基础上，验证了控股股东股权质押影响会计信息披露质量的具体作用路径。在控股股东股权质押情景下，会计剩余控制权配置的结果就是公司控股股东和管理层重复博弈而实现双方在权衡风险与收益的局部均衡，从而使得双方在互动过程中影响公司会计信息披露质量。控股股东和管理层博弈均衡的结果，导致上市公司在盈余管理策略中优先使用真实盈余管理来操纵会计数字信息。

本书以A股上市公司为研究样本，通过逐步因果法和Bootstrap抽样中介模型实证检验了“控股股东股权质押→经理管理防御→会计信息披露质量”的作用路径。研究结果表明：①控股股东股权质押会导致经理人的管理防御程度上升，会计信息披露质量下降，即经理管理防御在股权质押对会计生成过程质量影响中起到部分中介作用。②经理管理防御在控股股东股权质押对年度会计信息披露时机的影响中起到了部分中介效应。在使用倾向匹配多时点双重差分模型减少回归中变量间的内生性问题后，又通过更换因变量、自变量以及中介变量的衡量方式等进行了稳健性检验，发现研究结论仍然成立。

8.2 政策建议

本书的研究结论表明，控股股东股权质押对于上市公司治理与管理层激励约束机制和会计信息披露质量具有重要影响；股权质押使得控股股东会运用控制权直接影响公司会计信息披露质量，也会通过影响经理层管理防御行为来降低会计信息披露质量，进而实现其机会主义行为。依据本书研究所得结论，提出如下建议。

1. 完善股权质押法律规制，建立分级信息披露体系

股权质押融资不仅拓宽了公司股东的筹资渠道，而且激活了“静态”股权资本，增加了市场流量。但在我国目前特殊资本市场环境下，控股股东股权质押仍会对公司治理机制带来重大影响，既会加剧大股东掏空和侵占中小股东利益的动机与行为，又会累积隐形杠杆引发资本市场系统性风险。虽然到目前为止我国已出台了多项有关股权质押的法律制度，但在当前特殊背景与市场环境下，有必要进一步健全和完善大股东特别是控股股东股权质押的制度和管理办法，健全系统性风险防控体系。首先，完善现有股权质押相关法律制度。在股权质押期间，可采用净持股比例来行使相应股东控制权，降低两权偏离程度。在我国目前股权质押制度下，质押的股权所对应的现金流权应由质权人享有，但质押的股东（出质人）对公司的控制权并未减少，继续享有质押股份的投票权，使得控制权和现金流权的偏离进一步加大，进而加剧代理冲突。净持股比例是指持股份额减去质押份额后所占公司股份的比例，相当于在质押期间将质押股份对应的表决权让渡给质权人，如此一来，控股股东为了避免减少甚至丧失公司控制权，会抑制开展股权质押融资的意愿和比例。因此，采用以净持股比例来反映股东控制权，能够降低大股东自身利益和公司利益的偏离程度，更好地发挥大股东在公司治理中的激励效应(趋同效应)，防范其质押股权后滥用公司控制权的机会主义行为。其次，可设置上市公司大股东股权质押比例不同等级上的“警戒线”。随着不同类型的大股东以及质押比例超过不同等级警戒线，必须按照不同类别要求出质人强制性披露与质押相关的信息，如股权质押比例、质押融资的用途、质押资金所投项目风险大小、偿还期限、出质人本身负债水平、资信等级等信息，降低资本市场信息不对称的程度，营造透明的融资环境，以期降低大股东“恶意”套现风险和“甩锅”行为。因此，建立不同类型大股东按照质押强度不同的分级信息披露制度，有助于提高上市公司信息披露透明度，对大股东掏空等机会主义行为形成威慑作用。

2. 拓宽融资渠道，健全市场治理机制

控股股东偏好股权质押主要受两方面动机驱动。一是维持控股地位。上市公司控股股东常常求钱若渴，但碍于控股股东身份、控制权削弱风险等因素不愿通过减持股份来融资。二是缓解融资约束。大股东股权质押行为表明其对资金的需求增加，或本身可能处于财务困境当中。总之，融资约束是大股东采取股权质押的主要动因，同时也说明现行融资渠道还不能满足投资者的需求，特别是中小民营企业普遍存在“融资难”“融资贵”等现象。在目前企业市场融资渠道十分有限的条件下，可发挥财政在破解民营中小企业融资难方面的带动作用，加强资本市场信用体系建设。首先，可设立中小企业发展基金。由地方财政设立创业风险投资引导基金、科技型中小企业创新基金；中小企业转贷引导基金，引导包括商业银行、保险公司、私人企业等资本，形成合作转贷基金，以解决融资难、还贷难、抵(质)押或担保不足等问题，破解资金链、互保链风险。其次，政府采购支持信用融资。金融机构以政府采购诚信考核和信用审查为基础，凭借政府采购合同，按优惠贷款利率直接向申请贷款的供应商发放贷款。最后，为中小企业融资搭建专门服务平台。为解决我国中小企业融资难、融资贵的“顽疾”，建议由促进中小企业发展服务的公益部门牵头，由银行、基金、保险、信托、租赁、担保、咨询等机构共同参与的综合服务平台，提供各种个性化投融资服务功能，为中小企业提供投融资综合解决方案。

随着 2010 年 3 月我国推出融资融券试点交易，结束了我国资本市场单边做多机制，且卖空机制的逐步引入激发了机构投资者挖掘负面信息的动力，约束了大股东和管理层的私利行为，促进企业提高对外信息披露质量，从而对机会主义行为产生震慑效应。从我国资本市场可持续发展来看，还应大力培育机构投资者的势力和规模，发挥机构投资者的专业性强、持股比例高、持股期限长、拥有甄别和挖掘信息的能力等优势，且随着融资融券标的股票范围的扩大，还会逐步增强市场信息透明度，提高市场定价效率，进而为规范大股东股权质押行为提供了公平有效的市场机制。

3. 优化公司治理结构，促进会计信息披露质量的机制建设

依据行业特点和企业资源条件科学设计公司的股权结构，优化企业控制权的配置，特别是大股东对企业"控制度"与"制衡度"的制度安排尤为关键。当大股东持股比例较低即股权结构较为分散时，大股东控制权相对较低，股东内部出现意见分歧的可能性加大，难以快速达成一致意见，进而会影响公司决策与管理效率，也加剧了中小股东"搭便车"行为，同时会弱化股东对管理层的监管力度，加大了"第一类"代理成本；当大股东持股比例较高时，公司治理容易出现"一言堂"现象，缺乏对大股东有效制衡作用，容易出现大股东侵占中小股东利益加剧"第二类"代理冲突的现象。因此，优化公司股权结构是公司治理的基础，科学配置控制权结构是公司治理的关键，强化内控体制机制是治理效率的保障。高效的公司治理体系会产出高质量的会计信息，而高质量会计信息披露又会提升市场机制发挥监督作用的效率。

8.3 主要创新点

与以往研究相比，本书的主要创新之处可以归纳为以下四方面：

(1)从不完全契约理论入手揭示了公司会计剩余控制权的内涵、来源、配置对象以及新准则下会计规则和会计政策所产生的"公共领域"，阐述了公司会计剩余控制权在以控股股东为代表的股东与管理层之间的初始配置及其博弈过程以及对公司会计信息披露质量的影响机制。已有相关文献侧重于对会计政策选择或变更经济后果的研究，缺乏整体性，不利于全面理解会计剩余控制权内涵与存在"公共领域"之间的关系，且鲜见有关会计剩余控制权在公司内部配置过程及其实证检验的研究成果。本书从会计契约的不完全性出发，阐述了会计规则与政策形成的"公共领域"和会计剩余控制权之间的关系，以及控股股东和经理层拥有会计剩余控制权对会计信息披露质量的影响。会计规则与政策产生的"公共领域"是"舞台"，而拥有会计剩余控制权的主体则是"演员"，演员在舞台上表演的范围大小不同，产生的效果不同。在我国目前环境下，管理层会计剩余控制权使用过度会导致公司会计信息质量下降。本书还论述了会计剩余控制权是企业股东、董事会和经理层等利益集团实现自利目标的工具和制度安排。本书在 Rubin-Stein 轮流出价还价模型中引入不完全信息情景下的三种类型分析了控股股东与经理就企业会计剩余控制权争夺的均衡过程并得出，随着经理人力资本价值的提升，经理分享企业会计剩余控制权份额逐步增大，且在一般情况下两者能够就企业会计剩余控制权配置达成合作。

(2)探明了股权质押的控股股东与经理层互动关系对公司会计信息披露质量的影响作用。通常控股股东开展股权质押融资被市场认为是"负面"消息，会引发市场关注和外部治理的加强，控股股东为减轻外部压力缓解自身财务约束，凭借控制权优势对经理层绩效考核与薪酬、监管、聘任等的主导权与经理层拥有实际会计剩余控制权进行博弈以实现合谋互惠，通过经理层操控会计信息披露来稳定或提振股价，并利用关联方交易、真实盈余管理等方式侵占公司利益缓解资金约束；对于不配合的经理，则采取解聘或加大考核或监督等措施。控股股东机会主义行为减损企业绩效，必然会对经理层提供额外薪酬来进行"赎买"，双方互动合谋降低了经理薪酬业绩敏感性和公司会计信息披露质量。已有成果注重考察公司治理机制下经理层管理防御决策行为与短视现象，缺乏对控股股东股权质押对经理财务决策的影响与互动研究。实证结果也表明，控股股东股权质押会造成经理层管理防御程度显著上升且薪酬业绩敏感性下降；经理非正常更换频次上升，控股股东掏空行为明显加大。同时，通过稳健性检验，结果仍然成立。

(3)重新界定了基于会计剩余控制权的公司会计信息披露质量内涵、特征，阐明了经理层管理防御、会计剩余控制权与会计信息披露质量之间的关系。以往对经理管理防御、经理权力与企业会计信息质量影响的研究成果较为丰富，但较少关注前置因素、传导机制路径、影响方式等。本研究弥补了这一不足，基于质量内涵的本质从会计信息披露的"工艺流程"出发，将公司会计信息披露质量划分为信息生成阶段和披露阶段的质量特征，并指出经理层有动机和能力过度使用会计剩余控制权来实施自身的机会主义行为，影响会计数字信息质量和操纵会计文本语调。实证结果发现，随着经理层管理防御程度增强，使用会计剩余控制权程度增大，公司会计信息披露质量会下降，而且会优先采用真实盈余管理来操控会计盈余。同时，运用 Python 分析发现，随经理层防御程度增大，年度财务报告中的文本异常语调操纵程度加大，文本可读性下降。

(4)系统诠释了控股股东股权质押对经理管理防御和会计信息披露质量的影

响机制与路径。已有研究侧重于控股股东股权质押动机和经济后果以及如何进行治理，显然依靠这种"行为-结果"的研究框架是无法找到科学治理对策的。本研究以我国资本市场为背景，讨论了我国会计准则的弹性空间和会计剩余控制权使用程度的测度，实证检验发现，控股股东股权质押引发经理层使用会计剩余控制权增大，导致公司会计信息披露质量下降；且在年度报告披露时间上倾向于延后和非交易日披露，降低了信息披露引发的市场风险；通过对控股股东股权质押与公司经营绩效交乘项的调节作用检验，结果表明控股股东股权质押会降低管理层薪酬业绩敏感性，从而降低对管理层监管而引致其防御程度上升；同时也发现控股股东股权质押使得高管非正常变更频次增大，加剧了控股股东掏空的程度。这些研究结论有助于探明控股股东股权质押与经理管理防御互动关系对公司会计信息披露质量的影响，为提高上市公司会计信息披露质量提供了新的途径。

8.4 局限性和研究展望

虽然本研究达到了预期的研究目的，并回答了所提出的研究问题，但受到客观和主观因素的影响，研究仍然存在如下局限性：

(1)由于针对控股股东股权质押动因的研究很难直接从上市公司层面获得数据，相关研究也未取得共识，而控股股东质押行为和对公司的影响与其动机密切相关，故本书缺乏对股权质押动机异质性的考察。在考量控股股东股权质押时，仅从整体上考虑了质押意愿和质押强度，而对控股股东股权质押的个体差异并未进一步细分。一般而言，控股股东股权质押的动机，以及质权人为银行、信托、券商或者其他第三方等因素，在控股股东股权质押时是否存在监督效应差异，对公司会计信息披露质量有何影响，都有待进一步深化。相关研究发现，如果大股东为了公司资金需要而非个人融资需求，股权质押会增加公司价值，与中小股东具有利益协同效应。因此，控股股东股权质押融资用途是否会对公司会计信息披露质量产生影响，值得进一步深入探究。

(2)现代企业制度核心是建立有效的委托代理关系，而在我国，不论是国有企业还是民营企业，其委托代理关系都十分复杂。目前国有企业按照不同类别(商业类、公益类)的战略定位和发展目标，国资委的监控模式、党组织嵌入公司治理的管控模式也有所不同，因而控股股东股权质押、经理管理层防御的动机与行为可能不同；而民营企业中以家族企业为主，创始人的特征、企业文化、政治关联度等都可能影响控股股东股权质押、经理管理层防御的动机与行为之间的作用机制与路径。因而,在建立起它们之间研究框架的基础上,仍有针对分类别和单个因素开展研究的空间。

以上研究局限为本研究留下缺憾,但也给未来的研究发展提供了新的契机和方向。今后可从如下方面展开深化研究:第一,不仅需要阅读上市公司发布的大股东股权质押公告,同时还需查阅大股东的背景资料,了解、分析和判断大股东股权质押的动机与投向,以及质押融资与上市公司的关系,并进一步利用质权人的身份等来探讨控股股东股权质押对会计信息披露质量影响的差异性。第二,目前针对国有企业治理机制的研究,需要分类考虑党组织嵌入公司治理的程度来考虑其对委托代理关系的影响;而对民营企业需要考虑创始人的特征、企业文化、政治关联度等因素对控股股东股权质押、经理管理防御的动机与行为的影响等。

参考文献

艾大力,王斌,2012.论大股东股权质押与上市公司财务:影响机理与市场反应[J].北京工商大学学报(社会科学版),27(4):72-76.

白建军,2013.关于经理管理防御行为研究综述[J].现代财经(天津财经大学学报),33(1):108-117.

鲍睿,卢闯,宣轩,2022.控股股东股权质押压力与业绩预告质量:基于质押价格的检验[J].财会月刊(8):43-52.

卜君,孙光国,2018.董事会秘书身份定位与职责履行:基于信息披露质量的经验证据[J].会计研究(12):26-33.

蔡宁,2012.信息优势、择时行为与大股东内幕交易[J].金融研究(5):179-192.

曹雅倩,2019.董事会成员性别特征对会计信息披露质量的影响研究[D].石家庄:河北经贸大学.

陈德球,叶陈刚,李楠,2011.控制权配置、代理冲突与审计供求:来自中国家族上市公司的经验证据[J].审计研究(5):57-64.

陈国辉,胡欣,刘斌,2015.公司治理、信息披露质量与知情交易[J].审计与经济研究(5):55-56.

陈霞,马连福,丁振松,2017.国企分类治理、政府控制与高管薪酬激励:基于中国上市公司的实证研究[J].管理评论,29(3):147-156.

陈信元,陈冬华,万华林,等,2009.地区差异、薪酬管制与高管腐败[J].管理世界(11):130-143.

陈英,李秉祥,李越,2015.经理人特征、管理层防御与长期资产减值政策选择[J].管理评论,27(6):140-147.

陈运森,2012.独立董事网络中心度与公司信息披露质量[J].审计研究(5):94-102.

程新生,刘建梅,张正好,等,2015.审计委员会信息权对会计信息质量的影响[J].财贸研究,26(3):142-149.

崔益嘉，黄国良，王传彬，2014. 企业防御管理行为与企业稳健性研究：基于我国上市公司的实证检验[J]. 河南社会科学，22(10)：98－103.

丁俊，汪炜，吴君民，2016. 财务报告质量与会计盈余质量、会计信息质量、信息披露质量[J]. 商业研究(4)：147－155.

冯根福，马亚军，2004. 上市公司高管人员自利对资本结构影响的实证分析[J]. 财贸经济(6)：16－22.

冯晓晴，文雯，何瑛，2020. 控股股东股权质押会损害资本市场信息效率吗?：来自股价同步性的经验证据[J]. 审计与经济研究，35(1)：79－89.

付强，扈文秀，康华，2019. 股权激励能提高上市公司信息透明度吗? 基于未来盈余反应系数的分析[J]. 经济管理，41(3)：176－194.

郜秀菊，杨立铭，2017. 浅谈股权激励视角下的会计信息披露[J]. 经营管理者(2)：57.

龚启辉，吴联生，王亚平，2015. 两类盈余管理之间的部分替代[J]. 经济研究，50(6)：175－188.

郝思宁，2020. 管理防御、会计信息可比性与审计契约稳定性[J]. 财会通讯(7)：40－45.

郝项超，梁琪，2009. 最终控制人股权质押损害公司价值么? [J]. 会计研究(7)：57－63.

郝艳，李秉祥，2019. 中国上市公司过度投资与投资不足的实证比较研究：基于代理人堑壕效应的观点[J]. 宏观经济研究(3)：121－133.

何平林，孙雨龙，宁静，等，2019. 高管特质、法治环境与信息披露质量[J]. 中国软科学(10)：112－128.

黄俊荣，谢彪，2021. 再融资企业自愿性信息披露动机和择时决策研究[J]. 会计之友(12)：81－89.

黄倩倩，2019. 偶数董事会、代理成本与财务信息质量[D]. 呼和浩特：内蒙古大学.

江伟，沈艺峰，2005. 大股东控制、资产替代与债权人保护[J]. 财经研究(12)：95－106.

蒋秋菊，孙芳城，蒋水全，2019. 控股股东股权质押、股权结构与会计稳健性[J]. 财会月刊(20)：44－53.

蒋勇，王晓亮，2019. 两权分离度、CFO 继任的性别变化与股利支付[J]. 财会通讯(9)：61－66.

金龙，2017. 企业社会责任对会计信息质量的治理效应研究[D]. 长春：吉林大学.

雷光勇，刘慧龙，2006. 上市公司会计行为异化：三维治理与监管改革[J]. 会计研究(7)：9－14.

雷新途，汪宏华，2019. 政府反腐风暴提高企业盈余质量了吗：来自中国上市公司的证据[J]. 会计研究(12)：40－45.

黎来芳，陈占燎，2018. 控股股东股权质押降低信息披露质量吗？[J]. 科学决策(8)：1－20.

黎来芳，2005. 商业伦理 诚信义务与不道德控制：鸿仪系“掏空”上市公司的案例研究[J]. 会计研究(11)：8－14.

黎文靖，卢锐，2007. 管理层权力与会计信息质量：来自中国证券市场的经验证据[J]. 山西财经大学学报(8)：108－115.

李秉祥，惠祥，2013. 我国上市公司高管股权激励影响因素的实证研究[J]. 财会月刊(8)：33－36.

李秉祥，惠祥，2018a. 我国上市公司股权激励有效性的影响因素：基于方案要素中介效用的分析[J]. 商业研究(2)：30－41.

李秉祥，刘馨阳，李明敏，2018b. 经理管理防御对研发投入的影响因素研究：基于创业板上市公司的实证检验[J]. 科技管理研究，38(14)：153－159.

李秉祥，王超，2011. 基于经理管理防御假说的经理人薪酬结构问题研究[J]. 西安理工大学学报，27(4)：486－490.

李秉祥，王封青，惠祥，2017a. 股权激励契约设计对经理管理防御程度的影响[J]. 会计之友(8)：66－70.

李秉祥，王梦泽，姚冰湜，2014. 经理人管理防御对企业非效率投资的影响：薪酬结构作用分析[J]. 财会月刊(20)：32－37.

李秉祥，袁烨，2016. 互惠偏好对企业技术创新能力的影响路径研究：基于三元交互分析框架[J]. 西安财经学院学报，29(02)：47－53.

李秉祥，张涛涛，祝珊，等，2019. KMRW 模型下经理管理防御行为与股东监督的研究分析[J]. 软科学，33(08)：20－25.

李秉祥，朱涵宇，简冠群，2017b. 经理人特征对公司股权融资比例的影响：基于管理防御视角[J]. 财会通讯(35)：53－56.

李常青，幸伟，李茂良，2018. 控股股东股权质押与现金持有水平：“掏空”还是“规避控制权转移风险”[J]. 财贸经济，39(4)：82－98.

李常青,幸伟,2017.控股股东股权质押与上市公司信息披露[J].统计研究,34(12):75-86.

李蒙,李秉祥,张涛,2023.非控股大股东退出威胁对"自利性"捐赠的治理作用:基于控股股东股权质押视角[J].南开管理评论,26(4):77-88.

李旎,郑国坚,2015.市值管理动机下的控股股东股权质押融资与利益侵占[J].会计研究(5):42-49.

李思静,刘园,李捷嵩,2020.投资者关注与盈余业绩预告择时披露[J].济南大学学报(社会科学版),30(1):124-136.

李永伟,李若山,2007.上市公司股权质押下的"隧道挖掘":明星电力资金黑洞案例分析[J].财务与会计(2):39-42.

廖珂,崔宸瑜,谢德仁,2018.控股股东股权质押与上市公司股利政策选择[J].金融研究(4):172-189.

廖珂,谢德仁,张新一,2020.控股股东股权质押与上市公司并购:基于市值管理的视角[J].会计研究(10):97-111.

林乐,谢德仁,2016.投资者会听话听音吗?:基于管理层语调视角的实证研究[J].财经研究,42(7):28-39.

林晚发,赵仲匡,宋敏,2022.管理层讨论与分析的语调操纵及其债券市场反应[J].管理世界,38(1):164-180.

林钟高,陈俊杰,2016.管理防御、企业研发投入与内部控制治理[J].中国注册会计师(10):52-59.

刘丽珑,张国清,2015.女性董事改善了企业会计稳健性吗?:基于中国民营上市公司的经验证据[J].北京工商大学学报(社会科学版)(30):73.

刘晓晖,庄晓惠,2021.房产价格、成本效应与高管薪酬业绩敏感性:基于我国民营上市公司的经验证据[J].经济问题(2):124-129.

刘银国,张琛,2012.自由现金流、管理层防御与企业绩效[J].经济学动态(4):62-67.

柳光强,王迪,2021.政府会计监督如何影响盈余管理:基于财政部会计信息质量随机检查的准自然实验[J].管理世界,37(5):157-169.

逯东,宋昕倍,龚祎,2020.控股股东股权质押与年报文本信息可读性[J].财贸研究,31(5):77-96.

逯东,宋昕倍,2021.媒体报道、上市公司年报可读性与融资约束[J].管理科学学报,24(12):45-61.

罗进辉,万迪昉,2009.大股东持股对管理者过度在职消费行为的治理研究[J].证券市场导报(6):64-70.

罗进辉,万迪昉,2011.控股股东的控制权私人收益:理论模型与经验证据[J].系统工程理论与实践,31(2):229-238.

罗琦,付世俊,2014.控股股东市场择时行为研究[J].中国软科学(2):140-149.

罗琦,贺娟,2015.股票市场错误定价与控股股东投融资决策[J].经济管理,37(1):109-118.

吕易,2011.管理防御下的上市公司现金股利实证研究[J].财会通讯(3):81-83.

吕长江,肖成民,2006.民营上市公司所有权安排与掏空行为:基于阳光集团的案例研究[J].管理世界(10):128-138.

马宏,刘心怡,2020.公司信息披露选择与市值管理行为:基于中小板公司股权质押的经验证据[J].证券市场导报(12):58-65.

马一宁,王惠,2016.企业性质、管理层激励与会计信息披露质量[J].财会通讯(21):34-38.

钱爱民,张晨宇,2018.股权质押与信息披露策略[J].会计研究(12):34-40.

权小锋,吴世农,2010.CEO权力强度、信息披露质量与公司业绩的波动性:基于深交所上市公司的实证研究[J].南开管理评论,13(4):142-153.

饶育蕾,王建新,苏燕青,2012.上市公司盈余信息披露是否存在时机择?:基于投资者有限注意的实证分析[J].管理评论,24(12):146-155.

阮姗,尹烁,袁明哲,2021.大股东股权质押、内部控制与信息披露质量[J].财会通讯(5):62-65.

盛金,2014.内部控制对会计信息质量影响的研究[D].长春:吉林大学.

宋文娟,袁建国,2014.大股东控制、会计剩余控制权与会计信息质量[J].中国注册会计师(12):50-55.

孙成刚,黄晓波,2017.会计信息质量与企业投资效率:基于深交所上市公司的经验证据[J].经济与管理研究(8):136-144.

孙彤,薛爽,2019.管理层自利行为与外部监督:基于信息披露的信号博弈[J].中国管理科学(2):190-199.

谭燕,吴静,2013.股权质押具有治理效用吗?:来自中国上市公司的经验证据[J].会计研究(2):45-53.

唐齐鸣，赵传玺，赵袁军，2018. 减持新规对大宗交易市场筛选股票能力的影响：基于双重差分模型的实证检验[J]. 证券市场导报(12)：41－47.

唐小雯，2019. 股权激励与策略性信息披露[D]. 成都：西南财经大学.

唐跃军，谢仍明，2006. 大股东制衡机制与现金股利的隧道效应：来自1999—2003年中国上市公司的证据[J]. 南开经济研究(1)：60－78.

田高良，贝成成，施诺，2021. 控股股东股权质押与公司自愿性披露[J]. 西安交通大学学报(社会科学版)，41(2)：33－41.

田高良，田皓文，吴思锐，等，2020. 控股股东股权质押与会计信息可比性：基于债权人风险防范的视角[J]. 证券市场导报(10)：35－46.

万寿义，田园，2017. 第一大股东控制权、大股东制衡与费用粘性差异[J]. 财贸研究，28(2)：100－110.

汪平，王晓娜，2017. 管理层持股与股权资本成本[J]. 外国经济与管理，39(2)：60－71.

王斌，蔡安辉，冯洋，2013. 大股东股权质押、控制权转移风险与公司业绩[J]. 系统工程理论与实践，33(7)：1762－1773.

王斌，宋春霞，2015. 基于股东资源的公司治理研究：一个新的视角[J]. 财务研究(1)：88－96.

王福胜，程富，2014. 管理防御视角下的CFO背景特征与会计政策选择：来自资产减值计提的经验证据[J]. 会计研究(12)：32－38.

王华，2016. 基于业绩的薪酬激励是高管盈余管理的诱因吗：对应计盈余管理与真实盈余管理的分析[J]. 会计之友(9)：2－10.

王华杰，王克敏，2018. 应计操纵与年报文本信息语气操纵研究[J]. 会计研究(4)：45－51.

王化成，佟岩，2003. 控股股东与盈余质量：基于盈余反系数的考察[J]. 会计研究(2)：66－74.

王俊秋，张奇峰，2007. 公司治理机制与信息披露透明度的实证研究[J]. 山西财经大学学报(2)：69－74.

王克敏，刘博，2014. 公司控制权转移与盈余管理研究[J]. 管理世界(7)：144－156.

王雷，2020. 控股股东股权质押与上市公司会计稳健性[J]. 中南财经政法大学学报(1)：3－12.

王新红，曹帆，2021. 控股股东股权质押是否增加企业的财务风险?：来自民营企业的经验证据[J]. 南京审计大学学报,18(3):42-50.

王新红,李妍艳,2016. 大股东股权特征与股权质押:基于中小板上市公司的分析[J]. 商业研究(6):116-121.

王雄元,欧阳才越,史震阳,2018. 股权质押、控制权转移风险与税收规避[J]. 经济研究,53(1):138-152.

王秀丽,齐荻,吕文栋,2020. 控股股东股权质押与年报前瞻性信息披露[J]. 会计研究(12):43-58.

王亚茹,赵耀,乔贵涛,2018. 控股股东股权质押对权益资本成本的影响[J]. 财会月刊(21):59-68.

王莹,2011. 管理者权力、薪酬激励与企业绩效[D]. 南京:南京财经大学.

温忠麟,叶宝娟,2014. 中介效应分析:方法和模型发展[J]. 心理科学进展,22(5):731-745.

文雯,乔菲,陈胤默,2020. 控股股东股权质押与管理层业绩预告披露[J]. 管理科学,33(6):145-159.

吴建祥,李秉祥,2014. 经理管理防御对企业资本投向影响的实证研究[J]. 统计与信息论坛,29(11):65-71.

吴建祥,李秉祥,2019. 企业控制权配置特征对经理管理防御的影响:基于实际控制人视角[J]. 商业研究(7):112-126.

吴建祥,2020. 公司实际控制人控制度对经理管理防御的影响研究[J]. 统计与信息论坛,35(4):119-128.

吴静,袁芳英,2020. 股权质押、公司治理与财务危机预警[J]. 财会通讯(12):45-49.

吴静,2016. 控股股东股权质押等于"掏空"吗?:基于中国上市公司股权质押公告的实证分析[J]. 经济论坛(8):65-70.

吴先聪,张健,胡志颖,2016. 机构投资者特征、终极控制人性质与大股东掏空:基于关联交易视角的研究[J]. 外国经济与管理,38(6):3-20.

向群,2007. 控股股东股权质押的风险分析:基于债权银行视角的一项研究[J]. 华东经济管理(12):140-142.

肖俊斌,王昕宇,2021. 股权质押对公司价值影响的研究[J]. 商业经济(4):64-66.

肖土盛,宋顺林,李路,2017. 信息披露质量与股价崩盘风险:分析师预测的中介作用[J]. 财经研究,43(2):110-121.

谢德仁，林乐，2015. 管理层语调能预示公司未来业绩吗?：基于我国上市公司年度业绩说明会的文本分析[J]. 会计研究(2)：20－27.

谢德仁，郑登津，崔宸瑜，2016. 控股股东股权质押是潜在的“地雷”吗?：基于股价崩盘风险视角的研究[J]. 管理世界(5)：128－140.

徐寿福，2017. 股权激励会强化管理层的迎合动机吗?：来自上市公司 R&D 投资的证据[J]. 经济管理，39(6)：178－193.

徐巍，姚振晔，陈冬华，2021. 中文年报可读性：衡量与检验[J]. 会计研究(3)：28－44.

徐业坤，梁亮，2021. 高管政治晋升激励影响会计信息质量吗?：来自国有企业上市公司的经验证据[J]. 中央财经大学学报(6)：64－76.

许晓芳，汤泰劼，陆正飞，2021. 控股股东股权质押与高杠杆公司杠杆操纵：基于我国 A 股上市公司的经验证据[J]. 金融研究(10)：153－170.

薛清梅，林树，2015. 对企业会计准则中关键不确定性术语理解的初步研究[J]. 会计与经济研究，29(1)：41－54.

杨丹，黄丹，黄莉，2018. 会计信息形式质量研究：基于通信视角的解构[J]. 会计研究(9)：3－10.

杨棉之，2006. 内部资本市场公司绩效与控制权私有收益：以华通天香集团为例分析[J]. 会计研究(12)：61－67.

杨世忠，刘赛顶，2013. 我国上市公司会计信息披露暨审计质量分析[J]. 审计与经济研究，28(2)：42－48.

杨志强，胡小璐，2018. 国企“市场高管”、股权激励与投资效率[J]. 财会月刊(22)：30－36.

易平良，2022. 会计契约、会计剩余控制权与会计职业判断[J]. 财会月刊(3)：72－78.

尹志宏，姜付秀，秦义虎，2010. 产品市场竞争、公司治理与信息披露质量[J]. 管理世界(10)：133－141.

尹筑嘉，杨晓光，黄建欢，2013. 大股东主导的资产重组、公司效率与利益侵占：基于中国重组类整体上市案例的研究[J]. 管理科学学报，16(8)：54－67.

俞红海，徐龙炳，2011. 股权集中下的控股股东侵占与公司治理综述[J]. 经济管理，33(10)：127－134.

袁春生，杨淑娥，2008. 经理管理防御动因、策略及其经济后果：基于人力资本专用性和专有性的分析[J]. 管理现代化(3):39 - 41.

袁春生,杨淑娥,2006. 经理管理防御下的公司财务政策选择研究综述[J]. 会计研究(7):77 - 82.

翟淑萍,王敏,张晓琳,2020. 财务问询函对审计联结公司的监管溢出效应:来自年报可读性的经验证据[J]. 审计与经济研究,35(5):18 - 30.

曾庆生,周波,张程,等,2018. 年报语调与内部人交易:"表里如一"还是"口是心非"? [J]. 管理世界,34(9):143 - 160.

张晨宇,武剑锋,2020. 大股东股权质押加剧了公司信息披露违规吗? [J]. 外国经济与管理,42(5):29 - 41.

张程,曾庆生,梁思源,2021. 市场能够甄别管理层的"靖言庸违"吗?:来自年报语调与内部人交易的经验证据[J]. 财经研究,47(4):154 - 168.

张敦力,崔海红,2016. 董事会特征、盈余管理动机与非流动资产处置[J]. 财经论丛(7):68 - 75.

张俊民,张晓,2017. 经理管理防御、媒体监督与会计信息透明度:基于中国上市企业不同产权性质的研究[J]. 财经理论与实践,38(2):66 - 73.

张鸣,郭思永,2009. 大股东控制下的定向增发和财富转移:来自中国上市公司的经验证据[J]. 会计研究(5):78 - 86.

张陶勇,陈焰华,2014. 股权质押、资金投向与公司绩效:基于我国上市公司控股股东股权质押的经验数据[J]. 南京审计学院学报,11(6):63 - 70.

张馨艺,张海燕,夏冬林,2012. 高管持股、择时披露与市场反应[J]. 会计研究(6):54 - 60.

张原,宋丙沙,2020. 控股股东股权质押、公司治理与财务风险[J]. 财会月刊(20):152 - 160.

张志红,齐莹莹,白晓峰,2021. 高管薪酬激励影响业绩预告质量吗? [J]. 会计之友(14):15 - 22.

赵敏,李万福,王开田,2018. IASB 新财务报告概念框架的发展概述及启示[J]. 会计研究(10):28 - 34.

郑国坚,林东杰,林斌,2014. 大股东股权质押、占款与企业价值[J]. 管理科学学报,17(9):72 - 87.

郑国坚,林东杰,张飞达,2013. 大股东财务困境、掏空与公司治理的有效性:来自大股东财务数据的证据[J]. 管理世界(5):157 - 168.

周军,郝玲玲,2019.会计专业独立董事选聘与盈余管理:基于人才资源的视角[J].北京工商大学(社会科学版)(4):74-86.

周蕾,周萍华,方岳,2020.高管薪酬结构调整与股价崩盘风险:“利益趋同”还是“堑壕防御”?[J].财贸研究,31(8):87-98.

朱光伟,杨涛,杜在超,2022.融资融券约束与股市波动[J].中国管理科学,30(4):13-29.

朱新蓉,熊礼慧,2020.股权质押、内部控制与非效率投资[J].中南财经政法大学学报(3):97-106.

ADAMS R B,FERREIRA D,2008. Do directors perform for pay? [J]. Journal of Accounting and Economics,46(1):154-171.

ALBUQUERQUE R, WANG N, 2008. Agency conflicts, investment, and asset pricing[J]. The Journal of Finance,63(1):1-40.

ALMEIDA H V, WOLFENZON D, 2006. A theory of pyramidal ownership and family business groups[J]. The Journal of Finance,61(6):2637-2680.

ALTI A,SULAEMAN J,2012. When do high stock returns trigger equity issues? [J]. Journal of Financial Economics,103(1):61-87.

ANDERSON R, PULEO M, 2020. Insider share-pledging and equity risk[J]. Journal of Financial Services Research,58(1):1-25.

BADERTSCHER B A,2011. Overvaluation and the choice of alternative earnings management mechanisms[J]. The Accounting Review,86(5):1491-1518.

BAGINSKI S,DEMERS E,WANG C,et al,2016. Contemporaneous verification of language: Evidence from management earnings forecasts[J]. Review of Accounting Studies,21(1):165-197.

BAKER M, STEIN J C, WURGLER J, 2003. When does the market matter? Stock prices and the investment of equity-dependent firms[J]. The Quarterly Journal of Economics,118(3):969-1005.

BAKER M, WURGLER J, 2002. Market timing and capital structure[J]. The Journal of Finance,57(1):1-32.

BAKKE T E,WHITED T M,2010. Which firms follow the market? An analysis of corporate investment decisions[J]. The Review of Financial Studies,23(5):1941-1980.

BATES T W, KAHLE K M, STULZ R M, 2009. Why do US firms hold so much more cash than they used to? [J]. The Journal of Finance, 64(5): 1985 - 2021.

BLOOMFIELD R J, 2002. The "incomplete revelation hypothesis" and financial reporting[J]. Accounting Horizons, 16(3): 233 - 243.

BRAU J C, FAWCETT S E, 2006. Initial public offerings: An analysis of theory and practice[J]. The Journal of Finance, 61(1): 399 - 436.

BROCKMAN P, LI X, PRICE S M, 2013. Do managers put their money where their mouths are? Evidence from insider trading after conference calls[J]. Social Science Research Network Working Paper Series.

BROWN S V, TUCKER J W, 2011. Large sample evidence on firms' year over year MD&A modifications[J]. Journal of Accounting Research, 49(2): 309 - 346.

CAI L, ZHU Y, 2015. The challenges of data quality and data quality assessment in the big data era[J]. Data Science Journal, 14: 2.

CAMPELLO M, GRAHAM J R, 2013. Do stock prices influence corporate decisions? Evidence from the technology bubble[J]. Journal of Financial Economics, 107(1): 89 - 110.

CHAN K, CHEN H K, HU S, et al, 2018. Share pledges and margin call pressure [J]. Journal of Corporate Finance, 52: 96 - 117.

CHAN L H, CHEN K C W, CHEN T Y, et al, 2015. Substitution between real and accruals-based earnings management after voluntary adoption of compensation clawback provisions[J]. The Accounting Review, 90(1): 147 - 174.

CHEN A, KAO L, CHEN Y K, 2007. Agency costs of controlling shareholders' share collateral with Taiwan evidence[J]. Review of Pacific Basin Financial Markets and Policies, 10(2): 173 - 191.

CHEN A, KAO L, 2011. Effect of collateral characteristics on bank performance: Evidence from collateralized stocks in Taiwan[J]. Journal of Banking & Finance, 35(2): 300 - 309.

CHEN C C, CHEN C D, LIEN D, 2020. Financial distress prediction model: The effects of corporate governance indicators[J]. Journal of Forecasting, 39(8): 1238 - 1252.

CHEN J Z, REES L L, SIVARAMAKRISHNAN S, 2010. On the use of

accounting vs. real earnings management to meet earnings expectations-a market analysis[J]. SSRN Electronic Journal.

CHEUNG Y L, RAU P R, STOURAITIS A, 2006. Tunneling, propping, and expropriation: Evidence from connected party transactions in Hong Kong[J]. Journal of Financial Economics, 82(2): 343 - 386.

CLEMENT-NYNS K, HAESEN E, DRIESEN J, 2010. The impact of charging plug-in hybrid electric vehicles on a residential distribution grid[J]. IEEE Transactions on Power Systems, 25(1): 371 - 380.

COHEN D A, ZAROWIN P, 2010. Accrual-based and real earnings management activities around seasoned equity offerings[J]. Journal of Accounting and Economics, 50(1): 2 - 19.

DAVIS A K, PIGER J M, SEDOR L M, 2012. Beyond the numbers: Measuring the information content of earnings press release language[J]. Contemporary Accounting Research, 29(3): 845 - 868.

DONOHER W J, 2004. To file or not to file? Systemic incentives, corporate control, and the bankruptcy decision[J]. Journal of Management, 30(2): 239 - 262.

DOU Y, MASULIS R W, ZEIN J, 2019. Shareholder wealth consequences of insider pledging of company stock as collateral for personal loans[J]. The Review of Financial Studies, 32(12): 4810 - 4854.

DYCK A, VOLCHKOVA N, ZINGALES L, 2008. The corporategovernance role of the media: Evidence from Russia[J]. The Journal of Finance, 63(3): 1093 - 1135.

ELYASIANI E, ZHANG L, 2015. CEO entrenchment and corporate liquidity management[J]. Journal of Banking & Finance(7): 46 - 58.

ERTUGRUL M, LEI J, QIU J, et al, 2017. Annual report readability, tone ambiguity, and the cost of borrowing[J]. Journal of Financial and Quantitative Analysis, 52(2): 811 - 836.

ESQUEDA O A, 2017. Controlling shareholders and market timing: Evidence from cross-listing events[J]. International Review of Financial Analysis, 49: 12 - 23.

FACCIO M, LASFER M A, 2000. Do occupational pension funds monitor companies in which they hold large stakes? [J]. Journal of Corporate Finance, 6(1): 71 - 110.

FINKELSTEIN S, 1992. Power in top management teams: Dimensions, measurement, and validation[J]. Academy of Management Journal, 35(3): 505-538.

FROOT K, KANG N, OZIK G, et al, 2017. What do measures of real-time corporate sales say about earnings surprises and post-announcement returns? [J]. Journal of Financial Economics, 125(1): 143-162.

GILSON S C, 1989. Management turnover and financial distress[J]. Journal of Financial Economics, 25(2): 241-262.

GRAHAM J R, HARVEY C R, RAJGOPAL S, 2005. The economic implications of corporate financial reporting[J]. Journal of Accounting and Economics, 40(1-3): 3-73.

GRAHAM J R, HARVEY C R, 2001. The theory and practice of corporate finance: Evidence from the field[J]. Journal of Financial Economics, 60(2-3): 187-243.

GUAY W, SAMUELS D, TAYLOR D, 2016. Guiding through the fog: Financial statement complexity and voluntary disclosure[J]. Journal of Accounting and Economics, 62(2-3): 234-269.

GUTHRIE K, SOKOLOWSKY J, 2010. Large shareholders and the pressure to manage earnings[J]. Journal of Corporate Finance, 16(3): 302-319.

HEALY P M, PALEPU K G, 2001. Information asymmetry, corporate disclosure, and the capital markets: A review of the empirical disclosure literature[J]. Journal of Accounting and Economics, 31(1-3): 405-440.

HEALY P M, WAHLEN J M, 1999. A review of the earnings management literature and its implications for standard setting[J]. Accounting Horizons, 13(4): 365-383.

HIRSHLEIFER D, TEOH S H, 2003. Limited attention, information disclosure, and financial reporting[J]. Journal of Accounting and Economics, 36(1-3): 337-386.

HOLTHAUSEN R W, 1990. Accounting method choice: Opportunistic behavior, efficient contracting, and information perspectives[J]. Journal of Accounting and Economics, 12(1-3): 207-218.

HUANG X, TEOH S H, ZHANG Y, 2014. Tone management [J]. The

Accounting Review,89(3):1083 – 1113.

HUANG Z,XUE Q,2016. Re-examination of the effect of ownership structure on financial reporting:Evidence from share pledges in China[J]. China Journal of Accounting Research,9(2):137 – 152.

HUTTON A P, MARCUS A J, TEHRANIAN H, 2009. Opaque financial reports,R2,and crash risk[J]. Journal of financial Economics,94(1):67 – 86.

JENSEN M C,MECKLING W H,1976. Theory of the firm:Managerial behavior, agency costs and ownership structure[J]. Journal of Financial Economics, 3(4):305 – 360.

JENSEN M C, 1986. Agency costs of free cash flow, corporate finance, and takeovers[J]. The American Economic Review,76(2):323 – 329.

JIANG G,LEE C M C,YUE H,2010. Tunneling through intercorporate loans: The China experience[J]. Journal of Financial Economics,98(1):1 – 20.

JOHNSON S, LA PORTA R, LOPEZ-DE-SILANES F, et al, 2000. Tunneling [J]. American Economic Review,90(2):22 – 27.

JONES J J,1991. Earnings management during import relief investigations[J]. Journal of Accounting Research,29(2):193 – 228.

KALE J R,REIS E,VENKATESWARAN A,2009. Rank-order tournaments and incentive alignment: The effect on firm performance [J]. The Journal of Finance,64(3):1479 – 1512.

KAO H S, WEI T H, 2014. The effect of IFRS, information asymmetry and corporate governance on the quality of accounting information [J]. Asian Economic and Financial Review,4(2):226 – 256.

KAO L, CHEN A, 2013. How product market competition affects dividend payments in a weak investor protection economy: Evidence from Taiwan[J]. Pacific-Basin Finance Journal,25:21 – 39.

KAO L, CHEN A, 2004a. The effects of board characteristics on earnings management[J]. Corporate Ownership & Control,1(3):96 – 107.

KAO L,CHIOU J R,CHEN A,2004b. The agency problems,firm performance and monitoring mechanisms:The evidence from collateralised shares in Taiwan [J]. Corporate Governance:An International Review,12(3):389 – 402.

KIM K, MAULDIN E, PATRO S, 2014. Outside directors and board advising and monitoring performance[J]. Journal of Accounting and Economics, 57(2-3): 110-131.

KIN L, FELIPE R, RAFAEL R, 2017. Earnings management and annual report readability[J]. Journal of Accounting and Economics, 63(1): 1-25.

KUMARA D, 2014. Does public shareholder activism matter? - A case study of tata motors' executive directors' remuneration[J]. Social Science Electronic Publishing.

LA PORTA R, LOPEZ-DE-SILANES F, SHLEIFER A, et al, 1998. Law and finance[J]. Journal of Political Economy, 106(6): 1113-1155.

LA PORTA R, LOPEZ-DE-SILANES F, SHLEIFER A, 1999. Corporate ownership around the world[J]. The Journal of Finance, 54(2): 471-517.

LARCKER D F, TAYAN B, 2010. Pledge(and hedge) allegiance to the company [J]. Social Science Electronic Publishing.

LARRAIN B, URZÚA F, 2013. Controlling shareholders and market timing in share issuance[J]. Journal of Financial Economics, 109(3): 661-681.

LEE T S, YEH Y H, 2004. Corporate governance and financial distress: Evidence from Taiwan[J]. Corporate Governance: An International Review, 12(3): 378-388.

LEUZ C, NANDA D, WYSOCKI P D, 2003. Earnings management and investor protection: An international comparison[J]. Journal of Financial Economics, 69 (3): 505-527.

LOUIS H, ROBINSON D, 2005. Do managers credibly use accruals to signal private information? Evidence from the pricing of discretionary accruals around stock splits[J]. Journal of Accounting and Economics, 39(2): 361-380.

LU J Z, 2019. Limited attention: Implications for financial reporting[J]. Journal of Accounting Research.

LUO J, LI X, CHEN H, 2018. Annual report readability and corporate agency costs[J]. China Journal of Accounting Research, 11(3): 187-212.

LUO K, CHEN R, ZHU H J, 2014. Listed ways, equity balance and collusion: Based on empirical study of the panel date in Chinese listed private companies [J]. Scientific Decision Marking(3): 45-52.

MCCONNELL J J, SERVAES H, 1990. Additional evidence on equity ownership and corporate value[J]. Journal of Financial Economics, 27(2): 595 - 612.

MEANS G, 2017. The modern corporation and private property[M]. London: Routledge.

MERGENTHALER R, RAJGOPAL S, SRINIVASAN S, 2012. CEO and CFO career penalties to missing quarterly analysts forecasts [J]. Social Science Electronic Publishing.

NAGARAJAN N J, SIVARAMAKRISHNAN K, SRIDHAR S S, 1995. Managerial entrenchment, reputation and corporate investment myopia [J]. Journal of Accounting, Auditing & Finance, 10(3): 565 - 585.

NIKOLAOS A, ADAIR M, MARGARITA T, 2016. Measuring income tax evasion using bank credit: Evidence from Greece[J]. The Quarterly Journal of Economics, 131(2): 739 - 798.

NOVAES W, ZINGALES L, 1995. Capital structure choice when managers are in control: Entrenchment versus efficiency[J]. Research Papers in Economics.

PENG L, XIONG W, 2006. Investor attention, overconfidence and category learning[J]. Journal of Financial Economics, 80(3): 563 - 602.

RAJAN R G, WULF J, 2006. Are perks purely managerial excess? [J]. Journal of Financial Economics, 79(1): 1 - 33.

RANGAN S, 1998. Earnings management and the performance of seasoned equity offerings[J]. Journal of Financial Economics, 50(1): 101 - 122.

ROYCHOWDHURY S, 2006. Earnings management through real activities manipulation[J]. Journal of Accounting and Economics, 42(3): 335 - 370.

STEIN J C, 1996. Rational capital budgeting in an irrational world[J]. Advances in Behavioral Finance, 2: 605 - 632.

STULZ R M, 1990. Managerial discretion and optimal financing policies [J]. Journal of Financial Economics, 26(1): 3 - 27.

WANG A T, CHEN A, 2020. The causes and consequences of stock pledging by controlling shareholders: The case of Taiwan[M]. London: Emerald Publishing Limited.

WEI K C J, ZHANG Y, 2008. Ownership structure, cash flow, and capital investment: Evidence from East Asian economies before the financial crisis[J]. Journal of Corporate Finance, 14(2): 118 - 132.

YEH Y H, KO C E, SU Y H, 2003. Ultimate control and expropriation of minority shareholders: New evidence from Taiwan[J]. Academia Economic Papers, 31(3): 263 - 299.

YEH Y H, SHU P G, LEE T S, et al, 2009. Non-tradable share reform and corporate governance in the Chinese stock market[J]. Corporate Governance: An International Review, 17(4): 457 - 475.

YERMACK D, 2006. Flights of fancy: Corporate jets, CEO perquisites, and inferior shareholder returns[J]. Journal of Financial Economics, 80(1): 211 - 242.

ZANG A Y, 2012. Evidence on the trade-off between real activities manipulation and accrual-based earnings management[J]. The Accounting Review, 87(2): 675 - 703.

ZHANG M, GAO S, GUAN X, et al, 2014. Controlling shareholder-manager collusion and tunneling: Evidence from China[J]. Corporate Governance: An International Review, 22(6): 440 - 459.

ZWIEBEL J, 1996. Dynamic capital structure under managerial entrenchment[J]. The American Economic Review, 86(5): 1197 - 1215.